经史子集基础知识手册

乔继堂　编著

商务印书馆国际有限公司
中国 · 北京

图书在版编目（CIP）数据

经史子集基础知识手册 / 乔继堂编著 .-- 北京 ：商务印书馆国际有限公司，2023.7

ISBN 978-7-5176-1001-4

Ⅰ . ①经… Ⅱ . ①乔… Ⅲ . ①经籍—介绍—中国—古代 Ⅳ . ① Z126

中国国家版本馆 CIP 数据核字 (2023) 第 111978 号

JINGSHIZIJI JICHU ZHISHI SHOUCE

经史子集基础知识手册

编　　著	乔继堂
出版发行	商务印书馆国际有限公司
地　　址	北京市朝阳区吉庆里 14 号楼 佳汇国际中心 A 座 12 层
邮　　编	100020
电　　话	010-65592876（编校部） 010-65598498（市场营销部）
网　　址	www.cpi1993.com
印　　刷	三河市紫恒印装有限公司
开　　本	880mm × 1230mm 1/32
印　　张	12
字　　数	325 千字
版　　次	2023 年 7 月第 1 版第 1 次印刷
书　　号	ISBN 978-7-5176-1001-4
定　　价	45.00 元

目 录

/经 部/

/史　部/

/子　部/

/集　部/

经 部

"经（书）"的概念

"经"最初的意义，指织布的经线（纵线），是与纬线（横线）相对的。《说文解字》说："经，织也。"《玉篇》也说："经纬以成缯布。"没有经线或纬线都织不成布，其中，经线是最基本的。因此传统上认为"经"的地位要高于"纬"。

经纬代表着一种条理秩序，所以被引申来表示谋划、治理国家大事。这个时候，"经"有的单用，如《左传·隐公十一年》："礼，经国家，定社稷，序民人，利后嗣者也。"有的与"纶""纬"合用，如《周易·屯卦》："君子以经纶。"《左传·昭公二十九年》："夫晋国将守唐叔之所受法度，以经纬其民。"

"经"另外的意义是"常法"，《尚书·大禹谟》："与其杀不辜，宁失不经。"《传》曰："经，常也。"《周礼·天官》："以经邦国。"注曰："经也，法也；王谓之礼经，常所秉以治天下也。"这里的"经"，是指常行的义理、法则、原则等。

涉及书籍的领域，"经"指可以作为典范的书籍。这种意义上的使用，始见于《国语》"挟经秉抱"，但并不明确是指什么书。

《庄子·天运》不仅明确了"经"指哪些书，而且有了"六经"的名目。它说："（孔）丘治《诗》《书》《礼》《乐》《易》《春秋》六经……"

综合以上的意义，有学者概括"经"说："凡古代圣哲的言行政教，其载在典籍，可以垂训戒而作法则，示人以修身、处世、治国、施政的大道，能常用之而无所不通的，才得称它为'经'。"（顾荩臣语）

当然，"经"也指四部中的"经部"。

不过，尽管四部中的"经"专指儒家经典，但子部的书籍也有称为经的，如《山海经》《茶经》，当然更包括佛、道的经。这里，“经”扩大为指专述某一事物、某一技艺的书。

经部沿革的大概情形

经部是中国古代图书四部分类法（将中国古籍分为经、史、子、集四大类的传统分类方法）中的一个部类，习惯上也称“甲部”。

经书是在其被称为“经”之前就存在的，而最初“经”也并不指书。经书之“经”，是人们尊称《诗》《书》《礼》《乐》《易》《春秋》才出现的，《庄子·天运》即有记载。

周秦以后，历代经部沿革的情形大概如下：

西汉——刘歆继其父刘向将天下图书分为“七略”（辑略，六艺略，诸子略，诗赋略，兵书略，数术略，方技略。“略”义为简单扼要的叙述），其中“六艺略”即为经书。

东汉——班固《汉书·艺文志》采用刘歆的分类和称谓，其中“六艺略”著录“六经”。

魏晋——图书出现甲、乙、丙、丁四分法，经书归入甲部，列四部之首，此后各代始终如此。

隋——《隋书·经籍志》首列“经部”名目，下分10类：易、书、诗、礼、乐、春秋、孝经、论语、谶纬、小学。

唐——《新唐书·艺文志》分经部为11类：易、书、诗、礼、乐、春秋、孝经、论语、谶纬、经解、小学。

清——《四库全书总目》分经部为10类：易、书、诗、礼、春秋、孝经、五经总义、四书、乐、小学。

经部各类的大体情况

《四库全书总目》经部的分类比较科学、详尽，其所分10类的大概情形如下：

一、易类：收录《周易》的研究著作，如《子夏易传》（伪托）、孔颖达《周易正义》。

二、书类：收录《尚书》的研究著作，如胡瑗《洪范口义》、蔡沈《书集传》。

三、诗类：收录《诗经》的研究著作，如《毛诗正义》、朱熹《诗集传》、陆玑《毛诗草木鸟兽虫鱼疏》。

四、礼类：收录关于“三礼”《周礼》《仪礼》《礼记》的相关著作，如王安石《周官新义》、郑玄等《仪礼注疏》、卫湜《礼记集说》。

五、春秋类：收录《春秋经》及“三传”《左传》《公羊传》《穀梁传》的相关著作，共114部。

六、孝经类：收录关于《孝经》的著作，如唐玄宗注《孝经正义》。

七、五经总义类：这是一个独特的类部，实际不止五经，总论“十三经”或其中数经的均列入此类（单论“四书”的归下类），如陆德明《经典释文》《十三经注疏》。

八、四书类：收录关于《大学》《中庸》《论语》《孟子》的著作，有单部的，如何晏《论语集解》；有四种合刊的，如朱熹《四书集注》。

九、乐类：并非研究《乐经》，而是有关音乐的著作。

十、小学类：又分训诂、字书、韵书三部分，如《尔雅》《说文解字》《集韵》等。

“六经”和“五经”

“六经”是六部儒家经典的总称。“六经”之说始见于《礼记·经解》《论语》中孔子的话以及《庄子》。《庄子·天运》云：“（孔）丘治《诗》《书》《礼》《乐》《易》《春秋》六经，自以为久矣。”

六经的顺序，《庄子》《荀子》《淮南子》《吕氏春秋》以及司马迁的《史记·儒林列传》，都是——

《诗》《书》《礼》《乐》《易》《春秋》

但班固《汉书·艺文志》的“六艺略”作了改动，改为——

《易》《书》《诗》《礼》《乐》《春秋》

所以如此，可能是出于各书写作时间先后的考虑:《易》源于伏羲画八卦，最早;《书》中有《尧典》，次之;《诗》有《商颂》，又次;《礼》《乐》相传为周公所作，又次;《春秋》为孔子删定，最晚。

据说秦始皇焚书坑儒之后，“六经”中《乐》失传，实际已只存五种，故汉人就其实数而说“五经”。汉武帝时立博士，立的就是五经博士。当时及以后的顺序，用《汉书·艺文志》的比较普遍。

“十三经”等名目的形成

在“六经”“五经”的名目之外，儒家经典还有许多概称，其大概如下。

“七经”——最早见于《后汉书·赵典传》注:“(赵)典，学孔子七经。”是在五经之外再加《论语》《孝经》。宋人刘敞《七经小传》以《尚书》《毛诗》《周礼》《仪礼》《礼记》《公羊传》《论语》为七经。清康熙《御纂七经》，七经指《易》《书》《诗》《春秋》及“三礼”。

“九经”——唐代以九经试士，包括《易》、《书》、《诗》、“三礼”及“春秋三传”。当时，褚遂良曾称谏议大夫谷那律为“九经库”(《新唐书·谷那律传》)。还有一种说法，有《春秋》而不取“三传”，再加《论语》《孝经》。

“十经”——见于《宋书·百官志》，指《易》、《书》、《诗》、“三礼”、“三传”各一经，再加《论语》《孝经》合一经。

“十一经”——“十三经”去掉《论语》《孟子》，因为宋代时此两书另入“四书”。

“十二经”——“十二经”之说，始于唐代，包括《易》、《书》、《诗》、“三礼”、“三传”及《论语》、《孝经》、《尔雅》。唐文宗开成年间完成的《开成石经》，刊刻的就是这十二部经典，特别的是字书《尔雅》纳入了其中。

“十三经”——在“十二经”之外加入《孟子》。这是南宋朱熹结集“四书”以后才有的事情，在清代由于汇刻《十三经注疏》而使这一说法普遍流行、深入人心。

在以上说法之外，还有“十四经”“二十一经”之说。“十四经”是“十三经”加《大戴礼记》。清代段玉裁主张在“十三经”之外，增加《大戴礼记》《国语》《史记》《汉书》《资治通鉴》《说文解字》《周髀算经》《九章算术》八种书，以符合《周礼·保氏》所说书的数目。

《周易》的概况

《周易》是儒家重要典籍，又称《易》《易经》。

相传上古有“三易”，有夏代的《连山易》、商代的《归藏易》，另外就是周代的《周易》。三易中的前两易失传，所以后来“《易》”就专用于《周易》了。

《周易》原本是一种占筮用书，在汉代被赋予了经的地位。成为经书以后，《周易》也就有了“易经”之称。

《周易》包括经、传两部分。经是狭义上的《易经》，指六十四卦的卦象、卦辞与爻辞；传即《易传》，是对经的解释。

《周易》虽属占筮之书，但在它神秘的形式中蕴含着较为丰富的逻辑思维和朴素的辩证观念，体现了朴素的哲学思想。如吉凶、得失、益损、既济未济的对立统一，以及否极泰来、亢龙有悔的物极则反，等等。

除了哲学，《周易》还涉及天文、地理、历数、乐律、兵法、炼丹、医卜、堪舆等方面的内容，其中不乏对自然现象的科学认识，甚至现代科学也汲取了《周易》的营养。

由于周人占筮的范围很广，包括祭祀、战争、生产、商旅、婚姻、水旱等，所以《周易》所录存的旧筮辞，广泛地反映了当时的社会现实，具有不可忽视的史料价值。

《周易》书名的含义

关于《周易》的取名命意，历来有不同的说法。就“易”而言，一般认为有三种含义，即变易、不易、简易。

“变易”——孔颖达《周易正义》说：“夫易者，变化之总名，改换之殊称。自天地开辟，阴阳运行，寒暑往来，日月更出，孚萌庶类，亭毒群品，新新不停，生生相续，莫非资变化之力，换代之功。”这是说“易”的意思是“变易”，变易是万世万物的普遍规律；而占筮就是以揲蓍数目之变，推出求问的事情之变。

“不易”——指万物的相对稳定、不作变化。《易纬·乾凿度》这样解释：“不易者，其位也。天在上、地在下，君南面、臣北面，父坐、子伏，此其不易也。”

“简易”——指的是以一持万、执简驭繁。前两个“易”都是“变化”的意思，这个“易”是“容易”的意思。《易纬·乾凿度》这样解释：“易者，其德也。光明四通，简易立节，天以灿明，日月星辰，布设张列，通精无门，藏神无穴，不烦不扰，淡泊不失，此其易也。”

就“易”前的“周”而言，也有两说：一说指周代，《周易》是周代人的筮法，且“四圣作易”中的周文王、周公和孔子都是周人；一说“周”是“周普”“周遍”的意思，指书中的规则无所不备，具有普遍的意义。

《易经》的内容和形式

《易经》为六十四卦的卦象、卦辞与爻辞。

《易经》最基本的因素是阴和阳，分别以符号“—”“--”代表，称“阴爻”“阳爻”。这两种爻象以三为单位，重叠起来，就构成了八卦，即乾、坤、震、艮、离、坎、兑、巽，分别以符号☰、☷、☳、☶、☲、☵、☱、☴来代表。再把八卦以六为单位，分别两两重叠起来，就构成了六十四卦。

六十四卦每卦均有六画，称为六爻；其排列顺序是由下至上，用“初、二、三、四、五、上”表示位序，用“九”表示阳爻，“六”表示阴爻。因此，如“恒”卦的“䷟”，其六爻依次是初六、九二、九三、九四、六五、上六。

《易经》六十四卦，每卦均包括卦象（也叫卦画）、卦名（也有称标题的）、卦辞、爻辞四个部分。以下是“乾”卦这四个部分的完整内容：“䷀（乾上乾下）”为卦象，卦名为“乾”，卦辞为“元亨利贞”，爻辞为“初九，潜龙勿用；九二，见龙在田，利见大人；九三，君子终日乾乾，夕惕若，厉，无咎；九四，或跃在渊，无咎；九五，飞龙在天，利见大人；上九，亢龙有悔；用九，见群龙无首，吉”。

《易经》分为上经、下经两篇。上经始于乾卦，终于离卦，共30卦；下经始于咸卦，终于未济卦，共34卦。这是通行的《周易》版本的卦序排列。此外，还有一种排序法，即长沙马王堆汉墓出土的帛书本，首卦为乾，次卦为否，终于益卦。

卦辞和爻辞

卦辞和爻辞是对卦、爻的解释，在《易经》中篇幅很大，也是组成《易经》的重要部分。尽管其本身也比较简奥难懂，但没有它们，今天我们对易卦就更是不知所云了。

相传八卦和六十四卦最早的时候有卦无辞，辞是后来由周文王、周公加上去的。这种说法并无根据，但卦爻辞完成于西周初期却是大体肯定的。

卦辞是对全卦的解释，比较简单。全部卦辞共64条，与六十四卦之数吻合。

爻辞是解释每一爻的意义的，每卦均有六条，是各卦内容的主要部分。但乾、坤二卦的爻辞均为七条，分别多出了“用九”“用六”，故爻辞总数是386条，比爻数多了两条。卦辞加爻辞，总共为450条。

卦辞、爻辞又分筮辞与非筮辞两类，筮辞是占筮内容和结果的记录，非筮辞是作者的理论说明。非筮辞在全书中分量较小，但在表现作者的思想、主张方面却很重要。

《易传》的概况

《易传》是对《易经》所作的解释说明。它原本是与《易经》分开的，由经师分别传授；后来郑玄等经学家以传附经，或附在经文条目下（如《彖》《象》），或附在经后（如《系辞》等）。

解释《易经》的传最著名的是“十翼”，也称《易传》。汉代司马谈把“十翼”称为《易大传》，以区别于汉代的其他“易传”。

相传《易传》为孔子所作，但今天一般认为孔子是解《易经》的倡导者，而《易传》出自众多儒家学者之手，是战国以来陆续形成的。

《易传》对于《易经》的阐释，使《易经》的卦辞爻辞哲理化，大大丰富了其思想，具有深广的影响。其中影响最大的是《彖》和《系辞》。《彖》把“天地盈虚，与时消息”看成自然界和人类生活的普遍原则，承认变化及永恒规律的存在。《系辞》提出“一阴一阳谓之道”，说明万物都具有两重性；以“穷则变，变则通，通则久”，说明万物必须经过变革才有发展前途。这些都含有朴素的辩证法因素，为中国古代辩证法思想的发展奠定了基础。《系辞》还提出若干哲学范畴，如太极、两仪、道、器、神、几、言、意、象等，对以后哲学的发展也具有深刻影响。

《易传》“十翼”

《易传》共有10篇，也叫“十翼”，分别是《彖》上下、《象》上下、《文言》、《系辞》上下、《说卦》、《序卦》、《杂卦》。“翼”的意思，有人解作“辅助”，即传之十翼是辅助经的；也有人解作“羽翼”，说十翼是经的羽翼。

《彖》又称《彖传》《彖辞》，分为上、下两篇。彖，唐孔颖达疏，依汉魏以来的注释，解释为“断”，为断定一卦之义。他认为“彖辞”解卦象和卦辞，有三说：一是取象，即以八卦所象征的事物解释卦义；二是取义，即取卦的义理或德行解释卦象和卦辞；三是析位，即以爻象在全卦中所处的地位说明卦辞的含义。

《象》亦称《象传》，分为《大象》和《小象》两部分。《大象》主要是取八卦所象征的天、地、风、雷、水、火、山、泽等自然现象，解释卦象和卦名的含义；《小象》是对各卦爻象和爻辞的解释，但体例不一。《象》多举天地万物之象，以喻人事道德之义。如乾卦《象》曰：“天行健，君子以自强不息。”其中有些辞句直接来自《论语》。

《文言》是专门对乾坤两卦卦辞和爻辞的解释，分《乾文言》和

《坤文言》。其主旨在于借阐发天地之德，说明君臣上下、进退存亡之道，修身、齐家、治平之理。其中多处吸取前人解《易经》的言论。

《系辞》又称《系辞传》，分为上、下两篇。因系于经之下，故称。它是解说《易经》全书义理的通论，是《易传》思想的主要所在，篇幅也较长。此外，文中还说明古代以蓍求卦的法则，成为象数学的依据之一。

《说卦》收录汉初经师的“卦注”“卦象”之说。其内容可以分为两个部分，前一部分简要说明《易经》卦爻的观变穷理，贯通天、地、人三才之道；后一部分解说八卦所象的事物。在这里，八卦取象更为宽广，如乾卦象征天、君、父、首、马、王、金、寒、冰、木、果、大赤等；以乾坤为父母，其余为长、中、少三男三女，以父母兄弟姐妹之道来解释八卦的关系。这些理论对后来易学中的象数学的发展产生了很大的影响。

《序卦》是对六十四卦排列顺序的说明，如以“盈天地之间者，唯万物”的观点来解释乾坤两卦居于首位；以因果联系、物极则反、相反相生的观点，解释其他各卦之间的相互联系；以“物不可穷”解释最后一卦未济，表示事物的变易是不封闭的体系。

《杂卦》以相反相成的观点把六十四卦分为三十二对，解释其卦义和相互间的关系。由于并不按照六十四卦顺序来说，错杂解释，故名。

《尚书》的概况

《尚书》是我国上古时期的历史文献汇编，也叫《书》《书经》。

旧说《尚书》是由孔子编定的。实际上，《尚书》的成书经过了一个比较长的时期，现今学者多以为其西周开始编辑，战国时加工编定。

《尚书》的材料，有的是当时的原有记录（如周代），有的是经过后代史官润饰的（如商代文献经过周代史官润饰），有的是后代根据前代流传的素材写成的（如虞夏文献是周代写定的）。

《尚书》在秦焚书坑儒之后出现不同文本，有《今文尚书》《古文尚书》《伪古文尚书》。

《尚书》在战国时期就是儒家教习的课程；汉初立于官学，设置五经博士；此后一直被作为儒家经典而研习。

《尚书》记述了虞、夏、商、周统治阶级的各种政治活动。在古代，它被当作帝王教科书，其思想被视作“大经大法”。它保存了不少极具价值的史料，是后世赖以研究上古三代历史的可靠依据。

《尚书》书名的含义

《尚书》在汉代以前原本只称《书》。而在先秦，“书”是泛称，指记录史事及言论的史书。《尚书》的“尚”，是汉代的今文家加上去的。但后世仍有许多学者称《尚书》为《书》。

关于“尚”字，最简明的解释是“尚”通“上”，即“上古”之意，《尚书》即“上古史书”。也有把“尚”解释为“尊上”的，即指二帝三王。如王肃说“上所言，史所书”，即指《尚书》是史官对帝王言论的记录。

更有人把《尚书》书名的解释神圣化，如郑玄说：“尚者，上也。尊而重之，若天书然，故曰《尚书》。”

称《尚书》为《书经》，到汉代才普遍起来。

《尚书》之今文、古文、伪古文本

《尚书》在编定之后，历经秦火、战乱和伪造，文本方面残缺最多，有今文本、古文本，还有伪古文本。

今文本——汉初，秦博士济南人伏生（一名胜）取出秦焚书时藏在屋壁中的《尚书》，尚有残编 29 篇。后伏生在齐鲁之间私自教授，

《尚书》从此流传开来。由于这个文本是用汉代当时的隶书抄写的，故称《今尚书》，或《今文尚书》。

古文本——汉景帝时鲁恭王在孔子旧宅屋壁中得古书数十篇，交给孔子后人孔安国。汉武帝时，孔安国献于朝廷。这种《尚书》文本比伏生所传多16篇，是用秦以前的文字书写的，故称《古尚书》，或《古文尚书》。

伪古文本——魏晋时人王肃伪造《古文尚书》，又伪造孔安国为《尚书》所作的传。东晋时，梅赜向朝廷献上此二书。这种《尚书》文本比今文本多出25篇，又从今文本中分出4篇，与今文本合共58篇。

现在通行的《尚书》文本，正是今文本和伪古文本混合的58篇本，原因在于传习已久，入人已深；也在于伪古文亦非全都向壁虚构，其中不乏真正的史料。

《尚书》的“六体”

关于《尚书》的体式，有“十例”“六体”说。

“十例”是典、谟、贡、歌（《夏书》有《五子之歌》）、誓、诰、训（《商书》有《伊训》）、命、征（《夏书》有《胤征》）、范。

更通行的说法是“六体”，即典、谟、训、诰、誓、命。

“典”是重要史事或专题史实的记载；

“谟”是记载君臣谋略的；

“训”是臣下开导君主的话；

“诰”是勉励臣民的文告；

“誓”是君主出兵征战时的誓词；

“命”是君主的册命或者某项命令。

此外有以人名为标题的，如《盘庚》《微子》；有以事为标题的，如《高宗肜日》《西伯戡黎》；有以内容为标题的，如《洪范》《无逸》，大都可以归入以上六类之中。

《尚书》被视为帝王教科书

《尚书》不仅是儒家学者研究的经典，也被历代统治者视为帝王教科书。这是因为：

首先，《尚书》所载的上古文献，其中最主要的是帝王文告、训词以及君臣间的谋略、对话。因而，王充《论衡》称它为“上古帝王之书”，刘勰的《文心雕龙》则说“圣贤言辞，总为《尚书》”。

其次，《尚书》是三代圣王政治哲学的经典，其中为君治政、统军、教民的理念、原则、措施，具有普遍意义，良可借鉴。

最后，与“六经”中的其他“五经”相比，“五经”是各主帝王政事的“一端”（如《易》主“稽疑”，《诗》主“乐教”，《仪礼》主“节义”，《周礼》主“六官率属”，《春秋》主“命德讨罪”），而《尚书》则备纪帝王一切政事的“全体”，是“六经”的“大道”。

《诗经》的概况

《诗经》是我国最早的诗歌总集，也是儒家最早传习的经典之一。最初只称《诗》，或举其整数称《诗三百》，汉初被奉为经典后才称为《诗经》。

旧说《诗经》为孔子删定。实际上，《诗经》是经过许多人长期收集整理而成的，大约在春秋中叶最后编订成书；孔子只是整理过《诗经》。

《诗经》中的诗为西周初年至春秋中叶的作品。大体上有两个来源，一是自上而下的采诗，一是自下而上的献诗。

《诗经》所收诗确数为305篇，此外有《南陔》《白华》《华黍》

《由庚》《崇丘》《由仪》6篇只存篇名而无内容的“笙诗”。

早在春秋时期，《诗经》就已广泛流传。当时的士大夫常在外交场合引用《诗》句来表达自己的意见、愿望，孔子也以其为“六艺”之一教育弟子。汉初，《诗经》被奉为儒家经典，立于官学。

作为儒家经典，《诗经》的作用和影响远远超出了文学领域，被用以进行道德教化等等。此外，《诗经》中还保存了上古社会的许多史料，反映了当时的社会生活、典章制度、风俗习惯以及社会各阶级、阶层的精神风貌。

《国风》的内容与风格

《国风》是《诗经》三类诗歌（风、雅、颂）中的一种，包括“周南”“召南”“邶”“鄘”“卫”“王”“郑”“齐”“魏”“唐”“秦”“陈”“桧”“曹”“豳”，合称“十五国风”，共160篇。

关于“风”的含义，最早作解释的是《诗大序》：“风，风也，教也，风以动之，教以化之。”这种“诗教”的解说牵强附会，言不及义。当代学者一般认为“风”即“土风”“土乐”，也就是地方乐调。

《国风》大部分是民间作品，多为民众集体创作。这些作品大约作成于西周初期至春秋中叶。

《国风》分布的地区，“周南”是周公所治的南国，“召南”是召公所治的南国，以陕地（今河南三门峡陕州区）为界，其东为“周南”，大致为从洛阳向南抵湖北北部长江、汉水一带；其西为“召南”，大致为今陕西南部到湖北西北部地区。其他十三国风，“邶”“鄘”“卫”“王”“郑”“桧”“陈”为今河南北部、西部、中部及东南地区，“秦”“豳”为今陕西中部及西北部地区，“齐”“曹”为今山东东北部及西部地区，“魏”“唐”为今山西南部及中部地区。总之，包括今陕西、河南、山东、山西、湖北，而多集中于河南。

《国风》是《诗经》的精华，主要题材包括对剥削压迫的反抗，对统治阶级丑恶行径的揭露，对劳动和爱国精神的讴歌，以及对爱情的抒写和赞美，内容非常丰富。《国风》也是《诗经》中艺术成就最高的部分。它的许多诗篇来源于社会现实，直接抒写对生活的真实感受，不加粉饰，质朴清新。许多篇章的语言都源于民众口语，刻画准确，描摹生动，极富表现力。

《雅》的内容与风格

《雅》是《诗经》三类诗歌中的一种，包括《大雅》31篇、《小雅》74篇，共105篇，合称“二雅”。

对于“雅”的解释，最早见于《毛诗序》：“雅者，正也，言王政之所由废兴也。政有小大，故有《小雅》焉，有《大雅》焉。”这是基于“诗教”观点的解释。后世研究者一般认为，雅即夏，《雅》诗即西周王畿地区的乐歌，即所谓“官调”，与“风”为地方乐调相对而言；大、小之分，也与音乐相关。

《雅》诗大多是当时上层社会典礼、宴会时所演唱的乐歌，《大雅》用于诸侯朝会，《小雅》用于贵族宴享。因此，《雅》诗内容最多的是饮宴诗、史诗和政治讽刺诗，此外也有一些恋歌和怨歌、农事诗和畜牧诗。

《雅》诗中的史诗，如《大雅》的《生民》《公刘》《緜》《皇矣》《大明》，都是优秀篇章。《雅》诗中的政治讽刺诗，如《大雅·桑柔》直斥周厉王为政暴虐，执政大臣贪残害国；《小雅·巧言》对周王听信谗言、酿成乱事进行了尖锐的讽刺。

《雅》诗一般篇幅较长，句法、用韵都较整齐，布局谨严，组织完密。《雅》诗的语言一般不如《风》诗通俗易懂，而且多抽象议论。在风格上，《雅》诗庄重而舒缓，表现出典重文雅的特色。

《颂》的内容与风格

《颂》是《诗经》三类诗歌中的一种，包括《周颂》31篇、《鲁颂》4篇、《商颂》5篇，共40篇，合称“三颂”。

对于“颂”的解释，最早见于《毛诗序》：“颂者，美盛德之形容，以其成功告于神明者也。”“美盛德之形容”，就是赞美“盛德”的舞蹈动作。因此，当代学者认为，《颂》是宗庙祭祀之乐，其中一部分是舞曲。

《周颂》的作者已不可考；《鲁颂》被认为是太史克所作；《商颂》中的5篇被认为是正考父所作。

《颂》诗主要是周王和诸侯用于祭祀或其他重大典礼的乐歌，其内容多宣扬天命，赞颂祖先的功德。《颂》诗中也有一些反映当时农、牧、渔业生产情况的作品。

《颂》诗多空洞抽象的说教，缺乏形象性和韵律美，也极少运用比、兴手法。其中《周颂》时代较早，语言典雅庄重而欠清新活泼，押韵也不甚规则；《鲁颂》的时代较《周颂》为晚，创作上受到了《风》诗和《雅》诗的影响。《商颂》一般篇幅较长，叙事具体，韵律也比较和谐。

《诗经》的“四始”

“四始”是古代关于《诗经》编排分类的专门用语，历代研究者有不同的解释，大体有三种：

《史记·孔子世家》称：“《关雎》之乱，以为《风》始；《鹿鸣》为《小雅》始；《文王》为《大雅》始；《清庙》为《颂》始。”这里说的是风、二雅及颂每个部分的首篇作品。

《毛诗序》称风、小雅、大雅、颂为王道兴衰所由始的“四始”。

纬书称："《大明》在亥，水始也；《四牡》在寅，木始也；《嘉鱼》在巳，火始也；《鸿雁》在申，金始也。"

三种解释之中，第二种是用封建礼教曲解《诗经》。第三种是用五行之说附会《诗经》。因而，《诗经》的"四始"，一般使用的是第一种解释。

《诗经》的"六诗""六义"

"六诗""六义"都是关于《诗经》编排分类的专门用语。

"六诗"即风、雅、颂、赋、比、兴。《周礼·春官·大师》："大（太）师教六诗：曰风，曰赋，曰比，曰兴，曰雅，曰颂。"

《毛诗序》把"六诗"叫作"六义"。孔颖达在《毛诗正义》中解释"六义"时指出："风、雅、颂者，诗篇之异体；赋、比、兴者，诗文之异辞耳。大小不同，而得并为六义者，赋、比、兴是诗之所用，风、雅、颂是诗之成形，用彼三事，成此三事，是故同称为义。"他认为风、雅、颂是诗的不同体制，赋、比、兴是诗的不同表现手法。后来，这种观点被长期沿用下来，对《诗经》的学习和研究起了较大的推进作用。

《诗经》的赋、比、兴

赋、比、兴是《诗经》的主要表现手法，为我国历代古典诗歌的创作提供了范例。

对于赋、比、兴，历来有各种解释，宋人朱熹在《诗集传》中的解释比较通行，晋人挚虞、宋人李仲蒙的解说也与朱熹相近。

赋，挚虞解释说："赋者，敷陈之称也。"（《文章流别论》）李仲蒙解释说："叙物以言情谓之赋，情尽物者也。"（胡寅《斐然集·与李叔易书》引）朱熹解释说："赋者，敷陈其事而直言之者也。"就是说，赋就是陈述铺叙。《诗经》中，赋一般多见于《颂》和《大雅》；但像《国风》中的《七月》《氓》《溱洧》等民歌，也使用了赋的手法。

比，挚虞解释说：“比者，喻类之言也。”李仲蒙解释说：“索物以托情谓之比，情附物者也。”朱熹解释说：“比者，引物连类。”就是说，比就是比喻，它使人或物的形象更加鲜明突出。如《鄘风·相鼠》《魏风·硕鼠》用令人憎恶的老鼠，来比喻统治者的不讲礼仪、贪婪可恶；《卫风·氓》中用桑树由繁茂到凋落，比喻女主人公的容貌由盛变衰。

兴，挚虞解释说：“兴者，有感之辞也。”李仲蒙解释说：“触物以起情谓之兴，物动情者也。”朱熹解释说：“兴者，先言他物以引起所咏之辞。”就是说，兴是借助其他事物作为诗歌发端，以引起所要歌咏的内容。如嫁女诗《周南·桃夭》，以“桃之夭夭，灼灼其华”起兴，使人从桃花盛开联想到新嫁娘的美貌；又如送别诗《邶风·燕燕》，以“燕燕于飞，差池其羽”起兴，使人从燕子飞翔时的参差不齐联想到送别时的依恋之情。

何谓“三家诗”

“三家诗”是汉初四个《诗经》传授流派中的三家，分别为齐、鲁、韩三家；加“毛诗”，共四家。

“三家诗”以传授者的国别等命名，“齐诗”源于齐人辕固，“鲁诗”源于鲁人申公；“韩诗”源于燕人韩婴，则是以姓命名。

“三家诗”作为今文经学，受到当时朝廷的支持，均被立于官学（“鲁诗”“韩诗”汉武帝时立，“齐诗”汉景帝时立），设博士，在整个西汉居于正统地位。

“毛诗”盛行以后，“三家诗”逐渐衰微。三国魏时，“齐诗”亡；两晋时，“鲁诗”亦亡，“韩诗”仅存《外传》。

后人收集“三家诗”的遗说，宋人王应麟辑《诗考》一卷，清人陈寿祺、陈乔枞有《三家诗遗说考》，范家相有《三家诗拾遗》，王先谦有《诗三家义集疏》，“三家诗”的佚文大致收集无遗。

何谓“毛诗”

“毛诗”是汉代传授《诗经》的一个流派，相传出于孔子弟子子夏，汉初由毛亨传给毛苌。

毛亨是鲁国人，世称“大毛公”，简称“毛公”；毛苌是赵国人，世称“小毛公”。毛亨给《诗经》作传，传给毛苌，此即所谓《毛传》，也就是《毛诗》。

《毛诗》属古文经学，在西汉并未受到重视。东汉时，《毛诗》逐渐受到重视，汉章帝时立于官学。

汉末经学大师郑众、贾逵、马融、郑玄对《毛诗》或作注、或作笺，《毛诗》遂日益流行，而“三家诗”则逐渐衰微。

今天所见到的《诗经》，大体就是毛氏所传的《诗经》，故亦称《毛诗》。

“毛诗”在历史上占有很重要的地位，以《毛传》为中心形成了所谓的“毛诗学”。

《毛传》和《郑笺》

《毛传》《郑笺》是汉代研究《诗经》最为重要的著作。

《毛传》全称为《毛诗故训传》，共30卷。相传为毛亨所作，后传给毛苌。但原书已佚，后世传本均附以《郑笺》。

《毛诗故训传》全书以解释字义为主，章句训诂大抵采用先秦学者的意见，取自先秦群籍。如许多意见出于《国语》《礼记》《周礼》，此外还有不少说法出于《论语》《孟子》等书。

《毛传》解诗，往往从“诗教”（如认为情诗《关雎》是表现“后妃君子之德”等）出发，对一些诗篇的主旨有所曲解。但由于毛公去古未远，所言必有师承，所以历代学者都奉《毛传》为圭臬。

《郑笺》全称为《毛诗传笺》，全书共23卷。该书是郑玄为《毛传》所作的“笺”，故称《毛诗传笺》。

《郑笺》注诗以毛氏为宗，主要是对《毛传》作阐发、补充和订正，“毛义若隐略，则更表明；如有不同，即下己意，使可识别”。时而也引“三家诗”来解诗。在论《诗经》的主旨方面，《郑笺》把《诗经》当作圣贤垂教的经典，比附义理，作出牵强附会的解释。

《郑笺》解诗，在“诗教”方面与《毛传》大致相同；而在文字训诂方面，二者互有得失。至唐，孔颖达《毛诗正义》出，调和两家之说，持论归于一致。

《毛诗序》

《毛诗序》简称《诗序》，是列于《诗经》各诗之前解释各篇主题的文字。

《诗经》的齐、鲁、韩、毛四家诗原本都有序，但三家已失传，仅存《毛诗序》。

《诗序》又有“大序”“小序”之分，一般认为列在各诗之前、解释各篇主题的为“小序”；在首篇《关雎》的“小序”之后，从“风、风也”句开始，概论全经大段文字的为“大序”。也有人认为《诗序》总论诗之纲领，并无小大之别。

关于《诗序》的作者，历来众说纷纭。郑玄认为“大序”为子夏作，“小序”为子夏、毛公合作。范晔《后汉书·儒林传》提出《诗序》为东汉初卫宏所作，后代自朱熹直到清代的姚际恒、崔述、魏源、皮锡瑞等都持此说。

《诗序》对《诗经》作了不少穿凿附会的解释，致使许多诗篇的本义被掩盖了。但《诗序》是先秦至汉代儒家诗说的总结，有一部分解说可以和其他先秦古籍有关记载互相印证，确有依据，具有相当的价值。

《毛诗序》中最著名的一段论述

《毛诗序》中的一段论述，历来多被引用，很是著名：

> 诗者，志之所之也。在心为志，发言为诗；情动于中而形于言。言之不尽，故嗟叹之；嗟叹之不足，故永歌之；永歌之不足，不知手之舞之、足之蹈之也。情发于声，声成文，谓之音。治世之音，安以乐，其政和；乱世之音，怨以怒，其政乖；亡国之音，哀以思，其民困。故正得失、动天地、感鬼神，莫近于诗。先王以是经夫妇，成孝敬，厚人伦，美教化，移风俗。

这段话对于诗与志、志与情的关系以及诗歌的艺术特征提出了精深的见解，并涉及诗歌和时代以及政治的关系，肯定了吟咏性情的诗歌有很大的教化作用。

这段话在《诗经》研究和古代诗歌理论方面极有价值。而后代儒家对《诗经》的附会曲解，也往往由此生发出来。

《诗经》的兴、观、群、怨

兴、观、群、怨，是孔子对于《诗经》社会作用的概括，见于《论语·阳货》：

> 子曰："小子何莫学夫《诗》？《诗》可以兴，可以观，可以群，可以怨。"

所谓“兴”，是说“修身当先学诗”（何晏《论语集解》引包咸注），说的是《诗经》在修身方面的教育作用。比如说，读了某诗，有所感触，从而做出某种符合道法规范的举动来。

所谓“观”，就是“观风俗之盛衰”（郑玄注），“考见得失”（朱熹注），说的是《诗经》的认识作用。这一点主要是针对统治者而言的。

所谓“群”，就是“群居相切磋”（孔安国注）。指如何在人际交往中修养自身，调节相互关系，达到修身进德与社会和谐。

所谓“怨”，就是“刺上政”（孔安国注），说的是《诗经》的讽谏作用。这当然是对下而言的。但怨虽被允许，却需“温柔敦厚”“止于礼义”。

“兴、观、群、怨”之说，是对《诗经》社会作用全面完整的概括，也为后世诗歌创作、文学理论所实践和提倡。

何谓“三礼”

“三礼”是儒家有关礼的三部经典的总称，指《周礼》《仪礼》和《礼记》。它们都是重要的儒家经典，均入“十三经”之列，其中《仪礼》更是儒家最早的经典“六经”之一。

“三礼”的称谓形成于汉末。东汉末年，经学大家郑玄分别给《周礼》《仪礼》《礼记》作注，此后遂有“三礼”之称，一直沿用至今。

“三礼”并不都是“经”，《周礼》《仪礼》是“经”，《礼记》则是解说《仪礼》的“传记”，就如同解释《春秋》经的《左传》，后来也被列为儒家经典。《仪礼》很早就为儒家传习，也最早入经，是儒家“六经”之一；《周礼》和《礼记》在西汉末和唐代才进入儒家经典行列，列于“七经”。

“三礼”之中，《周礼》载官制，与政治制度有关，屡屡被人利用或批驳;《仪礼》载仪节，对后世影响颇大;《礼记》是儒学杂著，内容最为丰富，反映了儒家的许多重要思想。

《周礼》的概况

《周礼》是有关政治制度的儒家经典，也叫《周官》《周官经》。它是“三礼”之一，但不在“六经”之中。

相传《周礼》为周公所作，实际上成书于春秋战国时期——春秋时初步成书，战国时补充资料，完成全书；而其中极小部分内容，则是用汉代资料补充的。在汉初,《周礼》有其名而无其书。后来河间献王将从民间得到的几种先秦古书献于朝廷，其中就有《周礼》，由此得以行世。

在“三礼”中,《周礼》晚于《仪礼》成为经书，在西汉末年被列入儒家经典之列。

对于《周礼》，向来褒贬不一，褒者谓其乃“周公致太平之迹”（刘歆语），贬者谓其乃“六国阴谋之书”（何休语）。

《周礼》的体例与内容

《周礼》所述政治制度，主要是设官分职。全书按天、地、春、夏、秋、冬“六官”分为6篇，分述各官的官名、职掌、爵等、员数等等。

天官冢宰“掌邦治”，称为“治官”。冢宰为六卿之首、百官之长，掌理天下政务和宫中事务，辅佐王者统治天下。其属官有小宰、屦人、夏采等。

地官司徒“掌邦教”，称为“教官”。大司徒掌管土地方域及王畿之内的人民教养。其属官有小司徒、乡师、乡大夫、党正、饎人等。

春官宗伯“掌邦礼”，称为“礼官”，掌管宗庙祭祀以及文化等。

其属官有小宗伯、都宗人、家宗人等。

夏官司马“掌邦政”，称为“政官”，掌管军制、步骑、兵甲、交通及诸侯各方有关事宜。其属官有小司马、军司马、舆司马、行司马、司勋、都司马等。

秋官司寇“掌邦禁”，称为刑官，掌管狱讼刑罚等司法事务，兼掌礼兵等。其属官有小司寇、士师、乡士、遂士、掌交、朝大夫等。

冬官司马称为“事官”，掌管工程建设，兼及沟洫、土地、水利等。有属官 30 种。

《周礼》的历史褒贬

《周礼》在历史上所获评价，褒贬极其悬殊，趋于两极。

西汉末年，王莽篡汉自立，曾利用《周礼》为其提供合法性依据。《汉书·王莽传》称其“发得《周礼》，以明因鉴”。在王莽统治时期，《周礼》被列于官学。

东汉末年，今文学家说《周礼》是“末世渎乱不验之书”“六国阴谋之书”，但郑玄据理力争，说是“周公致太平之迹”，且因其《周官礼注》很是完备，所以该书遂大行于世。

宋代，王安石效法《周礼》中的理财精神，兴行各种新法，引起保守派的反感。苏辙、司马光等及后来的理学家都怀疑该书的真伪，更有人指出是刘歆伪作，并指斥王安石“以《周礼》乱天下”。

清代，万斯同、姚际恒、江永等都认为《周礼》是伪书，康有为《新学伪经考》更是极力宣扬该书为刘歆伪作。但毛奇龄、汪中、王国维等，又确证此为春秋战国时书籍无疑。

《周礼》所以有趋向两极的评价，除真伪之外，更由于它是关于政治制度的，不免被人利用，相应地也不免惹人反感，所以两千年间时有褒贬。新帝王莽、北周宇文泰、宋代王安石，或篡位、或改制、或变法，都利用过《周礼》。而这必然导致正统派、保守派的大加贬斥、挞伐。

《仪礼》的概况

《仪礼》是有关典礼仪节的儒家经典，“六经”“三礼”之一。《仪礼》的名称，原本就是《礼》；也称《礼经》，以与《礼记》相区别；汉代人也称《士礼》，因为书中所记大多为士人的礼仪规范。《仪礼》之名为晋人所加。

旧说《仪礼》与《周礼》一样，都是周公所作，但不足信。《史记》与《汉书》都认为出于孔子，其实孔子所做的只是记录与编缀。

《仪礼》所记有西周时期的礼仪，但更多是春秋时期周、鲁各国的礼仪（当然这些礼仪也是因袭前代而来的）。就是说，《礼仪》成书于春秋晚期，所记为可能创制于西周而在春秋时期更为通用的各种礼仪。

《仪礼》是儒家传习最早的一部经典，孔子生前即以此教授众弟子，困厄之中亦未停辍。由于封建礼制的需要，后世对《仪礼》亦颇为重视。

《仪礼》的内容

《仪礼》所载，均为各种仪文礼节，分类为 17 篇，内容概括如下：

《士冠礼》第一：记载贵族子弟 20 岁成人时的加冠之礼。

《士昏礼》第二：记载纳采到婚后庙见等一系列婚姻礼仪。

《士相见礼》第三：记载贵族与贵族第一次交往，带着礼物登门求见和对方回拜的礼节。

《乡饮酒礼》第四：记载古代基层行政组织定期举行的以敬老为中心的酒会的具体仪式。

《乡射礼》第五：记载古代基层行政组织定期举行的射箭比赛大会

的具体仪节。

《燕礼》第六：记载诸侯与其大臣举行酒会的详细礼节，以及酒会上宫廷艺术家的演奏和歌唱。

《大射礼》第七：记载在国君主持下举行的射箭比赛大会的具体仪节，参加比赛大会者均为各级贵族。

《聘礼》第八：记载国君派遣大臣到别国进行礼节性访问的具体仪节。

《公食大夫礼》第九：记载国君举行宴会招待来访外国大臣的礼节。

《觐礼》第十：记载诸侯朝见天子的礼节。

《丧服》第十一：记载亲属去世后人们因亲疏远近而体现在丧服和服期上的种种差别的制度。

《士丧礼》第十二、《既夕礼》第十三：这两篇记载一般贵族从去世到埋葬的一系列详细仪节。

《士虞礼》第十四：记载一般贵族埋葬其父母后，回家所举行的安魂礼。

《特牲馈食礼》第十五：记载一般贵族定期在家庙中祭祀祖祢的礼节。

《少牢馈食礼》第十六、《有司彻》第十七：这两篇记载大夫一级的贵族在家庙中祭祀祖祢的礼节。

《仪礼》对后世的影响

《仪礼》所载虽为西周春秋时期的礼仪，但它却一直“活”在古代社会，为贵族世家乃至平民百姓所遵行，产生了深广的影响。我国被称为“礼仪之邦”，当与该书不无关系。

首先，历代制定礼仪典制，多以《仪礼》为准绳，甚至搬用其仪注。《仪礼》17 篇的篇幅虽然远远不能代替各代礼仪典制，但各代却大都以其为依据而踵事增华，可以视作《仪礼》的扩编、具体化。

其次，在现实生活中，《仪礼》的直接影响也十分深广。《仪礼》所载冠婚丧祭的各种仪节，大多为后世所承袭，其骨干历两千多年而不变，只是细节上有一些因时因地的增减而已。

晚近以来，《仪礼》的许多仪节失去了社会基础，不复存在；有些仪注则化礼成俗，仍在起作用。《仪礼》的繁文缛节在今天已失去价值，但其注重礼仪的精神、某些礼仪上反映出来的信念及其进退揖让间表现出来的雍容雅正，仍有意义在。

《礼记》的概况

《礼记》是有关礼制的文献汇编，“三礼”之一。

《礼记》最初只是《仪礼》的附属资料，是对《礼记》经文的解释、补充和发挥，被称为“记”。这些“记”并非一人一时之作，汉末才最后编定，独立成书。

《礼记》有大、小戴之分，后来《大戴礼记》失传，今天的《礼记》即《小戴礼记》的传本。东汉末年，郑玄分别给《礼记》及《仪礼》作注，从此《礼记》逐渐受到重视。

《礼记》在唐代开始被列为经典，是较晚被列入儒家经典的一种。但由于它讲的都是礼之大义，思想性和史料性也较强，故在后世地位越来越高，影响也远比《仪礼》和《周礼》要大。

《大戴礼记》与《小戴礼记》的异同

《大戴礼记》和《小戴礼记》是汉代时《礼记》的两种版本。因分别由大戴（戴德）和小戴（戴圣）叔侄编成，故称；也称《大戴记》和《小戴记》。

《礼记》原本是关于“礼”的札记，累世积聚，数量很多。但到西汉时期，传习的“记”已经不多，《汉书·艺文志》说有“百三十一篇”；而且使用时随意增删，篇数、编次都不固定。东汉中期，经过长期淘汰，经戴德与戴圣分别编选，形成《大戴礼记》《小戴礼记》。

汉宣帝时，立十四经博士，大、小戴同被立为《仪礼》经博士，他们编成的《大戴礼记》和《小戴礼记》也作为《仪礼》的附庸而同被立于官学。

《大戴礼记》和《小戴礼记》篇次不同，前者 85 篇，后者 49 篇。后来，《大戴礼记》未能流传开来，而《小戴礼记》在汉末经郑玄作注，摆脱《仪礼》而独立成书。今天所见的《礼记》，正是郑注的 49 篇本《小戴礼记》。

《礼记》的内容

作为儒学杂著，《礼记》虽仅 49 篇，但内容非常丰富，所论范围也极为广泛。举凡儒家的社会理想、政治制度、教育思想、伦理观念、人生哲学、礼制精神等等，该书中均有论列；其中有些相当于独立的论文，在所论领域具有深远影响。

作为“三礼”之一，《礼记》的首要内容自然是关于礼的。其中有记载《仪礼》所失收的古代典礼仪节的文献，如《奔丧》《投壶》；有说明《仪礼》的，如《冠义》说明《士冠礼》、《昏义》说明《士昏礼》，此外有《乡饮酒义》《射义》《燕义》《聘义》，有关丧服、祭法的近 20 篇，也属于此类；有的记述各种礼制，如《礼器》《郊特牲》《玉藻》；有的记日常生活礼节或守则，如《典礼》《内则》《少仪》。这些记述或细微、或宏阔，或解说仪节，或挖掘深义，其内容远远超出了一般的经传。

《礼记》中更为后人重视的，是那些与“礼”关系不大的篇章。这些篇章一部分是记述孔子及其门下弟子言行的，如《坊记》《表记》

《缁衣》《仲尼燕居》《孔子闲居》《哀公问》《儒行》；有些则录自儒家旧籍，近于独立论文，专论儒家某一方面的思想，如《礼运》《乐记》《学记》《月令》《王制》，这些都远远超出了“礼”的范围。

由于其内容的丰富性和重要性，《礼记》成为后世除《论语》之外人们阅读、研究最多的著作，其中的某些思想，如“大同”，在今天仍闪耀着灿烂的光辉。

《礼记》在“三礼”中的地位

《礼记》是“三礼”中最晚取得儒家经典地位的，但此后地位却越来越突出。

《礼记》在唐代被列为“九经”之一。当时，《礼记》因为字数比较多，与《左传》同被列入大经，攻习的人要较另外二礼为多。同时，孔颖达奉敕纂修《五经正义》，其中的《礼》用的就是《礼记》，而非《仪礼》。后来明代所谓的“五经”，其中《礼》也指的是《礼记》。更为突出的是，宋代时，先是二程特别摘出《礼记》中的《大学》《中庸》两篇并给予研究；后是朱熹承袭二程的意见，给两篇作章句，使其独立成书，并与《论语》《孟子》集合为《四书》，成为元、明、清三代士子的必读书。此外，《礼记》中的《礼运》《学记》《乐记》历来也为研究者所重视。

《礼记》之所以越来越受到重视，根源在于其内容。它关于各种典礼的意义以及制礼原则的论述，准确而详尽地反映了儒家的礼治精神。这种精神广泛适用于社会政治、家庭人伦等诸多方面，因而被历代统治者所推尊，获得了超过《仪礼》《周礼》的地位。

《春秋》的概况

《春秋》是我国现存的第一部编年体史书，按年记载了春秋时期鲁国从鲁隐公到鲁哀公240多年间的史事。

书中纪年虽依据鲁国，记述范围却包括当时的整个中国。其内容包括政治、军事、经济、文化、天文气象、物质生产、社会生活等诸多方面。

《春秋》记事有时间、地点、人物，是当时史实的准确记载，而且比较全面，故具有很高的史料价值，在史学史上占有重要地位。

《春秋》也是最早的儒家经典“六经”之一，汉初立五经博士时被立于官学。

旧说《春秋》为孔子删定，实际上是鲁国史官世代相承集体编撰而成，但讲授、研习《春秋》则自孔子始。

《春秋》记事极为简略（全书仅16000余字），故有“断烂朝报”之讥。

解说《春秋》的“传”有三家，即左氏、公羊、穀梁，合称“三传”;《春秋》经文现今多不单行，而载于“三传”之中。

《春秋》文字往往寓有褒贬，被称为“春秋笔法”，后世解说《春秋》的也往往注重寻绎其中的“微言大义”。

《春秋》书名的来历

“春秋”原本只是古代各国国史的通名，《墨子·明鬼篇》有“周之《春秋》”“燕之《春秋》”“宋之《春秋》”“齐之《春秋》”之说。汉以后的史书也有许多以春秋为名，如《楚汉春秋》《吴越春秋》《十六国春秋》等。

“春秋”之所以成为史书通称，在于古代朝廷大事多在春秋两季举行，所以记事的史书遂叫“春秋”。

春秋时，各国国史又有其专名，如晋国的史书为《乘》，楚国的史书为《梼杌》，而鲁国的则称《春秋》，亦称《鲁春秋》。由于其他国史后世不传，鲁国国史就独占“春秋”之名，径称《春秋》了。

何谓“断烂朝报”

《春秋》记事极为简略，每年记事最多不过20来条，最少的只有两条；最长的条文不过40余字，最短的仅一二字。如隐公元年：“元年春王正月。”“三月，公及邾仪父盟于蔑。”“夏，五月，郑伯克段于鄢。”

宋代王安石曾讥讽《春秋》为“断烂朝报”。朝报是当时官府的公告，刊载诏令、奏章及官吏任免事项等。《春秋》的内容，与这些东西有一定程度的类似。不仅如此，《春秋》简略散碎的记载往往使人无法读通或莫名其妙，解经者遇到疑难不易解之处即指为残缺，因此王氏谓其“断烂”。

实际上，《春秋》只是当时的一种记事提纲，并非详尽的史书。原因在于当时的书写工具尚不发达，史官以心记口述为主，笔记仅供备忘提示而已。

何谓“春秋笔法”

“春秋笔法”指《春秋》体现褒贬的著作方法，也称“春秋书法”。这种著作方法所表现或被传注者阐发出来的，就是所谓“微言大义”，表达委婉，但却立场、褒贬鲜明。

《孟子》《史记》等都记载，孔子见世道衰微、邪说暴行有作、礼乐征伐自诸侯出而创作《春秋》，“孔子成《春秋》而乱臣贼子惧”（《孟子·滕文公下》）。乱臣贼子惧，是“惧《春秋》之贬责也”（赵岐注），而所谓“贬责”正是由“春秋笔法”体现的。

概言之，即“以赏罚之意寓之褒贬，而褒贬之意则寓于一言”——“笔则笔，削则削”。如表示杀人，有“杀、弑、诛、戮”等不同字眼。“杀”可以指杀有罪的人，也可杀无罪的人；“弑”指下杀上；“诛”指杀有罪不仁者；“戮”则兼指。具体方法，大概有三，细分则十。

三体——凡即位、崩薨、卒葬、朝聘、会盟等事是“常典”，悉书之，以邪正而加以褒贬；凡祭祀、婚姻、赋税、军旅、蒐狩等国家大事，合礼的皆不书，非礼则取而书之，略为增损其文，以寓褒贬之意；凡庆瑞、灵异及君被弑、被执以及奔放、逃叛、归入、纳立等，事兼非常，书而加褒贬。

十体——悉书以志实，略常以明礼，省辞以从简，变文以示意，即辞以见意，记事以著非，示讳以存礼，详内以异外，阙略因旧史，损益以成辞。

“春秋笔法”的作用，古人有所谓“一字之褒，荣于华衮；一字之贬，严于斧钺”。

《春秋》“三传”

《春秋》“三传”指解说《春秋》的三部著作，即《春秋左氏传》（简称《左传》）、《春秋公羊传》（简称《公羊传》）、《春秋穀梁传》（简称《穀梁传》）。“三传”均为解经之传，但成书、传授、文本、体例、影响及文字风格大为不同。

在成书与传授上，《左传》成书最早，约成于战国中期，汉代时一直在民间私相传授；《公羊》《穀梁》二传口耳相传，到汉代才写定成书，被立于官学。

在文本上，《左传》属古文，《公羊》《穀梁》则属今文。

在体例上，《左传》多以史事说明、补充经文，有些甚至是“无经之传”——没有经文而作者以为必要的史事叙补；《公羊》《穀梁》则“传义不传事”，侧重解说经文的“微言大义”，没有史事的补充。

在地位和影响上，《公羊》《穀梁》二传在汉初即被立于官学，影响极大，尤其是《公羊传》，曾为汉武帝“罢黜百家，独尊儒术”提供政策依据。《左传》在汉代未得官方认可，直到晋以后地位才迅速上升；由于其本身的史料和文学价值，它在后世及今天的影响要远远超出其他两传。

在文字风格上，晋范宁《穀梁传序》说："左氏艳而富，其失也巫；穀梁清而婉，其失也短；公羊辩而裁，其失也俗。"这是说，《左传》文辞很美，史料也丰富，但写了不少鬼神之事；《穀梁传》文辞清丽，行文婉转，但气韵不足；《公羊传》文辞雄辩，章法严谨，但有些偏颇臆断。

《左传》的成书及地位

《左传》是解说《春秋》的"三传"之一，也是重要的儒家经典。它使《春秋》的纲目详细化，成为一部详赡的编年体史著。

相传《左传》为春秋末年鲁国盲史官左丘明所作，实际上成书于战国中期。该书广泛采录了当时的各种文献，且以左丘明口头讲述的史事为主体，故成书时最后编定者便以左氏主名。

《左传》有许多别名，如《左氏春秋》《春秋左氏传》，因为它是解说《春秋》的"传"，所以书名中缀以"春秋"；简称《左传》《左氏传》；又与称《国语》为《春秋外传》相对应，而称为《春秋内传》。

《左传》属古文传。由于经学家的门户之见，今文学家认为它不如《公羊》《穀梁》两种今文传，所以长期未能立于官学。但由于其本身的价值，《左传》在民间广为流行，并得到不少著名学者的赞赏和研习。西晋名臣杜预作《春秋经传集解》，把《春秋》与《左传》合在一起，自成专门之学。其后，《左传》的地位逐渐超过《公羊传》和《穀梁传》。唐代孔颖达作疏，一遵杜注。也就在唐代，《左传》被列入"九经"。

《左传》解说《春秋》的特点

《左传》解说《春秋》的特点，主要是“互为表里，相待而成”（汉桓谭《新论》语）。具体表现在：

通过具体史事说明《春秋》的纲目。如在《春秋》隐公元年“郑伯克段于鄢”下，《左传》用500余字介绍了郑伯（郑庄公）及其父亲郑武公、母亲武姜、弟弟共叔段之间的感情纠葛与权力斗争，从而解释了《春秋》六个字所包含的褒贬。

说明“春秋笔法”。如《春秋》隐公元年“元年春正月”，《左传》则说“元年春，王周正月，不书即位，摄也”。加了“周”字，说明“王”指周王；“（《春秋》）不书即位，摄也”，说《春秋》没写“公即位”，是因为鲁隐公只是代桓公摄政，并未真正即位。

订正《春秋》的错误。如《春秋·襄公二十七年》：“十有二月乙亥朔，日有食之”，《左传》为：“十一月乙亥朔，日有食之”，改“二”为“一”，就是要指明日食应在“十一月”，而非《春秋》所载的“十二月”。

《春秋》未载的，《左传》作者认为有必要写出来，于是额外补充，成为“无经之传”。

《左传》的史学、文学价值

《左传》的价值首先是史学方面的。它是我国最早的较为完善的编年体史书，所记有言有行，记述方式也灵活多样，而且间有分析评论。它记载了春秋时期的许多重要史事，还保存了前此的若干传说古史，具有较高的史料价值。

《左传》还有很高的文学价值。它叙事有条有理，写人栩栩如生，为后世史传文学奠定了良好的基础。刘知几称其“言简而要，其事详而博”（《史通·六家》）；刘熙载认为“百世史家，类不出乎此法”（《艺概·文概》）。宋代诗人陆游称，当时的人喜读韩（愈）文、杜（甫）诗，更喜读《左氏传》《太史公书》。

《公羊传》《穀梁传》的成书及地位

《公羊传》全称《春秋公羊传》，又称《公羊春秋》。旧题战国时齐人公羊高撰。据何休《公羊传序》、徐彦《疏》引戴宏《序》说，该书由孔子弟子子夏传给公羊高，公羊高子孙继续口耳相传，到汉景帝时才由公羊寿与胡毋生（子都）写定，立于官学。

在汉代，《公羊传》的地位远高于《左传》，影响巨大。公孙弘因精于《公羊传》而封侯拜相，董仲舒则引《公羊传》而使汉武帝确立“罢黜百家，独尊儒术”的方针。

《公羊传》在后世也备受重视：其中的“大一统”主张，对统一的封建社会起了促进作用；同时，该书的某些思想为后来的今文经学家发展成“三世说”（据乱世、升平世、太平世），并借以发挥他们的政治哲学思想。

东汉何休作《春秋公羊传解诂》，集两汉公羊学之大成；唐徐彦为之作疏。清人陈立著《春秋公羊义疏》，广搜诸家解说。

《穀梁传》全称《春秋穀梁传》。据范宁《穀梁传序》、杨士勋《疏》说，该书系由孔子弟子子夏传给穀梁俶，由穀梁俶写定。据后人考证，该书最初只是口耳相传，到汉代才写定成书，时间稍晚于《公羊传》。

《穀梁传》在汉宣帝时被立于官学，影响比《公羊传》小。

东晋范宁撰《春秋穀梁传集解》，搜辑诸家训释，标榜兼采众说，择善而从；唐杨士勋为之作疏，成《春秋穀梁传注疏》。清人钟文烝有

《穀梁注补》。

《公羊传》《穀梁传》解说《春秋》的特点

《公羊传》《穀梁传》解释《春秋》，均用问答的形式，重在阐述经义，即《春秋》的“微言大义”。如关于“郑伯克段于鄢”的解释：

《公羊传》谓：“克之者何？杀之也。杀之，则何为谓之克？大郑伯之恶也。”

《穀梁传》谓：“克者何？能也。何能也？能杀也。何以不言杀？见段之有徒众也。”

二传都在解释一个“克”字，一个说用“克”字是张大郑伯的恶，一个说是表示共叔段一伙有许多人，而于史事未叙一字。

公、穀二传对《春秋》的解释大多数相同，但对个别问题的解释则不尽一致。如僖公四年《春秋》记齐桓公伐楚，“楚屈完来盟于师”，《公羊传》认为齐桓公取得了重大功绩，《穀梁传》却认为齐桓公成就有限。

二传的此类阐释各逞胸臆，颇多附会之说。故宋人叶梦得说：“《公羊》《穀梁》传义不传事，是以详于经而义未必当。”

二传既算不上史书，也没有多少文学价值，但它们在古代政治思想史、学术史上的地位却不容忽视。

何谓“四书”

“四书”是四部儒家经典的总称，亦称“四子书”。这四部书是《大学》《中庸》《论语》《孟子》。

“四书”中，《论语》《孟子》独立成书，很早就受到了儒家学者的重视，西汉时就曾有“传记”博士研究它们。《论语》在东汉时进入“七经”之列，《孟子》也在北宋入经。

《大学》《中庸》原本是《礼记》中的两章，并不独立成书，但也同样受到了儒家学者的重视。汉代就有研究《中庸》的专门著作（《汉书·艺文志》著录），而北宋的司马光也曾研究过《大学》(著有《大学通义》)，可惜这些论著均已失传。

到北宋，程颢、程颐兄弟特意将《大学》《中庸》两章从《礼记》中抽出来，独立成书。南宋朱熹完全接受二程的观点，并把它们与《论语》《孟子》集合在一起，予以详尽注释讲论，著成《四书集注》，从此有"四书"之名实。

"四书"形成不久即成为官书，并被元、明、清三代钦定为科举用书，产生了巨大影响。

"四书"建立的成人修养体系

"四书"中四种书的排列，一般为《大学》《中庸》《论语》《孟子》，但按朱熹等的排列应是《大学》《论语》《孟子》《中庸》，这是由于四者的内在联系决定的。

朱熹认为，"大学者，大人之学也"，它区别于教授洒扫、应对、进退之节以及"六艺"的小学，教授穷理、正心、修己、治人之道。二程也说《大学》是"初学入德之门"。

在二程和朱熹看来，"四书"构成了一个成人习学修养的体系：

先读《大学》，因为它是初学者入德的门径，从中可以了解古人学习修养的步骤和途径。

次读《论语》《孟子》，因为这两本书里讲的道理都是针对一人一事的，不具有普遍性，初学比较难。

最后读《中庸》，因为该书中蕴含着孔子传授的"心法"，体会这些"心法"需要前面的步骤打下基础，而一旦学有所得，就会受用终身。

《四书集注》的特点与影响

《四书集注》是朱熹注释、诠解“四书”的著作，是旧时十分流行的儒学入门书。

朱熹对于该书的著作用力颇多，花费毕生精力反复修改，前后达40年。据记载，直到临终的时候，他还在改定《大学·诚意章》的注释。

《四书集注》亦称《四书章句集注》，因为朱熹对《大学》《中庸》与《论语》《孟子》分别采用了章句和集注两种注释、诠解方法。章句即对原文分章断句，加以注解；集注则是汇集各家的注释，说明原文。

朱熹在二程的基础上，参照各家之说，融入己见，深入浅出地注释、诠解了原著。朱熹摈弃了前代繁冗或玄虚的注经方式，既注重文字注释，更注重义理诠解；既辨析精微，又强调人伦日用；既要求把握经籍，更倡导道德践履。同时，文字简明、平实，颇为适合初学者入门。

《四书集注》是朱熹思想的代表作，也是宋明理学的权威著作。关于《四书集注》与朱熹其他著作的关系，其门人李性传认为，朱熹的其他著作及《朱子语类》与《四书集注》有矛盾的，应以《集注》为准;《集注》未论及的，以《语类》为助。由此可见《集注》的重要。

朱熹去世后，南宋朝廷即审定他的《四书集注》为官书；元仁宗皇庆二年（1313），定该书为科举用书，规定考试必须在“四书”内出题，发挥题意亦须以朱注为根据；明、清两代沿袭前朝旧制不改，影响长达600余年。

《论语》的概况

《论语》是孔子弟子及后学记述孔子言行的语录体著作，为儒家经典“四书”之一。

《论语》的成书经历了记录和编定的过程。记录的时间相对较早，而且是杂出众手。其中的一些记录可能是孔子的弟子所作，大部分则出于其再传弟子。编定的时间当在孔子去世后的战国初期，参与者以曾参门人为主。

《论语》在汉初曾设立“传记”博士，不久废止。到东汉时，《论语》进入“七经”。宋代朱熹将其与《大学》《中庸》《孟子》汇为“四书”，并为之集注，影响进一步扩大。元、明、清三代均定“四书”为科举考试科目，直到清末才废止。

《论语》虽然进入“经”的行列并不算早，但影响却超过了其他诸经，几乎可以视为儒家第一经典。

《论语》书名的由来

关于《论语》书名的来由，历史上有过两种代表性说法。

班固《汉书·艺文志》说：“《论语》者，孔子应答弟子时人及弟子相与言而接闻于夫子之语也。当时弟子各有所记。夫子既卒，门人相与辑而论纂，故谓之《论语》。”这是说，书名是由“辑而论纂”“夫子之语”而来。

郑玄注则对此作了进一步发挥：“‘论’者，纶也，轮也，理也，次也，撰也。以此书可以经纶世务，故曰‘纶’也；圆转无穷，故曰‘轮’也；蕴含万理，故曰‘理’也；篇章有次，故曰‘次’也；群贤集定，故曰‘撰’也。”而“语”字则是必经论纂然后载之，以示“非妄谬也”。

两说之中，以班固之说更为切近。

何谓“三论”

《论语》在汉代时曾有三种版本，即《鲁论（语）》《齐论（语）》

《古论（语）》，合称“三论”。

《鲁论》《齐论》《古论》三种本子，前两者为今文本，后者为古文本。

《齐论》为齐国人所传，共22篇，比《鲁论》多《问王》《知道》两篇。

《古论》相传出于孔子宅壁，它把《尧曰》的“子张问于孔子”以下另分一篇，故有两篇《子张》，全书共21篇。

《鲁论》为鲁人所传，共20篇。这个篇目就是今天所见《论语》的篇目，始于《学而》，止于《尧曰》。

汉末，郑玄就《鲁论》的篇章考之于《齐论》《古论》，并为之作注；之后，郑注本独传，《齐论》及《古论》皆亡佚。现在的通行本《论语》，就源于《鲁论》郑注本。

《论语》形式上的特点

《论语》的体式为语录体，全书三分之二以上都是单个人的话语，大多数都以“子曰”的形式开头；只有一部分是对话体的，有问有答。各章大多三言两语，非常凝练。

《论语》分篇，有标题；篇下分章，没有标题，一般用数字标示。征引时，一般写作“《论语·学而·第 × 章》”。

《论语》各篇原本没有标题，现在所见各篇的标题，是后人从篇中首章开头撮取两三个字给加上的，因此大多没有什么意义，并不能概括该篇的意旨。

《论语》的篇章之间并无内在联系，篇幅也不等。后人有按内容重新系统编排《论语》的，如学者钱宁所编《新论语》。

《论语》的体裁虽非成熟的文章体式，但后世多有人效法，如汉扬雄《法言》、宋张载《正蒙》等。

《论语》的主要内容

《论语》并非成熟的论著，却包含着极其丰富的内容，反映了孔子在社会政治、伦理、哲学、教育诸多方面的思想，体现了孔子及其弟子的风貌。

《论语》记录的主要是孔子的言论，也记述了其弟子的一些言论；言论之外，还记有相应的行事。书中的言论，全面反映了孔子的思想，诸如以“仁”为核心的伦理思想体系，以及与此相关的忠恕与礼乐的主张；而将这一思想体系推及社会，就是以“爱人”（即“仁”）为指归的具有强烈伦理色彩的社会政治观；“有教无类”“学而优则仕”的教育观；“敬鬼神而远之”“不语怪力乱神”“未知生焉知死”的天命鬼神观；“学而知之”“学而不思则罔”的学习观；“兴于诗，立于礼，成于乐”的美学思想；“过犹不及”的中庸之道……

此外，书中记述、描摹的孔子的行为以及他说话、与人接谈时的神情口吻，又展示了这位“圣人”的风貌。这些记述、描摹比别的书籍所载更为信实而传真。

《论语》对后世的影响

古往今来，《论语》历来就是读书人必读之书。

在汉代，当时的儿童最先读识字课本，之后就是读《论语》《孝经》。故《论语》虽不是当时的“经”，却是读书人必读之书；因为经书研究的是学问，而《论语》所谈则是为人处世必备的修养。

在唐代，参加医、算、律学考试者可以不读“五经”，但《论语》《孝经》同样非读不可，用意大体与汉代相同。

宋代，朱熹集合《大学》《中庸》《论语》《孟子》为“四书”，目的也正是给读书人提供一套完成“小学”之后的格致诚正、修齐治平的入门书。因此,《论语》的作用就不仅是修养品德，而且有关政教。

科举尽废之后,《论语》也还是读书人常读之书。因为它承载着我国传统文化太多的内容，大到道德规范，小到成语格言，包蕴极广。读《论语》，无疑是进入中华传统文化宝藏的要津，今天仍有其实践意义在。

《孟子》的概况

《孟子》是有关儒家重要代表人物孟子言行的著作，为儒家经典“四书”之一。

关于《孟子》的作者，一般认为是孟子及其门人弟子。司马迁《史记·孟子荀卿列传》称，孟子游说诸侯不成，“退而与万章（孟子弟子）之徒序《诗》《书》，述仲尼之意，作《孟子》七篇”。

《孟子》在“十三经”中最后被抬入“经”的行列，且颇多周折；而在成为经之后，又曾被大肆删削，这都是其他儒家经典所不曾有过的。

《孟子》与《论语》一样，最早是被当作“传记”对待的。汉初文帝时设一经博士，研究《尚书》与《诗经》；此外设有诸子传记博士 70 余人,《论语》《孟子》即在其中。但到汉武帝时，诸子传记博士废止。

在《汉书·艺文志》中,《孟子》在《诸子略》，可见也是被当作子书对待的。此后，在《隋书·经籍志》《旧唐书·经籍志》《新唐书·艺文志》中,《孟子》均被列于子部，地位在经书之下。

唐代韩愈把孟子看作儒家“道统”的真正继承者，说“道统”因“（孟）轲之死，不得其传焉”,《孟子》的地位才开始有所提高。

北宋时,《孟子》上升为经，王应麟《玉海》将其列入“九经”，但地位并不巩固，李觏、司马光都曾批判孟子。直到朱熹作《四书集注》,《孟子》的经典地位才真正确立。

元、明、清三代，“四书”被官定为科举考试科目，地位崇高。但明初朱元璋因为《孟子》中“民为贵，君为轻”的主张，曾敕命大肆删削《孟子》。经书中有这种遭际的，只此一家。

《孟子》的内容

《孟子》现存共7篇,《史记》记载亦为7篇，但《汉书》则称有11篇，7篇之外的4篇称“外书”。东汉赵岐作《孟子章句》时，把《孟子》7篇各分上下，成14卷，篇下分章，全书共260章。

《孟子》7篇的大概如下：

《梁惠王》，共23章。旧说梁惠王问“利国”，孟子对以“仁义”，即尧舜圣王之道。

《公孙丑》，共23章。公孙丑是孟子弟子，有“政事”之才。旧说他问管（仲）晏（婴）之道，孟子遂讲给他“王者之道”。

《滕文公》，共15章。旧说滕文公问“古道”，而孟子认为行政莫大于“反古之道”。

《离娄》，共61章。旧说离娄是黄帝时的人，眼力好，能于百步之外见秋毫之末，但孟子以为“必须规矩，乃成方员（圆）”。

《万章》，共18章。万章为孟子弟子,《孟子》的主要编辑者之一。篇中主要论述古帝王圣贤遗事。

《告子》，共36章。告子曾求学于孟子，孟子为其言“性命”之理。

《尽心》，共84章。旧说此篇主要言存心养性。

《孟子》的4篇外书为《性善辩》《文说》《孝经》《为政》，内容肤浅，是后人所作。

《孟子》与《论语》的异同

作为儒家经典,《孟子》无论内容还是形式，和《论语》都有不少相同之处；同时，又表现出自己的特点。

就形式而言,《孟子》与《论语》一样，原本没有标题，现在的标题是后人撮取篇首的两三个字加上的。这些标题大多没有什么意义，不像《墨子》的“尚贤”“非攻”,《庄子》的“齐物论”“逍遥游”。

《论语》是语录体,《孟子》是对话体，有问有答，反复答问，更能把论题阐发得具体深入，所以《孟子》更能体现文章之美。

《论语》《孟子》都是以篇章为架构,《孟子》虽然篇数、章数都不及《论语》，但字数则要多许多。

就内容而言,《论语》是“载述圣人言行”，即记录孔子言行的；《孟子》是“绍述圣人之法”，即继承孔子思想而有所发展贡献的。

《孟子》继承了《论语》中孔子侧重道德修养的“仁”，发展而为服务于政治统治的“仁政”；认为民贵君轻、人本性善，主张“以不忍人之心，行不忍人之政”。此外，孟子也继承了孔子的天命思想和注重道德修养的倾向。

《孟子》遭删削的原因

《孟子》一书在宋代被奉为“经”，孟子也在元代加封“邹国亚圣公”，被奉为“亚圣”，配享孔庙，尊崇至极。

明洪武四年（1371），明太祖朱元璋读到《孟子》民贵君轻以及诛独夫的文字，极不高兴，说:“这哪里该是臣子对君王说的话！老头儿要是活到现在，非严办不可！”下令把孟子的牌位撤出了孔庙。

不仅如此，朱元璋还在洪武二十七年（1394）命人把《孟子》中有关重民思想的章节全行删去，共删85条，连书中所列《尚书·汤誓》“时日曷丧，予及汝皆亡”也予以删削，并不准士人学习删去的章节。

朱元璋的做法，显示了封建统治者对《孟子》重民思想的反对与惧怕，不仅未能减轻《孟子》的分量，反倒更加说明了它的价值。

《大学》的概况

《大学》是儒家经典的一种，“四书”之一。

一般认为，《大学》是孔子弟子曾子（曾参）所作。

《大学》本是《礼记》的第四十二篇，排在《儒行》之后。北宋时程颢、程颐特别重视此篇，将它从《礼记》中抽出来加以改编，使之独立成篇；但并未分经、传，也未指明是何人所作。南宋朱熹在二程改编的基础上继续加工，分为“经”“传”，改动章节，补上了传中所缺的“格物致知”一章，通过注释阐发己意，并将它和《论语》《孟子》《中庸》合编为《四书集注》。

《大学》书名的命意及作用，朱熹说是“大学者，大人之学也”。区别于8岁入学的教授洒扫、应对、进退之节以及“六艺”的小学，大学教授穷理、正心、修己、治人之道。二程也说《大学》是“初学入德之门”。由此可见，《大学》是一部成人的道德修养书。

《大学》经朱熹纳入《四书集注》以后，很快成为儒家经典，成为封建科举考试的科目，影响甚广。它强调道德修养的社会政治作用，至今仍有其积极的一面。

《大学》经、传的内容

《大学》经一章、传十章，主要论述个人的道德修养及其功用。

经一章首先提出修养的目标：“明明德”“亲（新）民”“止于至善”，即“三纲领”；接着主要阐述修养的步骤途径和功用效果：“格物”“致知”“诚意”“正心”“修身”“齐家”“治国”“平天下”即“八条目”。

传十章分别阐释“明明德”“亲民”“止于至善”“本末”“格物致知”“诚意”“正人修身”“修身齐家”“齐家治国”“治国平天下”。其中后两章最长，书中反复征引了《诗经》《尚书》之中有关治乱的史实，说明道德修养对治乱的作用，诸如“忠信以得”“骄泰以失”“小人之使为国，灾害并至”等等。

《中庸》的概况

《中庸》是儒家经典的一种，“四书”之一。

一般认为，《中庸》是孔子嫡孙子思（孔伋）所作。但书中有秦统一后增补的文字。至于子思作《中庸》的用意，朱熹认为是“忧道学之失其传而作也”(《中庸章句》序)。

《中庸》本是《礼记》的第三十一章。北宋时，程颢、程颐把它抽出来加以改编，使之单独成篇。南宋时，朱熹在二程的基础上又予加工，作成章句，并把它与《大学》《论语》《孟子》合编为《四书集注》，从而进入儒家经典的行列。

程、朱之所以重视《中庸》，在于它承载着从尧、舜、禹和成汤、周文王、周武王、周公、召公以及孔子、子思、孟子等圣圣相传的道学，学而有得则终身受用不尽。

《中庸》所提出的思想主张，对后世的思想学术乃至国民性的塑造都产生了深远的影响。这种影响有消极的一面，而它积极的因素今天也仍有汲取的必要。

《中庸》的思想内容

《中庸》全书共 33 章，其中一些直接引用孔子的言论，另外一些则是子思的传述。大体来说，前半部分主要阐述“中（庸）”，后半部分阐述“诚”。

书中重点发挥孔子“过犹不及”的思想，要求人们追求“和而不流”“中立不倚”的境界，力图使社会秩序恒常不变，“居上不骄，为下不倍（背叛）”。书中认为“诚”是“天”的本性，是天地万物赖以存在的根本，说“诚者物之终始，不诚无物”。

书中同样要求人们注重道德修养，要求人们通过道德修养工夫，“择善而固执之”，以求达到“不勉而中，不思而得，从容中道”的境界。

此外，书中还提出“博学之，审问之，慎思之，明辨之，笃行之”的学养方法。

《孝经》的概况

《孝经》是儒家论孝的伦理学著作。旧说为孔子弟子曾参撰述，实则是孔门后学所作，而且不出于一人一时。《四库提要》说《孝经》是孔子“七十子之徒遗言”，成书于秦汉之际；之所以附会曾子撰述，当因曾子“至孝”“能通孝道”的缘故。

《孝经》不在“五经”之列，但汉初亦设博士，可见当时统治者的重视。到东汉时，《孝经》与《论语》一起进入经的行列，为“七经”之一，正式成为儒家经典。

《孝经》成为儒家经典虽然比较晚，但它不像《孟子》那样带有争议，而是众口一词、均予肯定，甚至有好几位帝王为之作注。

《孝经》虽无高深的道理，但由于切近人伦之道，易于深入人心，也最少受到排斥，有裨于修齐治平，故受到历代统治者的极端重视。剔除其封建糟粕，就家庭人伦的范围来看，它在今天仍有积极意义。

今文《孝经》和古文《孝经》

像许多儒家经书一样，《孝经》也有今、古文之分。

今文《孝经》：秦火之时，河间人颜芝藏《孝经》。汉初，颜芝之子将其父所藏《孝经》献出，抄成今文流传。共18章，郑玄为之作注，称“郑注本”。

古文《孝经》：汉初从孔子宅壁中所获，分22章，与今文本多有出入。孔安国为之作注，称“孔注本”。

孔注本在梁代亡佚，隋朝刘炫伪作孔注传世。唐开元十年（722），唐玄宗命诸儒鉴定今古文两本，会集韦昭、王肃、虞翻、刘劭、刘炫、陆澄六家之说为之作注，刻石太学；郑注和伪孔注本，由此并废。现在通行的《十三经注疏》本，即用唐玄宗注和宋邢昺疏。

《孝经》的思想

《孝经》以“孝”为中心，集中阐发了儒家的伦理思想，并将之推及社会政治，使之伦理化。

《孝经》中首先强调“孝”的地位和作用。它肯定“孝”是宇宙人间的普遍规范，“夫孝，天之经也，地之义也，人之行也”。指出“孝”是诸德之本，“人之行，莫大于孝”，国君可以“孝”治理国家，臣民能用“孝”立身理家、保持爵禄。它将孝亲与忠君联系起来，认为“忠”是“孝”的发展和扩大，并把“孝”的社会作用绝对化、神秘化，认为“孝悌之至”就能够“通于神明，光于四海，无所不通”。

与此同时，《孝经》对实行“孝”的要求和方法也作了系统而烦琐的规定。它主张把“孝”贯串于人的一切行为之中，“身体发肤，受之父母，不敢毁伤”，是孝之始；“立身行道，扬名于后世，以显父母”，是孝之终。它把维护宗法等级关系与为封建专制君主服务联系起来，主张“孝”要“始于事亲，中于事君，终于立身”，并按照父母的生老病死等生命过程，提出“孝”的具体要求：“居则致其敬，养则致其乐，病则致其忧，丧则致其哀，祭则致其严”。

《孝经》还根据不同人的等级差别，规定了行“孝”的不同内容：天子之“孝”要求“爱敬尽于事亲，而德教加于百姓，刑于四海”；诸侯之“孝”要求“在上不骄，高而不危，制节谨度，满而不溢”；卿大夫之“孝”则一切按先王之道而行，“非法不言，非道不行，口无择言，身无择行”；士阶层的“孝”是忠顺事上，保爵禄、守祭祀；庶人之“孝”，则是“用天之道，分地之利，谨身节用，以养父母”。

“孝”是儒家伦理思想的重要组成部分，但它的影响远远超出了伦理的范围，不止于修身、齐家，更在于治国、平天下。

《尔雅》的概况

《尔雅》是我国古代最早的训诂书，也是独特的儒家经典。说它“独特”，在于它原本只是一部供人查检的训诂书（古时的词典），并不阐明什么学说思想。

相传《尔雅》为周公或孔子及其门徒所著，也有学者说是汉儒所著。实际上，《尔雅》书中引用了许多周、孔以后的材料，不可能是他们所著；同时，《尔雅》又比汉代经传如《毛诗训诂传》等原始一些。所以，《尔雅》应是战国时期人所作，汉代又予以增补润色；它并非成于一人一时之手，而是杂采多家的训诂材料逐步汇编起来的。

关于《尔雅》的书名，历代多有解释。刘熙《释名》说：“尔雅：尔，昵也；昵，近也。雅，义也；义，正也。五方之言不同，皆以近正为主也。”“近正”（接近正确，接近标准）就是古人对“尔雅”二字最常见的解释。这也一定程度上表明了该书的性质：是一部训诂书，释词上是以标准语解释方言俗语。

《尔雅》既不阐发思想，又不辑存史料，那它为什么会被列入经书呢？这也正源于它的特点。

作为训诂书，《尔雅》本来就是为帮助理解经书而产生、存在的。

六朝人称它为"《诗》《书》之襟带"（刘勰《文心雕龙》），宋代人称之为"六籍之户牖，学者之要津"（林光朝），清代人称之为"训诂之渊海，五经之梯航"（宋翔凤《尔雅郭注义疏序》）。无论"襟带""要津"还是"梯航"，都说明《尔雅》是治经必不可少的工具。

《尔雅》也很早就受到了人们的重视。在汉代，文帝时亦曾为《尔雅》立传记博士，不久撤销。后来刘歆欲立古文经于官学，曾征募"能为《尔雅》者千余人"。这样，到了唐代文宗开成年间石刻经书（《开成石经》）时，《尔雅》就被加入原"十一经"之中，成为第"十二经"。

《尔雅》虽是字书，但对于解说经典来说，它的作用与"三传"、《礼记》基本一致，故列入经书也应该说是顺理成章。对此，纪昀在《四库提要》中的解释比较中肯："持说经之家，多资以证古，故从其所重，列之经部。"

《尔雅》的体例与内容

《尔雅》现存 19 篇，以类编排，内容涉及语词及人伦、天文地理、动物植物、宫室器用等。

《尔雅》其实可以分为两大类。一类是训释语词的，包括第 1—3 篇的《释诂》《释言》《释训》。在训释方法上，《释诂》《释言》多用直训的方式，如："初、哉、首、基、肇、祖、元、胎、俶、落、权舆，始也。"

就是说，前边的 11 个词，都有"开始"的意思。《释训》则用义界的方式，如："子子孙孙，引无极也。"就是说，用"道形貌"（描述形象状貌）的方式来解释词义。

另一类是训释名物的，包括：《释亲》《释宫》《释器》《释乐》《释天》《释地》《释丘》《释山》《释水》《释草》《释木》《释虫》《释鱼》

《释鸟》《释兽》《释畜》。如《释器》:“木豆谓之豆，竹豆谓之笾，瓦豆谓之登。”

就是用制作的材料，来解释豆、笾和登这三种祭祀时所用的盛器。

《尔雅》的价值

《尔雅》虽然被列入经书之中，但它总归还是一部字书，固然可以作治经的工具，对研讨其他古代典籍以及语言文字也大有用处。其中用处有超出语言方面的，即有助于今人了解古代的自然状况和社会状况。更主要的当然在语言方面，诸如了解古代词义、辨析同义词、认识古代词汇的发展规律。比如《释诂》第一条，就列出了 11 个同义词，都训“始”，但含义却有所不同：

初，裁衣之始。

哉，即才，草木之始。

首，人体之始。

基，筑墙之始。

肇，开门之始。

祖，人类之始。

元，即人头，也是人体之始，又同“兀”，地之高处。

胎，人生之始。

俶，品德之最高者，引申有“始”义。

落，专指庙堂宫室建成之始。

权舆，草木迂曲出土，即植物生长之始。

《尔雅》的训释都比较简略，因而要借助注疏来弄清其中训释词和被训释词的关系。历代关于《尔雅》的注疏，最著名者有：晋郭璞

《尔雅注》3卷，宋邢昺《尔雅疏》10卷、郑樵《尔雅注》3卷，清郝懿行《尔雅郭注义疏》20卷等。

何谓经学

经学是我国古代训释、阐述、研究儒家经典的学问，有两千多年的历史。

经学的研究对象以“十三经”为主，还包括古代图书四大类经、史、子、集中的经部书籍。

经学肇端于孔子删定经书，形成于汉初推宗儒术、设立五经博士，并全盛于两汉。此后各代经学，都显示出各自的特色：魏晋经学玄学化，南北朝经学南、北殊异，隋唐经学走向统一，宋代经学衍化为理学并影响元、明、清三代经学，明清之际古文经学兴盛，乾嘉时发展为汉学，晚清则今文经学活跃。

经学发展史上状况纷繁、流派纷呈，有今古文、汉宋学之争，更有具体而微的流派门户之别。

经学在汉初独尊儒术之后，一直据有正统的学术地位，官方乃至最高统治者也不时介入、主导，从而使其为统治者提供了理论依据和思想基础。

经学自汉迄清，一直是学术领域最受重视的显学，涌现出了无数的知名学者和不朽著作，为我国古代学术思想史作出了厚重的贡献，成为传统文化中最为重要的部分之一，也是我们今天批判地继承传统的思想宝库。

何谓“经学开辟时代”

儒家经典主要是《诗》《书》《礼》《乐》《易》《春秋》“六经”，旧说均为“先王之陈迹”。相传春秋末年，孔子对原始诸经进行了删选、编定，并创作了《易传》《春秋》。

据《史记》记载，孔子删定经典的具体情况为：为《易》作传，成“十翼”;《书》3000篇，删定为100篇;《诗》3000篇，删定为300篇（实际305篇）;《礼》17篇，为孔子所定;《春秋》为孔子所作。这种说法后世多有争议，但孔子对儒家经典作过一些整理，尤其是教习传授，则是肯定的。

此后，这些经典由孔门弟子递相传承，其中《诗》《书》《礼》《春秋》由子夏传授，《易》由子木传授。“六经”历经战国时期而传授不绝；其中只有《乐》早亡佚，失传。

孔子删定诸经及孔门弟子授受诸经，被称作“经学开辟时代”。

两汉经学全盛的表现

汉代既是经学的形成期，也是全盛期。

经学形成的主要表现在于尊崇儒家典籍为“经”，立五经博士；博士与其弟子讲论、研习经书。

经学的全盛，主要表现在以下四个方面：

一、讲经习学风气兴盛。在官则始设（汉初）五经博士及传记博士，又设（东汉）十四博士，官学大兴；在民间，则古文经私相传授不衰。

二、流派众多，门户各别。大者如今、古文之别和争论，小者如五经各有专家，各具“师法”，又衍生“家法”，枝繁叶茂。

三、大师时现，人才辈出。从汉初的董仲舒到各经博士，再到东汉的各大家，官学、私学均有大师，而大师门下弟子则有千百人乃至万人者（如马融）。

四、著述众多，名著传世。两汉经学著作很多，传世名作不少，如《春秋公羊传》之何休注，《诗》之《毛传》《郑笺》，《孟子》之赵岐注，“三礼”之郑玄注等。

今、古文经的区别

秦始皇焚书，除《易》属于卜筮书可以留存外，其他儒家经典均在被焚之列。秦火之后，由于承传来源的不同，汉代经书出现今、古文之别。概括起来，今、古文经的区别主要有以下几点：

一、书写文字不同。今文经是汉初用当时的文字——隶书（也称“汉隶”，区别于秦代的秦隶）书写的，而古文经则是用先秦的文字——篆书（大篆，也叫蝌蚪文，区别于秦代的小篆）书写的。

二、经书来源不同。今文经多是汉初经师凭记忆记录下来的，而古文经则均为先秦旧籍的重新面世，大多出于山崖屋壁之间的埋藏。

以上两点是今、古文经本身的不同；此外，还有超越文本本身的区别：

一、存在境遇不同。汉初官学所立五经博士，研究的是今文经，古文经只在民间私相传习。其后在整个两汉，今文经始终立于官学，古文经则只在王莽新政时被立于官学，其他时候均不被立于官学。

二、研习侧重不同。今文经的研究者侧重解释经义，主要在于“通经致用”，着重章句推衍，阐发经文的微言大义；古文经的研究者解释经义，主要在于“通经识古”，着重于文字训诂，不作理论上的发挥。由于这种区别，遂有今文经学和古文经学之分。

今文经学的发展状况

汉初的经学原本无所谓今、古文的争锋，但因为当时官学所立五经博士研究的均是今文经，今文经的地位显然更为尊崇；古文经只在民间私相传习，根本没有资格和力量与今文经一争高下。

汉初今文经学家的主要代表是董仲舒。他传授的经书是今文经

《春秋公羊传》。董仲舒依据《公羊传》，阐发“奉天法古”和“天人感应”的神秘主义思想，成为今文经学的主要特点。除董仲舒外，西汉时讲《易》的施雠、孟喜、梁丘贺三家及京房，讲《诗》的齐、鲁、韩三家，讲《礼》的大戴（德）、小戴（圣）、普氏三家，都是今文经学家。

东汉末年，何休作《春秋公羊传解诂》，倡导“三世”说，发挥《公羊传》的微言大义，是汉代今文经的最后代表人物。汉末董卓之乱后，博士有名无实，今文经学遂日益衰微。郑玄会通今古文经学，其后郑学兴而今文经学遂亡。

清代中期，今文经学又一度兴起。也就在汉学勃兴的乾嘉时期，庄存与、刘逢禄治《公羊传》，开常州今文经学派。宋翔凤亦治西汉今文经学。清末，龚自珍及康有为、梁启超等也治今文经学。康有为以今文经学作变法的理论，与政事结合，但不久即告衰歇。

古文经学的发展状况

古文经学的建立基于古文经的发现。汉初出现的古文经，是秦始皇焚书坑儒的孑遗。当时，前代人埋藏在山崖屋壁间的先秦典籍陆续出现，诸如：汉景帝时，鲁恭王刘馀从孔子旧宅壁中发现古文经传，得《尚书》《礼记》《论语》《孝经》，凡数十篇；河间献王刘德从民间得到不少古文先秦旧书，有《周官》《尚书》《周礼》《礼记》《孟子》等；汉宣帝时，河内女子发老屋，得逸《周易》《周礼》《尚书》各一篇，都是古文。

古文经的发现催生了古文经学，但终汉之世，古文经学立于官学的时间很短。汉哀帝建平年间，经学家刘歆争立古文经传于官学，但五经博士群起反对。由此，经学的今文、古文两个派别形成，其后争论长达 200 年。

王莽当权时，出于托古改制的需要，刘歆借机立古文经博士。东汉光武帝时，古文经博士被取消。此后，古文经再未立于官学。但东汉章帝时，古文经学家贾逵上书说“《公羊》理短,《左氏》理长”，为古文经张目。汉章帝赞同贾逵的主张，诏令诸儒选高材生师从贾逵受《左氏》《穀梁》《古文尚书》《毛诗》，四经遂行于世。

东汉末年，马融以古学传授郑玄，郑玄会通今古文经，遍注群经。此后，郑学大行于世，经学的今、古文之别渐趋混同。到唐代，经学归于一统。

清代，乾嘉学派倡导汉学，继承的是古文经学的传统。近代的章太炎，可以说是古文经学的最后大师。

白虎观会议的概况

东汉初年，今、古文经学的门户之见日益加深，两派内部因师承不同也异见歧出。这不利于封建统治。因此，建武中元元年（56），光武帝刘秀诏称“五经章句烦多，议欲减省”。经过多年酝酿，章帝刘炟于建初四年（79）诏令太常、将、大夫、博士、议郎、郎官及诸生诸儒，仿西汉石渠阁会议，在洛阳白虎观讨论五经同异。

会议的参加者有广平王刘羡、太常楼望、少府成封、屯骑校尉桓郁、侍中丁鸿、卫士令贾逵、玄武司马班固、校书郎杨终等。其中，绝大多数是今文经学家，讨论的也都是今文经学的问题；只有贾逵、班固等少数人，信守古文经学。

会议由汉章帝亲自主持，五官中郎将魏应提出问题，侍中淳于恭上奏诸儒的解答，章帝以诏制作出裁决。会议考详同异，连月始罢。

白虎观会议在诸儒讨论的基础上，对当时国家礼仪制度基本名词的解释和规定作了统一，定于一尊。会议讨论结果编纂成《白虎通义》，在当时有极大的权威性。

《白虎通义》的内容与影响

《白虎通义》是汉代的一部讲论五经同异、统一今文经义的著作，又名《白虎通德论》《白虎通》。班固等人根据白虎观会议的论辩结果纂辑而成，故名。

《白虎通义》所列门目，对社会生活、国家制度和伦理原则等方面作了基本规定。爵、号、谥，规定了天子、诸侯、公卿、大夫、士、庶人社会各阶层的等级；三纲、六纪，规定了君臣、父子、夫妇、兄弟、亲戚、师友等社会关系的纲维伦纪；宗族、姓名、嫁娶，规定了宗法；礼乐、乡射、辟雍，规定了文教礼仪制度；衣裳、绋冕，规定了衣冠制度；三军、诛伐、五刑，规定了国家的防御、征讨和维持社会秩序的镇压手段；社稷、封公侯、巡狩、考黜、谏诤、致仕，规定了君臣职掌及相互关系；耕桑、商贾，规定了农业和商业的社会需要问题。

《白虎通义》对当时社会各方面的问题都作了规定，使封建纲常伦理系统化、绝对化，并作为官方经典刊布于世，实际上成了一部以今文经义为依据的国家规范，在当时具有很大的权威性。同时，它还把当时流行的谶纬迷信与儒家经典相结合，使儒家思想进一步神学化。

刘歆在经学史上的贡献

刘歆（？—23），西汉末年经学家、学术史家。字子骏，汉朝宗室，刘向第三子。少时通诗能文。曾与其父共同校理皇家藏书，并建议将《左传》《毛诗》《逸礼》《古文尚书》几种古文经列于官学，未成而出任地方官。王莽篡汉自立，刘歆因提倡古文经符合王莽所谓“复古改制”，且原本二人即为故交，遂被任为国师并封侯。后因相信谶语（巫师或方士等以谶术制作的一种隐语或预言），刘歆改名“刘秀”，密谋自立，事泄而被迫自杀。

刘歆议立古文经于官学的《移让太常博士书》，是经学史上的重要文献。书中提出：今文经简编错乱，多有残缺；今文博士满足于师说传授，是因陋就简、抱残守缺。古文经如《左传》《逸礼》《古文尚书》，从秘府旧藏取出，真实可信；《左传》作者左丘明“亲见夫子。而公羊、穀梁在七十子后，传闻之与亲见之，其详略不同”，因而应将它们都列于官学，“辅弱扶微”。刘歆的这封移书，据实讲理，较有说服力；但由于今文经学者的群起反对，刘歆的建议被指斥为改乱旧章、非毁先帝所立今文经，自然未予采纳。

古文经学虽然只在王莽新政时被短暂立于学官，但刘歆在经学方面的贡献则是功不可没的。首先，刘歆与其父刘向承担了古代书籍的整理分类工作，尤其是刘歆，在其父死后，独自进行这项艰苦的工作，作成《七略》。《七略》虽已散佚，但班固《汉书·艺文志》中的分类方法用的都是刘歆的。可见，刘歆对中国古代目录学和文献学的发展作出了不可磨灭的贡献。其次，刘歆为古文经立为官学作了积极的努力。刘歆还对《左传》进行了大量研究，如今的《左传》就是经他整理校订的。

熹平石经的由来及其内容

熹平石经是刻于碑上的最早的官定儒家经典。因刻于汉代，又称“汉石经”；字体统一为隶书，又称“一体石经”；刻成后立于当时洛阳城开阳门外太学所在地，又称“太学石经”。

汉代立“五经”于学官，但各家经文并不统一，博士考试亦常因文字异同引起争端，甚至有人行贿篡改兰台（汉王朝宫廷藏书机构）漆书的经字。汉灵帝熹平四年（175），议郎蔡邕等奏请厘定六经文字，得到灵帝许可。于是，参校诸体文字的经书，由蔡邕等书写，镌刻46

块石碑，立于洛阳城南开阳门外的太学讲堂（遗址在今河南偃师朱圪垱村）前。碑高一丈许，宽四尺。所刻经书有《周易》《尚书》《鲁诗》《仪礼》《春秋》和《公羊传》《论语》。除《论语》外，均为当时官学所立。石经以一家为本，各出校记，其他诸家异同则列于后。

熹平石经对儒家经典的文字统一起到了积极作用，客观上也对维护儒家经典的地位、推进其研究和传播作出了贡献。但石碑已毁，北宋以来屡有残石出土，今存约 8000 余字。

马融对经学的贡献

马融（79—166），汉代古文经学家。字季长，扶风茂陵（今陕西兴平）人。出身世家，少时即表现出卓异之才。曾先后与当朝的外戚邓氏、梁氏不睦，官运不通，还因受贪污的污蔑而被判处流放。他也曾两度在皇室整理图书，这对于研习学术十分有益。后来，马融阿附当权的外戚大将军梁冀，为士林所不耻。

马融是当时代表性的古文经学家，一生致力于古文经学的深入研究，造诣高深，使古文经学发展到了成熟境界。著述甚丰，著有《三传异同说》，还对《孝经》、《论语》、《诗经》、《周易》、“三礼”、《尚书》等做了注释，均已失传，但唐人《五经正义》等多引其遗说。

马融对经学的贡献，更为突出的应该说是讲学。当时他的门下弟子，最多时达万人，可见其声望之隆崇、门庭之炽盛。马融生性放达，讲学时常自坐高堂，堂下高足近前听讲，其余则由高足递次转述。郑玄从其受学，三年未能见面。此外，东汉著名的学者卢植、马日磾等，也都出自马融门下。

何谓“经神”“学海”

“经神”、“学海”是东汉京师学者对当时的大经学家郑玄与何休的尊称，表示对他们的学问的推重。

郑玄与何休几乎生活于同一时期（何晚郑两年出生，郑晚何十八年去世）。何休是今文经学大家，他申说《公羊传》，作《公羊墨守》驳难《左传》《穀梁传》，又作《左氏膏肓》《穀梁废疾》，时人称为“三阙”，以为高不可攀，人称“学海”。

郑玄是融合今、古文经学的大家，他遍注群经，集汉代经学之大成。他还针对何休的“三阙”，作《发墨守》《箴膏肓》《起废疾》，以相驳难。故此，人们将郑玄称为“经神”。

何休对今文经学的贡献

何休（129—182），东汉今文经学家，世称“经神”。字邵公，任城樊（今山东济宁）人。为人质朴多智，精研六经，“三坟五典，阴阳算术，河洛谶纬，莫不成诵”。不善言辞，门徒问学则书面作答。诏拜郎中，不合意而以病辞。后因党锢事遭禁，闭门不出，用功十余年，作《春秋公羊传解诂》12 卷、《春秋汉议》13 卷；此外还有《孝经》注、《论语》注等。

何休对今文经学的贡献，主要在公羊学。他的《公羊墨守》申说公羊家的《春秋》说;《春秋汉议》以《春秋》大义，驳正汉朝政事600 余条，“妙得《公羊》本意”。传世的《春秋公羊传解诂》，对公羊家的“春秋三世”说作了新的阐释和发挥，提出衰乱世—升平世—太平世的历史进化思想；提出了“三科九旨”，是对公羊学的总结和发挥。该书保存了公羊家的许多条例、义旨，被后世公羊学者奉为经典。

郑玄对经学的贡献

郑玄（127—200），东汉末年经学大家。字康成，北海高密（今属山东）人。博通今、古文经学，精通天文历算。曾从经学家马融学古文经，但马融仅让其高业弟子传授；郑玄三年不得见马融，仍日夜诵习不倦。后来马融召集弟子考论图纬、推算浑天，众说纷纭，因听说郑玄善算，才召见他；郑玄一言决断，众人骇服。此后郑玄游学十余年，归乡时有门徒数百人相随。后因党锢事起被禁，遂杜门隐修、著述。

郑玄所注经书有《易》、《毛诗》、“三礼”、《论语》、《孝经》、《尚书大传》等；此外还著有《天文七政论》《鲁礼禘祫义》《六艺论》《毛诗谱》《驳许慎五经异义》《答临孝存周礼难》等。

郑玄注经，不偏一隅，兼采今古文，故而能集汉代经学之大成。范晔《后汉书·郑玄传》评其经学成就说：“郑玄括囊大典，网罗众家，删裁繁芜，刊改漏失，自是学者略知所归。”郑玄注经详于典章制度、名物训诂，统一了今古文之争，对后世经学的发展有着深远影响。

魏晋经学的特点

魏晋时期的经学，因时代发展和社会风气的作用，表现出两个主要特点。

一是反郑学。郑学在汉末大盛，魏晋时王肃第一个起来反对郑学，极力批判。王肃所著《尚书》、《诗》、《论语》、“三礼”、《左传》等书的传注，在魏时皆列于官学，“几夺郑学之席”。

二是以老庄解释儒经，经学逐渐玄学化。代表人物王弼、何晏鼓吹玄风，其著作开清谈之渊薮。

此外，杜预作《春秋左传集解》，范宁作《春秋穀梁传集解》，亦为当时经学的重要成果。

王肃对经学的贡献

王肃（195—256），三国魏经学家。字子雍，东海郯（今山东郯城北）人。出身世家，以文学侍从起家。曾为司马氏出谋划策，颇受器重。后嫁女给司马懿之子司马昭，故是晋武帝司马炎的外祖父。做官之余从事著述，遍注群经，形成所谓“王学”。

王肃幼承家学，偏爱贾逵、马融之学，反对郑学，撰《圣证论》驳难郑学，一时间竟占上风。又假托孔子后裔孔鲋之名，作《孔丛子》和《孔子家语》，以支持己说。其学在西晋被立为官学，但到东晋时逐渐失势。

王肃传世的两种著作——《孔丛子》《孔子家语》，虽属伪托，但因时代去古未远，王肃亦不乏真才实学，故无论是史料还是思想方面，都有不可忽视的价值。

南北朝经学的南学、北学

南北朝时期，政权南北分立，经学也有南学、北学之别。

南朝干戈扰攘，学术荒落，只有梁武帝在位的 40 多年环境比较稳定，立五经博士，兴州郡之学。南朝学者多好“三礼”。

北朝地处中原，故而经学大体继承了两汉学风，其中以北魏和北周为最盛。

南、北学的风格，大体上“南人约简，得其英华；北学深芜，穷其枝叶”(《北史・儒林传》)。

唐代经学走向统一

隋唐时期，南北经学走向统一。这种统一实际上是由朝廷推进的，标志是敕纂的官书《五经正义》。孔颖达奉敕编纂《五经正义》，折中南北，但实际上多宗南学。

《五经正义》作为官书，几乎终有唐一代而统治经学苑囿，至北宋初年仍有影响，代表了儒家经典的义疏之学。

此外，唐代比较著名的经学著作，有陆德明《经典释文》、贾公彦《周礼义疏》、李鼎祚《周易集解》。

唐代经学以明经考试为目标，有利于研读诵习，却了无创新。

《五经正义》的编定背景

《五经正义》是汇集儒家五种经书注疏的著作。它是唐代的官修书，由孔颖达奉敕编定。唐宋之时，该书被定为科举考试的专门用书，它对儒家“五经”的注释被视为“定本”。

《五经正义》是为结束儒学内部长期以来的门派纷争而编定的。儒学在汉代“独尊”以来就有很多门户，各家异说，纷争不息。与此同时，由于汉末以来长期变乱，儒家典籍散佚，文理乖错等问题也很严重。

唐初确立科举制度后，为适应科举取士和维护全国政治统一的需要，唐太宗于贞观四年（630）诏命颜师古考定“五经”文字，七年（633）颁布其书，称《新定五经》。接着又下令由时任国子监祭酒的孔颖达主持统一儒家经典的注疏，为文人士子提供“五经”范本。孔氏就前人经注，再作义疏，编成《周易正义》《尚书正义》《毛诗正义》《礼记正义》《春秋左传正义》，合称《五经正义》，共180卷。

《五经正义》在贞观十六年（642）编成。初名《五经义疏》，后改今名，以示官修定本之义。后经马嘉运校定，长孙无忌、于志宁等增损，于唐高宗永徽四年（653）颁行。现存《十三经注疏》中。

《五经正义》的特点与影响

《五经正义》是经学义疏的结集，折中南北学，偏重南学。《周易》上下经用王弼注，系辞以下用韩康伯注；《尚书》用孔安国传；《毛诗》

用毛传、郑笺;《礼记》用郑玄注;《春秋左传》用杜预解。

《五经正义》编撰的最大特点是“疏不破注”。“注”指王弼等人的旧注，“疏”则指孔颖达等人所作疏通经义的文字。所谓“疏不破注”，就是“疏”以疏通旧注为宗旨，完全照旧注来解说，不“破注”而别创新说。

《五经正义》颁行以后，被视为注释儒家“五经”的定本，科举考试的习学、评判均以此为依据，凡士人应明经科考试，均须诵习儒经，义理全据《五经正义》所说，否则就被视为异端邪说。而“疏不破注”的经注诠释方法，也被后来的“义疏”派奉为金科玉律。

孔颖达对经学发展的贡献

孔颖达（574—648），唐代经学家。字冲远、仲达，冀州衡水（今属河北）人。出身官宦人家，自幼聪颖过人，能日诵千言。成人后出入经史，博学多闻。曾师事隋朝经学家刘焯，并举明经高第，授郡博士。隋炀帝召诸郡儒官会集东都洛阳，诏令国子秘书学士与之论议，孔颖达虽年龄最小，却位列冠首。先辈宿儒耻出其下，暗中派人刺杀孔颖达未遂。入唐，孔颖达被李世民聘入秦王府文学馆，与杜如晦、房玄龄、虞世南等号为“十八学士”。后历任国子博士、国子司业、国子祭酒等职，并被绘像凌烟阁。

孔颖达以精通“五经”著称于世，对南北朝经学之“南学”“北学”均有颇深造诣，尤其精通《左传》、郑注《尚书》、《毛诗》、《礼记》和王弼注《周易》，兼善历算，能属文。曾协助魏徵编修《隋书》，参与修订“五礼”。

孔颖达对经学发展的突业贡献是主持编定了《五经正义》。其中《周易正义》《礼记正义》反映了孔颖达的思想。孔氏继承儒家重礼的传统，提倡尊卑贵贱的等级区别，认为“人之所生，礼为大也。非礼无以事天地之神，辨君臣长幼之位”，而且礼与“天地俱兴”。他认为：“道是无体之名，形是有质之称，凡有从无而生，形由道而立，是先道而后形。”这种思想，对宋代程朱理学产生了一定影响。

宋学的产生和发展

宋学是经学的一个流派，即宋儒的理学。其名称出现在清代，与“汉学”相对。因宋儒解经以义理为主，故称“理学”；又因其兼谈性命，亦称“性理学”；《宋史》为周敦颐、程颐、朱熹立《道学传》，故亦称“道学”。后来元、明、清的理学，也称宋学。

宋学是对汉唐经学的变革。汉代经师为经书作章句、训诂，日趋繁复；唐代经学无多发明，但注疏更加繁冗。宋儒厌弃汉唐经学家支离烦琐的注疏之学，把经学从注释经典的文字转移到阐发义理上来，并进而依据经典发挥己意。朱熹主张“以理解经”，周敦颐、张载、二程等亦均以经注或经说的形式发挥理学，陆九渊则更是标榜“六经注我”。这些主张和相应实践，都一改汉唐经学旧习，开创了一种新的风气。

宋学空谈性理，日趋空疏，不切实用，日渐为人所诟病。到了清初，顾炎武等人提倡“实用之学”，对宋儒学风发起冲击。乾嘉时期，经学家抛弃宋学，回归汉儒学风，遂使汉学大兴。不过，宋学一直到近代还有不少信从者，如倭仁、曾国藩等。

《十三经注疏》所收的历代注疏

《十三经注疏》是宋代对十三种儒家经典注疏的合刊本，始于南宋绍熙年间。全书共416卷，收罗了唐以前最好的经书研究成果，是研究“十三经”的基本用书。

《十三经注疏》所收历代注疏如下：

经名	卷数	注	疏
《周易》	10	魏王弼、晋韩康伯注	唐孔颖达等正义
《尚书》	20	汉孔安国传（伪）注	唐孔颖达等正义
《毛诗》	70	汉毛亨传、郑玄笺	唐孔颖达等正义
《周礼》	42	汉郑玄注	唐贾公彦疏
《仪礼》	50	汉郑玄注	唐贾公彦疏
《礼记》	63	汉郑玄注	唐孔颖达等正义
《春秋左传》	60	晋杜预注	唐孔颖达等正义
《春秋穀梁传》	20	晋范宁注	唐徐彦疏
《春秋公羊传》	28	汉何休注	唐杨士勋疏
《论语》	20	魏何晏等注	宋邢昺疏
《孝经》	9	唐玄宗注	宋邢昺疏
《尔雅》	10	晋郭璞注	宋邢昺疏
《孟子》	14	汉赵岐注	宋孙奭疏

《十三经注疏》在明、清两代数次重刻，如明万历间有监本、崇祯间有毛氏汲古阁本，清初有武英殿本。清嘉庆时期，著名学者阮元主持重刻《十三经注疏》，裒集宋本重刊，并参考古本精心校勘，号为善本，传行至今。

元明经学成就甚少的原因

元、明两代，经学基本处于停滞状态，成就甚少。

元代经学上承宋代理学，以经注或经说阐述理学思想。著作有许衡《读易私言》、吴澄《五经纂言》等。

明代经学衰微，几无成就。官修的《五经大全》《四书大全》，不过是“取已成之书，抄誊一过，上欺朝廷，下诳士子”（顾炎武语）。私家著述，亦少有可观。

元、明经学的衰微，主要在于朝廷以理学为宗，举士必须由钦定本为出路，从而扼制了经学的多元发展。

汉学及其特点

汉学是经学的一个流派，与“宋学”相对。既指汉代古文经学，也指清代宗汉儒经注之风的经学。汉学学风朴实严谨，故亦称“朴学”；乾嘉时期达到最盛，亦称“乾嘉汉学”。

清代汉学是对宋代理学渐趋空谈性理、神游八表学风的反拨，同时其产生和发展也与自康熙以来的文网密织、文字狱大兴的时代原因有关——在这种情形下，文人士子惴惴自危，不敢面对现实，只得埋首经典。

汉学的特点是注重训诂文字、考订名物制度。清代汉学继承这一传统，其研究特点主要是对儒家经典考其真伪，正其讹误，辨其音读字义，校勘异同。

清代汉学家重实证而轻议论，对整理古籍做了许多踏实的工作，消除了长期流传中产生的错讹和篡改，一定程度上改变了宋学读书但观大意、随意发挥、游谈无根、注重内心修省的弊病。

清代汉学的特点是繁密琐细，考证则出入群书、连篇累牍，训诂则一音一字动辄数百言，研究方法日趋孤立、静止，脱离实际，缺少新意，故在清末亦走向了衰落。

乾嘉学派的形成和发展

乾嘉学派是清代的一个学术派别。因其在乾隆、嘉庆时达于最盛，故名；其学宗汉儒朴实学风，故称汉学、朴学；研究方法以考据训诂为主，又称考据学派。

乾嘉学派的学风始自顾炎武，中经阎若璩、胡渭推进，到惠栋、戴震时分为吴、皖两派。代表人物还有钱大昕、段玉裁、王念孙、王引之以及俞樾、孙诒让等。

乾嘉学派始于治经，但后来研究对象远远超出儒家经典，史学、音韵、文字、训诂以及金石、地理、天文、历法、数学等方面都有涉及，且都有成就；尤其是有关古籍整理的目录、校勘、辑佚、辨伪、版本等学蔚然而起，取得了很高的成就，达到了历史的顶峰。直到当今，学者们仍在利用、研究他们的成果，甚至对一些古代典籍的基本研究仍未超出其上。

乾嘉学人通小学、精考证，辑佚书、广校雠，以专精为特色，学风笃实，成绩突出。虽然在发明新见方面有较大缺陷，未能产生足以雄视中西的思想大家，但其平实、严谨的学风值得提倡；尤其是针对浮躁、夸饰的学风，它不啻一剂良药。

乾嘉汉学的吴派和皖派

乾嘉汉学有两大派别，即吴派和皖派。

吴派以惠栋为代表，因该派学者都是苏州附近人，故称“吴派”，也称“苏州派”。惠栋，清代汉学家。字定宇，号松崖。江苏元和(今属江苏苏州)人。早年，随其父至广东提督学政任所，父卒归里，课徒著述，终身不仕。其学沿顾炎武。一生治经以汉儒为宗，以昌明汉学为己任，尤精于汉代《易》学。所著《易汉学》《易例》《周易述》等，为清代吴派经学奠基，深得乾嘉学者推重。但固守汉儒《易》说，不复甄别，以致当时及后世有“株守汉学”、“嗜博泥古”之讥。又撰《古文尚书考》，继清初阎若璩之后，辨证《古文尚书》为晋人伪作。主要著述尚有《九经古义》《明堂大道录》《松崖文钞》等。

吴派尊信和固守汉代儒者的说经，认为汉人离古不远、遗说尚存，要正确理解古经，必须遵循汉儒的注疏诠释。惠栋与祖周惕、父士奇，皆治《易》学。惠栋治《易》，对汉人遗说搜辑研究甚勤，驳诘宋人《河图》《洛书》、先天太极之说，而较少发挥己义。吴派其他学者有沈彤、余萧客、江声、王鸣盛、钱大昕，其中钱大昕学术成就较高。由于墨守汉学，此派后来未能发扬光大。

皖派以戴震为代表，因戴氏为皖人，故称。戴震治学宗旨与研究态度与吴派相同，但并不专崇汉儒，有自己的见解和是非标准，方法上亦从音韵方面辟出新径，故在清代放出极大异彩。戴氏弟子和后学多为安徽和江苏附近人，有段玉裁、王念孙、王引之、洪榜、汪中、焦循、凌廷堪、阮元等。他们都在各自的研究领域作出了贡献。

清代今文经学

清今文经学是清代中叶兴起的今文经学流派。因利用《公羊传》来阐发政治主张，故又称为“公羊学派”；又因首创和奠基者均为江苏常州人，故称“常州学派”。

两汉时期，今文经学占据统治地位，古文经学一直只在民间私相传习。汉末以后，古文经学走上主流位置，今文经学湮没不显。清中叶，今文经学复兴，首倡于乾隆时的庄存与，奠基于乾道之际的刘逢禄。以鸦片战争为界，前期除庄、刘外，代表人物有孔广森、凌曙、陈立、龚自珍、魏源等，后期主要人物为皮锡瑞、廖平、康有为、崔适等。

清今文经学是时世变易的产物，其核心旨趣在借助阐释公羊学，针砭现实社会，提出政治观点，因此逐渐发展成为一种政治学说。前期刘逢禄著《春秋公羊何氏释例》，阐发东汉何休公羊学“大一统”、“张三世”的中心思想，使公羊学为之一振；后期康有为著《孔子改制考》《新学伪经考》《大同书》等，倡言变法图强，成为革新社会的理论先声。但随着戊戌变法的失败，清今文经学迅速衰落。

何谓纬书

纬书是古代以神秘诡谲的语言解释经书的一种书籍，与“经”相对，故称“纬”。

纬书出现在汉武帝独尊儒术以后。当时由于经书地位提高，所以出现了大量依傍、比附经书的纬书，几乎每种经书都有若干种纬书。

纬书解释经文，大多采用似通非通的诡秘语言。神秘性既是纬书的特点，也是其存在的条件。

纬书有单纯解经的，但更多的则有鲜明的目的性，旨在会通天人、左右世事，所以不乏歪曲经文来为某种目的提供理论依据的臆说。

纬书多怪诞无稽之谈，且不时被民间起义和敌对势力利用，故魏晋以后遭到禁止。隋炀帝时更是遣使四方，搜罗无遗，严令焚禁。此后，纬书几绝，所传者皆为后人辑佚，且均非完本。

纬书大多毫无价值，研究少，影响小，只在封建迷信和神仙道教那里还有些小地位。

何谓“七纬”

“七纬”是相对于儒家“六经”以及《孝经》的七种纬书，包括《诗纬》《书纬》《礼纬》《易纬》《乐纬》《春秋纬》《孝经纬》，也称“七经纬”。

七纬均伪托为孔子所作，实际上是汉代儒生、方士编造的。这些书以儒家经义附会人事吉凶，预言治乱兴废。因此，纬书曾在新王朝初起或建立时被利用为依据，以表明其符合天意、名正言顺。故东汉光武帝刘秀曾颁布 80 篇纬书，规定为士子获取功名的必读书。

纬书在隋朝受到焚禁，存世无多。明清两代有辑其佚书者，见于明人孙瑴《古微书》和清人马国翰《玉函山房辑佚书》的七纬名目如下（单独出现时，均在书前加经书名或经书名加“纬”字，如《易纬乾凿度》《礼斗威仪》《春秋元命苞》）：

《诗纬》三种：《推度灾》《氾历枢》《含神雾》。《尚书纬》五种：《璇玑钤》《考灵曜》《刑德放》《帝命验》《运期授》。另有《尚书中候》十八篇。《礼纬》三种：《含文嘉》《稽命征》《斗威仪》。《易纬》八种：《乾坤凿度》《乾凿度》《稽览图》《辨终备》《通卦验》《乾元序制记》《是类谋》《坤灵图》。《乐纬》三种：《动声仪》《稽曜嘉》《叶图征》。《春秋纬》十四种：《感精符》《文耀钩》《运斗枢》《合诚图》《考异邮》《保乾图》《汉含孳》《佐助期》《握诚图》《潜潭巴》《说题辞》《演孔图》《元命苞》《命历序》。另有《春秋内事》。《孝经纬》九种：《援神契》《钩命诀》《中契》《左契》《右契》《内事图》《章句》《雌雄图》《古秘》。

何谓小学

小学是中国古代的一种独特学问，大略相当于今天的语言文字之学。

小学最初是指周代的贵族初级学校。当时贵族子弟 8 岁入学，学习洒扫、应对、进退之节以及六艺等，其中“六书”是重要内容。与之相对的大学，是 15 岁以后学习修齐治平。

小学作为学问，是作为经学的附庸出现的。解经首先要确定字义、疏通文句，由此就形成了以文字训诂为主要内容的小学。

《汉书 · 艺文志》的《六艺略》著录有小学十家，都是字书和训诂之类，排在六艺（即儒家的“六经”）之后。隋唐以后，小学类的书籍又分为训诂、文字、音韵三类。

小学虽作为附庸产生，却是理解、阐述经书的基础，具有很重要的功用，所谓“小学明而经学明”（王念孙语），“由小学入经学者，其经学可信”（张之洞语）。小学的贡献亦不止在于经学，尤其是清代小学大放异彩，在古籍整理与辨伪、古史考证、金石书画研究等方面都有重大成就。

今天学习、研究国学，复兴传统文化，小学仍是必不可少的。

何谓六书

“六书”指汉字构成和使用方式的六种类型，即象形、指事、会意、形声、假借、转注。

“六书”一词最早见于《周礼·地官·保氏》，指的是识字和写字。到了西汉末年，刘歆在《七略》中分别六书，“谓象形、象事、象意、象声、转注、假借，造字之本也”。这是对六书最早的解释和论断。不过，四个“象”容易混淆，于是东汉许慎在《说文解字》中把四象分别改称——“象形”不变，“象事”改称“指事”，“象意”改为“会意”，“象声”改为“形声”；同时，对次序也作了调整，即把指事（象事）提到象形之前。许慎的六书称谓与今天相同，只是顺序后人又有了调整。

造字之法：象形、指事、会意、形声

汉字的六书，概括而言均是“造字之本”，但区别而言，只有象形、指事、会意和形声产生新字，是严格意义上的造字之法。

象形是画出具体事物形象的一种造字方法，即许慎所谓“画成其物，随体诘诎”。“诘诎”的意思是屈曲，是指象形时要把所有弯折扭曲真实刻画出来，不能省简。汉字中“日、月、山、川”等就是用象形的方法造出来的。

指事，按许慎的说法是“视而可识，察而见意”。象形不能表达的事理，就用这种方法来造字。有些指事字的基本部件也还是象形的，但增加了一些“指事”的部分。比如“刃”字，就是在“刀”字上加一点，指示刀口所在；有的则不一定有独立的字，拆开了均不能成字，如“上、下”。

会意字是把两个或者两个以上的具体形象（象形字）拼起来，表达与这些具体形象都相关的意思。许慎称“比类合谊，以见指㧑”。㧑即指挥，“以见指㧑”就是表现出目的和要求。比如“从”字，是两人相随的形象；“莫”（古时的“暮”字）是日落草中的形象；“益”（古时的“溢”字）是水流到盆外的形象。

以上三种字都是纯粹的表意字，它们奠定了汉字的表意文字的特点。不过，用上述三种方法造字，所能造出的字的数量太有限了，于是就出现了半表意、半表音的文字，即形声字。

形声的方法是“以事为名，取譬相成”。这种字基本上由两个字组成，一个是形象的符号，称为意符；一个作为声的符号，称为声符。比如许慎所举的“江、河”二字，“江”的意符是“氵”，即水，声符是“工”（古音里，“工”与“江”音近）；河的意符也是“氵”，声符是“可”。形声造字之法大大拓展了前三种方法，使造字能力极大提高，汉字的绝大多数都是用这种方法造出来的。

用字之法：假借、转注

汉字六书中，假借、转注是利用原本就有的字表示新的意义，并无新字（就音、形而言）产生，所以有人认为它们并非造字方法，而是用字方法。

假借，按许慎的说法，就是“本无其字，依声托事”，即用同形同音字来表达一个新的意义。如“其”字本为象形字，是簸箕的形状；后来要表现“其他”的“其”的意思，没有别的办法，于是就用了本义为“簸箕”的“其”字；再后来为了区别，反倒是给“其”加上竹字头，专门表示簸箕的意义，而“其”则表示“其他”的“其”。又如“然”字，原本是用火烤肉的意思；后用来表示“然而”的“然”，而烤肉的“然”则加上“火”字旁，成为“燃”字。

转注，按许慎的说法，是“建类一首，同意相受”。就是说，一类意义相同的字要归在“一首”之下。不过，人们对于“首”的解释有所分歧，有的说是指词源上属于同一音素的（考和老同属一韵），有的说指字形上同一部首的（考和老同属老部），有的说指同一主要意义（考和老主要意义相同，可以互训）。这三种解释，形成了音转、形转、意转三说。

古书汉字注音之法

古时无拼音字母，古书对汉字的注音，都采用以汉字为汉字注音的方法。其中直音、反切以及读若是最基本的几种方法。

这几种注音方法有的有明显不足，有的不够简化，故近代以来为注音字母和汉语拼音注音所取代。

读若法是用一个字音相同或相近的字来给另一个字注音。如《说文解字》:“芨，读若急。”

读若法是一种比拟的注音方法，即由彼字的读音推知此字的读音。除读若外，也常用“读如”“读曰”“读为”等标示。

读若法在古代不仅用于注音，也用于训诂领域，即说明文字通假、解释字义。如《礼记·儒行》“竟信其志”，郑玄注:“信，读如屈伸之伸，假借字也。”

读若法的优点是简明，但只说明读音相似，并不一定准确，所以注音的作用有限。

直音法是用一个汉字直接标注另一个汉字的读音。常见的格式是

“× 音 ×”，如《尔雅》郭璞注：“钊，音招。”陆德明《经典释文》：“拾，音十。”直音的原理，在于两个汉字读音相同。

直音法十分显豁，但也有很大的局限。局限之一是并非所有的字都有同音字；二是虽有同音字，却是生僻字，注了也起不到作用。比如《康熙字典》用“藭”给“穷”注音，恐怕很少人知道“藭”怎样读，注与不注几无分别。

直音法还有一种变通的方式，就是没有读音完全相同的字时，用同音不同调的字来注音。如《康熙字典》注“刀”为“到平声”，“刀”与“到”音调不同，“到平声”表示把“到”字读成平声，这样就完全与“刀”同音了。

直音法形成于东汉，一直沿用到注音字母出现。在现代一些书籍中，仍有用直音法或直音与拼音合用注音的，其原因，一是直音注音更为显豁明了，二是方便不熟悉拼音的读者。

反切法是用两个汉字来为一个汉字注音。有时单称“反”或“切”。

反切实际上是一种拼音的方法，即用两个字的音拼出一个字的音来。如《广韵》：“冬，都宗切”，是用“都宗”二字为“冬”字注音。用作反切的两个字，前一个叫“反切上字”，简称“切上字”或“上字”；后一个字叫“反切下字”，简称“切下字”或“下字”。被注音的字叫“被反切字”，简称“被切字”。反切的基本原理是上字与被切字的声母相同，下字与被切字的韵母和声调相同；上字的声母与下字的韵母及声调相拼，就是被切字的读音。

反切法弥补了读若法以及直音法的不足，完善了古代注音方法；更重要的是，它区分声、韵两个部分，标志着汉语音韵学的开始。反切法沿用了近两千年，影响极为深广；但其局限始终无法克服，遂为音素符号拼音字母所代替。

何谓韵部

韵部是汉语韵母的分部。汉魏以后，随着反切的发明，汉字读音有了声、韵之分，相同韵母的字归为一部，就形成了“韵”。“韵部”的说法则起于清代。

历代关于韵部的分类和数目大为不同，如北宋的《广韵》分 206 韵，南宋的《平水诗韵》则分 106 韵。

韵部的出现，标志着古人对汉语韵母的系统认识，在音韵学上是一大进步。不仅如此，它对文学创作（如写诗、填词、度曲）有重要意义；许多字书、训诂书也以韵部排序，韵部成为一种有用的工具。

训诂与训诂学

训诂，简单来说，就是解释文字、词语的意义。“训”是说明、解释的意思；“诂”本意是“古语”的意思（班固《汉书》多写为“（训）故”，“故”即古语）。“训诂”的传统意义就是用通行的语言解释不易为人所懂的古字古义。训诂学则是关于训诂的学问，是我国传统学科领域中小学的一个部类。

语言文字有时代造成的古今之异、地域造成的方言之别，往往给不同时代、不同地域的人们造成理解的困难。因此，要想读懂相关典籍，就必须打通古今和地域之隔，这就要运用训诂的方法和相关的学问。我国有文字的历史极其久远，初期文字的书写又极其随意，所以训诂之学兴起较早，在春秋战国时期即已出现。到汉代，由于对经典研究的重视，训诂学蓬勃发展，达到了第一个高峰。此后历代发展，到清代达到另一个高峰。

研读古籍、学习国学，必须具备一定的训诂学知识，必须熟悉几种常见的训诂书。只有掌握了这样的工具，才能读懂、读好古籍，进而有所发明创见。

形训、义训、声训的异同

形训、义训、声训是训诂的三种方法，它们的目的均在于训释文字词语，这一点是相同的；但在训释时所取切入点和路径不同，又判然有别。

形训是就字形本身来说明文字意义的。这是产生较早的训诂方法，先秦古书里已经出现，如《左传·宣公十二年》："夫文，止戈为武。""文"即字，这话是说"武"这个字是由止、戈组成的。《说文解字》注重解释文字形义，其中多有形训之例，如释"王"："天下所归往也。董仲舒曰：古之造文（字）者，三画而连其中谓之王。三者，天地人也，而参通之者，王也"；又如释"公"："平分也。从八厶（段玉裁注：八厶，背私也。……八犹背也。韩非曰：背厶为公）"；又如释"名"："自命也。从口从夕。夕者，冥也。冥不相见，故以口自名。"

义训是以当代人实际使用的意义直接解释古书文字、词语意义。义训所以成立，关键在于用来训解的字、词、语和物等都是人们所能理解或习见的。训诂书多采用"×，×也"的方式，如"肇，始也""揆，度也"，又如"璜，半璧也""涧，山夹水也"。"始""度"较之"肇""揆"都为人们所易解，"半璧""山夹水"也为人们所习见。此外，义训还有"×谓之×""×曰×"的方式，如《尔雅·释宫》："宫中之门谓之闱，其小者谓之闺，小闺谓之閤"；又《释水》："水中可居者曰洲，小洲曰渚，小渚曰沚，小沚曰泜。"义训之中还有一种特殊的互训，即两个字互相解释。如《说文解字》："老，考也""考，老也"，"奉，承也""承，奉也"。其原理在于语言中有很多同义或近义的字词。

声训也叫音训，是从字词的声音方面来说明字义的。声训起源也很早，《易经》中的“乾，健也”“坤，顺也”，就属声训。从释和被释的字词的声音关系来看，声训又可以分为四种。一是同音，如“土，吐也，吐生万物也”，“盲，茫也，茫茫无所见也”。二是双声，如“火，化也，消化物也”。三是叠韵，如“山中丛木曰林。林，森也，森森然也”。四是音转相近，如“船，循也，循水而行也”。

字书、韵书、训诂书的区别

清代修纂《四库全书总目提要》的时候，把小学类的书籍分成三种，即字书、韵书和训诂（书），分别类列。大体说来，这三种书分别侧重于汉字的形、音、义三个方面，这是它们的基本区别；但同时，每一种书在其他两个方面也并不偏废。

字书重在字形，即根据字形（偏旁）进行分部，收字次序的安排也是按部首归类进行的。比如《说文解字》，重点在于字形，一是全书按偏旁分部，二是具体文字着重分析、说明字形。

韵书重在字音，即根据字音（主要是韵母，也包括调）进行分类，收字次序也以此排列。比如《切韵》，分 193 韵，用反切法注音。此外也释义，但重点在于分部和标音。

训诂书重在字义，即讲解字义、解释名物。比如《尔雅》按各种事物分类编排，有释亲、释宫、释器、释诂等 19 篇。训释则是以浅近的、易于明白的字解释难字，如“初、哉、首、基、肇、祖、元、胎、俶、落、权舆，始也”，就是说“初”“肇”等字词都有“（开）始”的意思。

我国古代知名的字书

字书是以解释汉字形体为主、兼及音义的工具书，重在根据字形分部，说明字的音义。

我国历史上的字书大体可以分为五类，一是供学童习诵的识字书，如《仓颉篇》《急就篇》；二是按形体偏旁分部编排的字书，如《说文解字》《玉篇》《类篇》《字汇》《正字通》《康熙字典》；三是正字体的字书，如《干禄字书》《五经文字》《九经字样》；四是集录篆、隶、古文字的字书，如《汗简》《金文编》《甲骨文编》；五是用六书分析文字的书，如《六书略》《六书故》等。

《仓颉篇》是秦代的一部字书，为秦朝李斯等人所著，因传说仓颉造字而命名。它是教学童识字的书，也是小篆定型之书。该书在唐时即完全亡佚，后从考古发掘中发现了汉代人以隶书所写的本子。由于是最早的字书，《仓颉篇》向来为学者所注重。

《急就篇》是汉代的一部儿童识字书，由黄门令史游编纂。书名“急就”二字，意即“速成”。全书为三、四、七言韵语，三、四言隔句押韵，七言每句押韵，便于诵习。书中按名物分章，有姓名、锦绣、饮食、衣服、宫室、动物、植物乃至疾病、药品等章，因此不仅可用于识字，也可以学习知识。

《玉篇》是南朝梁武帝时的一部字书，由太学博士顾野王编撰。全书 30 卷，分 542 部，收字 16917 个。每字不仅注明字义，而且举古籍例证和前人注解，先经传，后子史文集。该书后来曾经重修，今天见到的版本已非其原貌。

《五经文字》是唐代的一部辨正经传文字形体的字书，大历年间国子司业张参撰著。收经传文字 3235 字，依偏旁部首排列，分为 3 卷，共 160 部。所收文字除五经外，也兼收《论语》《尔雅》中的字。经书文字的楷书写法在该书之后才有了准绳，因而该书对汉字的规范起了极大作用。

《字汇》是明代极为流行的字书，梅膺祚编撰。书中只收经史常用的字，怪僻之字一律不收，共收字 33179 个。它的部首比《说文解字》等大为减少，只有 214 部，按笔画多少为序排列，十分便于查找。字下先注音、后释义，释义先释基本的常用义，其他列后；释义之下除列举古书的例证外，也采录一部分口语、俗语的意义。由此，该书奠定了我国字典编纂法的基础，后来的《正字通》《康熙字典》都是按它的体例编定的。

《正字通》，明代字书，崇祯末年国子监生张自烈编撰。体例与《字汇》相同，但注释要繁博得多。缺陷是引书未注篇名，且有一字归入两部的。清代的《康熙字典》就是以该书为蓝本编纂而成。

《说文解字》的概况

《说文解字》是我国古代最有影响的字书，简称《说文》，东汉许慎著。该书的编著，旨在“通经”（古文经），即准确、晓畅地理解古文经，以纠正今文经学的无征之谈。

《说文》所收文字，以小篆为主，此外也包括籀文等。书中主要分析字形结构，根据不同的偏旁分立 540 部，始于“一”部，止于“亥”部。部与部的排列顺序大体以部首的笔画和形体是否相近为准，相近则排在一起；每部中意思好的字在前、不好的在后，专有名词在前、普通名词在后。

《说文》分析汉字的基本原则是“以形为主，因形以说音、说义”。每个字均用篆文，字下先释义，后说形体结构，有时还指明是六书中的哪一种，有的最后说明读音。如“气，雲气也，象形”，说明“气”字归雨部，是象形字；又如“赏，赐有功也，从贝尚声”，说明“赏”字是“贝”和“尚”结合的形声字（《说文》中的“从 ×× 声”标注法标志着该字为形声字），归“贝”部（“从 ×”的“×”即为该字的部首）。分析字形主要依据“六书”说，并使之发展、完善。

《说文解字》在我国字典史上具有极高的地位，它首创的偏旁部首分类法一直沿用至今。现代对古汉语的释义、释音也多从其说。

“说文四大家”及其著述

“说文四大家”指清代研究《说文解字》的四位学者，他们的著作也是《说文》研究的经典著作。

段玉裁《说文解字注》，亦称《说文段注》。该书从校勘文字、考究体例入手，对全书详加注释；以许慎之说为本义，进而推衍字的引申义、假借义等。考证说明，创见极多，是最基本的《说文》研究著作。

桂馥《说文解字义证》。该书意在征引群书训诂以证明许说，故兼收详载，不加案断。全书资料丰富，条理严谨，便于参考。

王筠《说文句读》。以段、桂二书及其他著作博观约取，录其精当，略有增易更正，以便学者诵习。

朱骏声《说文通训定声》。注意原书编排法，以古韵十八部为纲编排次序，除解说许氏的训释以外，旁及字义的引申和假借，另附许书以外的汉魏以前所见字以补阙。

《康熙字典》的概况

《康熙字典》是清代康熙年间由官府组织修纂的一部字典，是我国现存的第一部官修字典。它共收字 47035 个，在《中华大字典》出版以前，一直是古代字书中收字最多的字典。原名《字典》，因编纂、刊行于康熙年间，故名。

这部字典是康熙皇帝有感于当时各种字书都不无缺憾，因而下令修撰的。大学士张玉书、陈廷敬被任命为总阅官，内阁学士凌绍雯等 28 人为纂修官。康熙四十九年（1710）开始修纂，至康熙五十五年（1716）完成，共用了 6 年时间。

该书是在明代梅膺祚《字汇》和张自烈《正字通》的基础上增广、订正而成。全书按地支分为12集，每集又分上、中、下三卷。共有部首214部，每部之下以笔画为序。该书释音、释义集历代韵书、字书之大成，释字体例是先音后义，注音先古后今，释义先列本义、引申义，次列别义、借义，条理较为清晰。释义之后还征引《尚书》《孟子》《左传》等经史子集之书为证。

该书以收字尽可能多为目标，多收古字、生僻字。但由于编纂时间仓促、工作草率，存在不少错误，有学者曾查出11700多条。尽管如此，这部字典仍是流传很广、影响很大的一部字典。

我国古代知名的韵书

韵书是把汉字按字音分韵编排的工具书。此类书的编纂目的在于规定、分辨文字的正确读音，具有规范文字音韵的作用；又因同时也解释字义，也有字、词典的功用。另有一类韵书是为写诗、填词、度曲而编写的，其主要作用是方便查找押韵的字词。我国古代的知名韵书有《切韵》《唐韵》《广韵》《中原音韵》《佩文诗韵》等。

《切韵》是我国现存最早的韵书，也是历史上影响最大的韵书之一。隋陆法言编著，成书于公元601年。原书已失传，20世纪以来陆续发现一些唐五代的写本和刻本，虽多是些增订本的残卷和残页，但已能反映原书概貌。全书5卷，分193韵，收字11500个。注音用反切法。分韵除注韵母外，声调也予以了考虑。

《唐韵》是《切韵》的一个增修本，由唐人孙愐修纂。因作者曾献给朝廷，故而该书也有官书的性质。全书5卷，共195韵。该书对字义的训释比较完备，既繁密又有出处，对字体偏旁的点画也比较考究，所以更具有字典的性质，为后人所重视。

《广韵》全名为《大宋重修广韵》，是宋真宗大中祥符年间陈彭年等人奉诏根据前代韵书修订而成。它是我国第一部官修韵书，全书共5卷，206韵。它是汉魏以来集大成的韵书，对研究古音有重要的作用。

《中原音韵》是我国第一部曲韵工具书，旨在规范北曲的音律等，元周德清修纂。该书内容分两大部分，第一部分以韵书的形式，把曲词里常作韵脚的5876个字按字音进行分类，编成曲韵韵谱，共19韵，是该书的主体部分。第二部分是相关的说明和论述。虽说收字不多，但该书的实用价值却比较大，在今天更是研究中原音韵的良好资料。

《佩文诗韵》是清代的标准韵书，官修，供士子进场作试帖诗之用。全书共106韵，收字10235个；每韵常用字在前，生僻字在后。是一部颇为实用的诗韵书。

我国古代知名的训诂书

训诂书是解释汉语字词意义的工具书。这类书旨在解释文字、名物的意义，为阅读古籍提供便利。训诂书解释字词意义往往十分详尽，并举有古籍例证，易于使人融会贯通；又由于它也解释各种名物，一定意义上具有百科全书的性质。

我国历史上训诂书很多，数量远远超出小学三类书中的字书、韵书两类，且后两类书中也大多包含释义。

汉代是训诂学蓬勃发展的时期，训诂书主要是对经传的注释。这一时期产生了奠定训诂学基础的四大书:《尔雅》《方言》《说文解字》《释名》。

魏晋南北朝时期，训诂学主要是继承和发展前人。这时期的训诂书较重要的有《广雅》和《尔雅注》《方言注》。《广雅》为三国魏时博士张揖所撰，体例完全同于《尔雅》，意在对其作补充，故名。《尔雅注》和《方言注》均为东晋人郭璞所著，无论是内容还是方法，均有超迈前人之处。

唐宋时期对前代经籍的注疏书很多，唐代如李善的《文选注》，孔颖达的《五经正义》，司马贞的《史记索隐》，颜师古的《汉书注》；宋代如朱熹的《周易本义》《四书章句集注》《楚辞集注》等。严格意义上的训诂书有唐陆德明的《经典释文》，宋邢昺的《尔雅疏》、郑樵的《尔雅注》。

清代是训诂学极盛的时代，也取得了极大的成就，不仅训诂书有许多重要之作，训诂学理论也有长足发展。这时期著名的训诂书有：顾炎武的《日知录》，阮元的《十三经注疏》《经籍籑诂》，王引之的《经传释词》，王念孙的《广雅疏证》等。

《释名》的概况

《释名》是一部以解释名物为主的训诂书，东汉刘熙撰。“名”指事物的名称，“释名”即解释事物的名称。

该书共 27 篇，释词 1500 余条，其中大部分是“百姓日称”。体例仿照《尔雅》，类目有释天、释地、释山、释水、释形体、释姿容、释饮食、释衣服、释宫室等。释义时多采用“声训”，如“皮，被也，被复其体也”。

《释名》是较早的专门解释名物的训诂书，有着广泛的影响。它不仅对文字训诂之学大有助益，也为古代名物制度的研究提供了不可多得的材料。

《经典释文》的概况

《经典释文》是解释儒家经典文字音义的著作，唐陆德明撰。陆氏苦于此前这类书过于简略等弊病，详记古今经师的注音（反切），撰成该书，共 30 卷。

该书注音，特点是全面，前代经师注音均详加记载，而且也给注文作了注音。编次以陆氏自己认为合理合时的写在前面，其他音读如有可取，一定登录，标明姓氏。除注音外，也兼明义训。由于陆氏生活时代较早，故该书采录古书极多，达230多家。书中除儒家经典外，《老子》《庄子》等书也予以收录。

该书卷首的叙也颇有价值，举凡诸经（学）的传受和注解者的资料均极为详备，是研究古籍流传的重要资料。诸书作者的姓名、郡望、官职都有记载，可补史传的缺失。

《经籍籑诂》的概况

《经籍籑诂》是汇辑古书文字训释的著作。清阮元撰集，臧镛堂、臧礼堂等纂校。全书按韵编排，共106卷，补遗106卷。

该书辑录文字训释，均取自唐以前的经传子史的训释，以及唐以前训诂书、字书、音义书等。共采用古书达100余种，收字13349个。每字下先列声音相近的训释，然后是本义以及引申义和假借义，名物的解释则居末。每一训释均写明所见的书籍和所训释的原文。

该书收罗极为丰富，是探究古代词义和研究训诂所必备的工具书，迄今仍有很大参考价值。

史　部

"史（书）"的概念

"史"在古代的意义，由指人而引申到指书，大概情形如下：

一、指人

指人，具体说是指古代为帝王职掌图书、记录史事的人。《周礼·天官·宰夫》说："八职"中，"六曰史，掌官书以赞治"。《玉篇》说："史，掌书之官也。"这说明，"史"在当时是一种官职，也就是史官。

史官之设，历史久远。《世本》说："黄帝之世，始立史官，仓颉、沮诵居其职。"这虽然只能算作传说，但史官之设的历史久远，却可略见一斑。

史官既然作为一种官职，自然对其要有所要求。《说文解字》说："史，记事者也。从又（即"手"），持中。中，正也。"许慎从字义的角度阐释了对史官的要求：记事要保持中正。这样的史官，孔子称其为"良史"，春秋时晋国的董狐就是。

史官又有职责之分，最为人所熟悉的是"左史记言，右史记事"。《汉书·艺文志》说："古之王者，世有史官，君举必书，所以慎言行、昭法戒。左史记言，右史记事；事为《春秋》，言为《尚书》。"《礼记·玉藻》则说："动则左史书之，言则右史书之。"

古代的史官，又不止左史、右史两种，而是更为详备。周代即已如此，《周礼·春官》说"太史，掌邦建之六典"等；"小史，掌邦国之志，奠世系，辨昭穆"；"内史，掌王之八柄之法，以诏王治"；"外史，掌书外令，掌四方之志"等。由此看来，不仅分职多，而且职责也比后来的史官要广泛得多；后来分职细化，周史的一些职掌就由别类官员从事了。

史官中最突出的一个是“太史令”，夏代已设，秦汉沿袭。此外尚有“瞽史”，是乐师与史官的并称（也指说书的盲人）；“女史”，掌王后礼仪，佐治后宫；后代的御史，起初也是史官。此外还有南史、祭史、筮史、祝史等等。

后世史官，有了专门的机构，如汉代的兰台、东观，此后多称史馆、国史馆。名目不一，都是负责修史的官方机构。

二、指书

“史”由一种官职，发展到了这种官职所记载而成的书籍。《汉书·艺文志》“所谓事为《春秋》，言为《尚书》”就是明证。

但最早的史书并非文字书写，而只是口耳传承的。所以，上古的史官可以由盲人担任，即所谓“瞽史”。

春秋时期，鲁国的史书称“史记”；司马迁的《史记》，也是如此；后来的所谓“三史”“十七史”“二十四史”之“史”，都是指史书。

史书是产生最早的书籍，我国最早出现的书籍大都有史的性质，所谓“六经皆史”。

史书后来成了图书的一个部类，即史部，因此“史”也指史部。

史部沿革的大概情形

史部是中国古代图书四部分类法中的一个部类，习惯上也称“乙部”。

我国很早就有史籍产生，现存最古的典籍大多具有“史”的性质，但在汉代以前，史书只是六艺的附庸，直到隋代才独立出来。大概情形如下：

汉——《汉书·艺文志》中，史书附在《春秋》之后，称“《春秋》家”。

魏晋——图书有甲乙丙丁四分法，史籍开始独立成部，或入丙部

（荀勖，称“史记”），或列入乙部（李充，亦称“史记”），但无“史部”名目。

隋——《隋书·经籍志》首分经、史、子、集四部，“史部”名目下又分 13 类。

唐——《新唐书·艺文志》史部亦分 13 类，但与《隋志》不同。刘知几《史通》则分史籍为 6 家。

宋——晁武公《郡斋读书志》亦分史部为 13 类，但不同于《隋志》。

清——《四库全书总目》分史部为 15 类，是历史上最完备的分类法。

史部各类的大体情况

《四库全书总目》史部的分类最为详尽，其总叙中将正史指为史部“大纲”，编年、纪事本末、别史、杂史、诏令奏议、传记、史钞、载记概括为“参考纪传者”，将时令、地理、职官、政书、目录概括为“参考诸志者”，将史评概括为“参考论赞者”。以下举例说明各类的大体情况。

一、正史：历代多为官修而且经过封建王朝认定的纪传体史书，也就是平常所说的“二十四史”。创于《史记》，成于《汉书》，类目始见于《隋志》。

二、编年：按年月记载史事的史书，以《春秋左传》为准则，如《竹书纪年》《资治通鉴》。

三、纪事本末：以事为篇、详述始末的史书，始于宋人袁枢的《通鉴纪事本末》，如《左传纪事本末》等。

四、别史：比不上正史之“正”、又不如杂史之“杂”的一类史书，类目始创于陈振孙《直斋书录解题》。如《逸周书》《通志》等。

五、杂史：杂记史事的一类史书，始见于《隋志》。如《国语》《战国策》。此目的创设，旨在兼容那些不易归入他类的史书。

六、诏令奏议：记录帝王言论的史书，类目始见于《唐书·艺文志》。如《两汉诏令》《唐大诏令集》。

七、传记：记人的史书。始创于《晏子春秋》。如《列女传》《高士传》等。

八、史钞：钞录汇集其他史著而成的史书，类目始见于《宋史·艺文志》。如《十七史详节》等。

九、载记：站在中央统治者立场记载割据统治（列国）的史书。也称“伪史”，《隋志》称“霸史”，而班固《汉书》、刘知几《史通》等称“载记”。如《吴越春秋》《越绝书》《十六国春秋》等。

十、时令：有关时令与政事、农事的史书，旨在“要天道之宜，以立人事之节”。如《岁时广记》《月令通考》。

十一、地理：记载方域、山川、风俗、物产的史书。如《太平寰宇记》《方舆胜览》等。

十二、职官：记载官员名额、职掌权限的史书。如《大唐六典》等。

十三、政书：记载典章制度的史书。如《通典》《文献通考》《唐会要》《明会要》等。

十四、目录：记录图书、剖析条流、推寻事迹的一类史书。如《崇文总目》《金石录》《四库全书总目》等。

十五、史评类：对史学、史籍、史家发表评论见解的史著。如《史通》《廿二史劄记》等。

何谓正史

正史是我国古代史书的一种，指历代以帝王本纪为纲的纪传体史书，我们常说的“二十四史”就全都是正史。

“正史”之名最早见于《隋书·经籍志》，文中说后世撰著史书，都效法司马迁、班固的《史记》《汉书》，把它们当作正史。其中的“正”有“正宗”“正统”的意思。清乾隆四年（1739），规定《史记》《汉书》《后汉书》《三国志》《晋书》《宋书》《南齐书》《梁书》《陈书》《魏书》《北齐书》《周书》《隋书》《南史》《北史》《旧唐书》《新唐书》《旧五代史》《新五代史》《宋史》《辽史》《金史》《元史》《明史》等 24 部史书为正史，私家不能擅自增加。

就体裁而言，历代正史均为纪传体史书，以帝王的本纪为纲，以列传为辅，本纪、列传是不可少的内容。此外的志、表，则并不是所有正史都有。《明史·艺文志》曾经把纪传、编年二体并称正史，但并未为人们所广泛接受。同时，除《史记》及《南史》《北史》外，其余正史均为断代史。

就修纂而言，唐以前的正史多为个人所撰，唐及以后的正史则均为官修，只有欧阳修的《新五代史》是私撰。官修正史往往开设史局或史馆，由高官（多为宰相）主持；一般是新朝成立，即开始撰修前代之史；所用资料多为内府的实录等档案资料。

就影响而言，历代正史虽然有高下之别，但因为史料大多比较信实，撰修者大多是当时的史学名家，所以影响极大，至今仍是研究我国古代社会的重要依据，有着不可取代的地位。

何谓纪传体

纪传体是我国古代史书体裁之一，由西汉司马迁《史记》首创，东汉班固《汉书》完善，此后历代正史都采用这种体裁。它以人物传记为中心，最主要的部分是本纪和列传，故称“纪传体”。

《史记》是纪传体的首创之作。司马迁将先秦史籍《禹本纪》《世家》《穆天子传》《周谱》《尚书》等所采用的体裁融于一书，创制了本纪、世家、表、书、列传五大部分。诚如赵翼所说：“司马迁参酌古今，发凡起例，创为全史。本纪以序帝王，世家以记侯国，十表以系时事，八书以详制度，列传以志人物，然后一代君臣政事，贤否得失，总汇于一编之中。自此例一定，历代作史者遂不能出其范围，信史家之极则也。”（《廿二史劄记》）

纪传体的完善或完成者，是班固及其《汉书》。《汉书》不列世家，保留表，改本纪为纪，改书为志，改列传为传。从此，纪、传再加表、志成为历代正史的体例（不过有许多正史没有表或志）。而且《汉书》是断代史，后世正史也多为断代史（只有《南史》《北史》算是通史）。

班固以后的正史，对纪传体的发展主要在增加新的类传、表、志，其中尤以后者为最。如《后汉书》增加《党锢传》《宦者传》，《魏书》增加《释老志》《官氏志》，《宋史》增加《道学传》，这些都是根据当时特殊的历史情况而增加的，是有益的补充。

纪传体主要是正史所使用的体裁，其他类型的史书也有使用这种体裁的。比如郑樵所著《通志》，虽列入“十通”之中，但却是《史记》之后的第二部纪传体通史，有与《史记》相同的本纪、世家、列传，“年谱”相当于表，“略”相当于志，此外还增加了“载记”“四夷传”两个大部类。

纪传体是我国史书的传统体裁，对古代史学作出了重大贡献。但这种体裁以人物而非史事为中心，尤其是以帝王将相为中心人物，具有一定的缺陷。

《世本》对纪传体创立的影响

《世本》是战国时赵国的史书，为先秦史籍之一。原称《世》或《经世》，唐代为避李世民讳曾改称《系本》或《代本》。西周至战国史官相继撰成，个别内容为后人补入。原书 15 篇，已佚；明清以来学者相继辑出，汇成《世本八种》，其中雷学淇、茆泮林两本为好。主要记述从黄帝至春秋期间一些帝王、诸侯、卿大夫的姓氏与世系，同时也记述其居处（都邑）、器物的制作和发明、谥法等等。

该书不仅保存了先秦的重要史料，而且体例上也有创新。其部类打破了古史记言记事的格局，开创了分别专题记述的新体例，启发了司马迁创制纪传体。该书中的《帝系篇》《王侯世》《卿大夫世》又称为《纪》或《本纪》，是《史记》“本纪”“世家”的渊源，《作篇》是《史记》“书”的渊源，而《史记》的《三代世表》《十二诸侯年表》也是仿效该书作成的。至于后世史家谈世系，均以该书为依据，故而郑樵说“凡言姓氏者，皆本《世本》《公子谱》二书”（《通志·氏族略序》）。

“二十四史”等名目的形成

我国历代正史在历史的不同阶段，形成了许多并称，其中最为常见的有“三史”“四史”“十三史”“十七史”“二十一史”“二十二史”“二十四史”等。

司马迁《史记》与班固《汉书》奠定了纪传体史书的基础，两书并称“史汉”。到《东观汉纪》面世，与“史汉”并称“三史”。这种称谓在唐代以前甚为通行。后人又把《后汉书》《三国志》与“史汉”并称“四史”，也叫“前四史”。

“十三史”的称呼出现在唐代。“十三史”除“前四史”外，包括晋代的《晋书》1 部，南朝宋的《宋书》、齐的《南齐书》、梁的《梁书》、陈的《陈书》4 部，北朝的《魏书》《北齐书》《周书》3 部，以及《隋书》。

“十七史”之名通行于宋代。这 17 部史书除“十三史”所指 13 部外，增加的有《新唐书》《新五代史》以及《南史》《北史》。

“廿一史”（二十一史）的称谓见于明代。“十七史”之外，新增的是《宋史》《辽史》《金史》《元史》4部。

“廿二史”（二十二史）、“廿四史”（二十四史）的称谓都出在清代。前者指“廿一史”加《明史》；后者指“廿一史”加《旧唐书》《旧五代史》。“廿四史”是乾隆年间钦定的，不允许擅自增加。

“廿五史”（二十五史）之称见于民国。当时，北洋军阀政府把柯绍忞的《新元史》列入正史，变“廿四史”为“廿五史”。

“廿六史”（二十六史）的称谓是今人的发明。清代历史有《清史稿》，但并非定稿。不过，后来没有可以列入正史的清史出现，而《清史稿》体例又与前代诸史完全相同，故有人就将该书与“廿五史”并列，合称“廿六史”。

《史记》的概况

《史记》是正史中的第一部，与《汉书》并称“史汉”，再加《后汉书》《三国志》合称“四史”（也称“前四史”）。

《史记》最初叫《太史公书》，因为司马迁曾任太史令，又自称“太史公”。直到东汉末年，才改称《史记》。

《史记》是我国第一部纪传体史书，全书包括十二本纪、三十世家、十表、八书、七十列传。

《史记》是一部通史，所记之事起于传说中的黄帝，迄于汉武帝，共3000余年。

《史记》成书后并未马上流传开来。司马迁去世后，了解该书的人并不多。汉宣帝时，司马迁的外孙杨恽将其公布于世，从此开始流传。

司马迁写《史记》的宗旨

司马迁（约前145—？），汉代史学家。字子长，左冯翊夏阳（今陕西韩城）人。早年跟从董仲舒学习《春秋》，跟从孔安国学习《尚书》；又曾游历山川胜迹，到处考察风俗、采集传说。最初任郎中，元封三年（前 108）继任其父司马谈生前曾任之职太史令，得以遍读史馆所藏图书。

司马谈任太史令期间，曾有意编写古今通史，但未能如愿，去世时嘱咐司马迁完成其未竟之志。太初元年（前 104），司马迁开始实践其父遗命，著述《史记》。后因替李陵投降匈奴辩说，得罪汉武帝，下狱受腐刑。出狱后任中书令，经过十余年的努力，完成了《史记》。

司马迁撰写《史记》虽然是继承父亲未竟的事业，但在经受腐刑后忍辱负重完成这一大工程，更是出于强烈的使命感，那就是他给好友任安（字少卿）写的信《报任安书》（也叫《报任少卿书》）中所提到的“究天人之际，通古今之变，成一家之言”，并让自己的书“藏之名山，传之后世”。

“究天人之际”，就是探索天道和人事之间的关系。司马迁在书中批判了前人的“神意天命论”，代之以“帝王中心论”。

“通古今之变”，就是研究历史的发展和变化。司马迁在书中提出了“忠—敬—文”这种朝代更替的周而复始的固定模式。

“成一家之言”，就是建立自己的观点、学说。上述两条就是如此；书中体例、笔法和评论等处，都体现了司马迁的社会政治思想和学术见解。

司马迁写《史记》的资料来源

司马迁撰著《史记》的资料，来源于前代史籍、朝廷档案，以及他自己的第一手资料。

司马迁采用的前代史籍，包括《左传》《国语》《世本》《战国策》《楚汉春秋》及诸子百家等，这些材料相对较好获得。同时，司马迁利用任太史令的便利，又充分参考、使用了国家收藏的档案、民间保存的古文书传。

尤为突出的是，司马迁还大量运用了第一手材料，包括自己的见闻和游历所得。在《史记》中，常可见到“吾闻”“余闻”“尝见”“吾视”等字样，说明所述均为司马迁亲眼所见或亲耳所闻；又常见“余尝至”“余过”“余登”“余适”“吾适”等字样，说明所述是司马迁游历得来的资料。司马迁的足迹几乎遍及全国，这与《史记》的写作密切相关，助益极大。

《史记》为纪传体史书的鼻祖

《史记》是我国第一部纪传体通史，堪称纪传体史书的鼻祖。它的成就是多方面的，其中最为突出的就是史书体例的创制，即以本纪、表、书、世家、列传的不同体式来记载复杂的历史事实。

“本纪”是全书纲领，按年月记述帝王的言行政绩，兼录各方面的重大事件。其中先秦诸篇按朝代成篇（如《夏本纪》《殷本纪》《周本纪》），秦汉诸纪则按帝王成篇（如《秦始皇本纪》《高祖本纪》）。

“表”采用表格形式简明排列世系、人物和史事，以理清脉络。其中包括世表、月表（如《秦楚之际月表》）和各种年表（如《六国年表》）。

“书”叙述各种制度沿革，内容涉及礼乐制度、天文兵律、社会经济、河渠地理等。

“世家”记载子孙世袭的王侯封国史迹，兼及个别地位与侯王相当的著名人物（如《孔子世家》）。

“列传”主要是社会各阶层代表人物的传记，包括单传（一人一传，如《伍子胥列传》《孟尝君列传》）、合传（两人或几人一传，如《老庄申韩列传》）、类传（一类多人合传，如《儒林列传》《酷吏列传》）。少数篇章涉及民族以及与中国相互往来的一些国家和地区的历史记录。

上述五种体例虽有分工，但又有内在联系，详于此则略于彼，或载于此则省于彼。本纪和列传是全书主要部分，故后世称这种体例的史书为纪传体。此外的表、书、世家与本纪、列传相辅相成，融为一体。

司马迁《史记》开创的史书纪传体影响深远，后来历代正史都采用这一体裁。其中《汉书》省去了世家，改书为志，体例上与《史记》大同小异。此后各史均以此为例，虽或有省减（如《三国志》无志），但纪、传都是主体，均未超出《史记》的体例范围。

《史记》史笔的特点

《史记》是个人撰著的正史，具有较鲜明的个人色彩。就史笔而言，“其文直，其事核，不虚美，不隐恶”，堪称“实录”。

《史记》的思想在后世看来算不上正统，如把陈涉列入世家，写游侠、写商人，先黄老而后六经，都曾受到后人的批评。但这正体现了司马迁的卓识。《史记》写汉高祖刘邦，既写了其英雄的一面，也写了其无赖的一面；写汉武帝也敢于直书其事，记述其追求长生不老，崇信方士等行径，不肯曲意逢迎。

《史记》的文字色彩浓烈，个人感情常常不自禁地在笔端流露出来。如《孔子世家》对孔子的景仰之情：“诗有之：‘高山仰止，景行行止。’虽不能至，然心向往之。余读孔氏书，想见其为人……”这虽然不合修史的平实的准则，却能给读者以感染，增加了史书的魅力。

《史记》乃“无韵之《离骚》”

《史记》是史学名著，同时又具有极高的文学价值，所以鲁迅先生称其为“史家之绝唱，无韵之《离骚》”。

首先，《史记》对史料剪裁得当，重心突出，叙述又脉络清晰，不枝不蔓。因而，既忠实于史实，又有一定的情节性、故事性，引人入胜。

其次，《史记》的本纪、世家、列传以写人为主，其中一些人物写来栩栩如生、呼之欲出，既写出了他们的音容笑貌，又反映了他们的性格和思想风貌，读后给人以深刻印象。如刘邦的枭雄无赖相，项羽的英雄儿女情，孔子的圣人使命感，无不深入人心。

最后，《史记》的语言独有千秋，叙述时生动传神，议论时雄辩滔滔，而且时有饱蘸情感之笔。

《史记》的文学成就是多方面的，为历代史学家和文学家所推崇、效法，不愧鲁迅先生的高度评价。

班固其人及《汉书》

班固（32—92），字孟坚，扶风安陵（今陕西咸阳东北）人。父亲班彪、弟弟班超、妹妹班昭，都是当时的名家。班固九岁能文，后入洛阳太学，博览群书；并任兰台令史，校定皇家秘书。父亲去世后返回乡里，并在其父续补《史记》之作《后传》的基础上开始撰写《汉书》，至汉章帝建初中基本完成。汉章帝主持大儒在白虎观讲论“五经”，班固受命记述其事，写成《白虎通义》。和帝时，班固曾随大将军窦宪出征，主持笔墨之事。窦宪政争失败自杀后，班固被积有宿怨的洛阳令罗织罪名下狱，同年死于狱中。除《汉书》外，尚有《班兰台集》传世。

班固《汉书》是记述西汉历史的纪传体史书。它继承《史记》，又有所发展和创新，奠定了纪传体断代史的基础。

《汉书》的写作是从班固的父亲班彪开始的。班彪撰写《后传》65篇，作为《史记》续篇。光武帝建武三十年（54），班彪去世，班固开始整理《后传》。班固认为《后传》不够详备，便在其基础上着手撰写《汉书》。和帝永元四年（92）班固去世时，尚有八表和《天文志》没有完成。和帝命班固之妹班昭续撰八表，后又命跟随班昭学习《汉书》

的马续补写了《天文志》。

《汉书》共100篇，其中包括纪12篇、表8篇、志10篇、传70篇，后人分为120卷。所记之事起于汉高祖元年（前206），终于王莽地皇四年（23）。

《汉书》的发展与创新

《汉书》的体例与《史记》大略相同，都是纪传体。但《史记》是通史，《汉书》则是断代史，首创断代史的编纂方法。同时，它把《史记》的“本纪”省称“纪”，“书”改称“志”，“列传”简称为“传”；又不用“世家”，载入《史记》“世家”的陈涉、外戚和汉代诸王一律编入“传”内。这些体例上的变化，对后来的纪传体史书影响很大。

《汉书》中汉武帝中期以前的西汉历史记载，虽然基本上移用了《史记》，但移用时也常常增补新的内容，如增加传主的文章疏策、增加史事、提供新的史料。另外，《汉书》还在《史记》之外新立了一些篇目，仅纪传部分就增加了《惠帝纪》和王陵、吴芮、蒯通、伍被、贾山、李陵、苏武等传。

《汉书》还首创了《古今人表》和《百官公卿表》，增设了《刑法志》《五行志》《地理志》《艺文志》，这些志都极受后代学者重视。

《汉书》志的价值

《汉书》的“十志”是从《史记》的“八书”演变而来的，但它不仅改《史记》的“书”为“志”，而且增设了《史记》“八书”所不曾有的门类。

《汉书》的《食货志》由《史记》的《平准书》演变而来，有上下两篇，上篇言“食”，即农业经济状况，下篇谈“货”，即商业和货币情况，不仅是记述西汉经济的专篇，而且对汉以前的情况有所追述，内容超出了《平准书》。新设的《刑法志》系统记载了法律制度的沿革和一些具体的律令规定；《五行志》专载五行灾异，保留了有关自然灾害、地震、日月蚀的记载，是研究古代自然科学史的重要参考资料；《地理志》记录了当时的郡国行政区划、历史沿革、户口数字以及各地物产、经济概况、民情风俗；《艺文志》考证了各种学术派别的源流，载录了存世的书籍，是我国现存最早的图书目录。

《汉书》的志规模宏大，内容丰富，又在篇目上有所创新，扩大了历史研究领域，因而颇受后人的称誉。

何谓“班马”“史汉”

在史学领域，常见“班马”“史汉”的并称。“班马”是两个人的并称，即班固和司马迁；“史汉”是两部书的并称，即《史记》和《汉书》。这样的并称，说明了两者有着密切的关系。

《史记》《汉书》是二十四史中最先出的两部，不仅发凡起例，而且文学成就也最为出色，是读史者首选的两部史著；而司马迁和班固也同为优秀史家。

不过，历史上的学者在肯定两部书共同的优长之外，也常拿二者来比较，并有所抑扬。宋代郑樵反对写断代史，所以极力贬低班固，说“迁之于固，如龙之于猪”（《通志·总序》）。更多的人则认为通史、断代史都有独特之处，刘知几就肯定了《汉书》的断代史价值。

关于班、马二人的史家本色，学者们认为班逊于马：班固不像司马迁那样爱憎分明、慷慨议论。关于语言，有人指出司马迁的《史记》叙事简明、文字质朴，具有鲜明个人特色，而班固的《汉书》则叙事详尽、文字典雅，四平八稳。对于后世的士大夫来说，更欣赏班固的风格，所以苏轼有读《汉书》下酒的韵事。

《东观汉纪》的概况

《东观汉纪》是记载东汉历史的编年体史书。东观为东汉都城洛阳宫殿中的藏书之所，也是修书之地。原名为《汉纪》，因为是在东观设馆修成的，所以后来称为《东观汉纪》。

《东观汉纪》修于东汉当代，共有四次集中纂修，班固、蔡邕等均曾参与其中。它是纪传体史书，记事起于光武帝，止于灵帝，卷帙颇大。但因董卓之乱，并未定稿，献帝时已散佚不全，到南宋仅存 8 卷。

《后汉书》流行后，该书遂逐渐湮没。今本仅存 24 卷，是清人辑佚而成。在唐代以前，《东观汉纪》影响较大，与《史记》《汉书》并称“三史”，颇受重视，人多诵习。魏晋以来撰著东汉史书者，主要素材多取自该书。

范晔其人及《后汉书》

《后汉书》是记述东汉历史的纪传体史书，为接续《汉书》所述历史而编撰。《后汉书》共 120 卷，包括纪 10 卷、传 80 卷、志 30 卷。纪、传为南朝宋范晔撰；志为晋司马彪撰，一般称《续汉志》。

《后汉书》纪、传的编次与《汉书》有所不同，纪的最后一篇是《皇后纪》，相当于《汉书》的《外戚传》，皇后由传入纪。传在《汉书》之外创立了七篇类传，包括《党锢传》《宦者传》《文苑传》《独行传》《方术传》《逸民传》《列女传》。这些类传都是根据东汉社会的实际情况和思想风尚设置的，有的为后世纪传体史书所效法。

《后汉书》除了体例上的创新之外，范晔的议论不仅爱憎分明、议论风生，而且多有创见。与此相应，那些官高爵厚而无所创建的人物则不予立传。不过，他对黄巾起义的态度却不像司马迁对陈涉起义，而是未予立传，附于皇甫嵩传中。

范晔（398—445），南朝宋史学家。字蔚宗，顺阳（今河南淅川）人。曾做过宋武帝刘裕之子彭城王刘义康的参军，后升至尚书吏部郎。元嘉九年（432），因太妃去世时深夜饮酒、听挽歌为乐而触怒刘义康，贬职为宣城太守，郁郁不得志，遂以著述为事，撰写《后汉书》。后又陷入刘义康与宋文帝刘义隆的权力之争，于元嘉二十二年（445）以谋反罪被杀。

陈寿其人及《三国志》

陈寿（233—297），字承祚。蜀国巴西安汉（今四川南充北）人。仕蜀时历官东观秘书郎、散骑侍郎、黄门侍郎，入晋后曾任著作郎、治书侍御史。

关于陈寿，有人称其“善叙事，有良史之才”（《晋书·陈寿传》）；也有人认为他以私废公、褒贬失当。后者主要是说他的父亲曾受过诸葛亮的刑罚，所以他在书中说诸葛亮“应变将略非其所长”。其实陈寿并未贬低诸葛亮，所写也符合历史。赵翼在《廿二史劄记》中就指出：“（诸葛）亮之不可及处，原不必以用兵见长。观（陈）寿校定《诸葛集》，表言亮‘科教严明，赏罚必信，无恶不惩，无善不显，至于吏不容奸，人怀自励。至今梁、益之民，虽《甘棠》之咏召公，郑人之歌子产，无以过也。’又亮传后评曰：‘亮之为治也，开诚心，布公道，善无微而不赏，恶无纤而不贬。……’其颂孔明可谓独见其大矣。”

晋灭吴后，陈寿利用当时人王沈的《魏书》、鱼豢的《魏略》、韦昭的《吴书》，并自采蜀国史料，历经十年艰辛，撰成《三国志》。

《三国志》是记述魏、蜀、吴三国历史的不完全纪传体的史书，晋陈寿撰，南朝宋裴松之注。全书共65卷，包括魏书30卷，蜀书15卷，吴书20卷。

魏、蜀、吴三书，原是各自为书，一直到北宋才合而为一，改称《三国志》。

《三国志》以曹魏为正统，魏书列在全书之首，称曹操、曹丕、曹叡为帝。吴、蜀君主即位，都记魏的年号。东吴只有孙权称“主”，孙亮等都称名。这是因为晋受禅于魏，晋的史家尊重本朝的合法性，就必须以魏为正统。孙吴为晋所灭，孙皓是晋的降臣，没有必要尊重。蜀汉刘备父子称先主、后主，不同于孙吴，反映出陈寿对于蜀汉的故国之思。

《三国志》有纪、传而无志（这也是称其为“不完全纪传体”的原因），因此所记主要是人物。取材审慎谨严，文字也以简洁见长，所以前人说其书“裁制有余，文采不足”。此外，陈寿对于晋朝皇室的叙述时有曲笔，尤其是对魏晋禅代时司马氏的所作所为多有讳饰。

《三国志》裴注的价值

在二十四史的注书之中，《三国志》裴松之的注释（简称“裴注”）是最为著名的，它的分量多于原书数倍（原书 20 万字，裴注 50 余万字），对事实有许多补充，因此其价值不下于陈寿的原书。

裴松之在《上三国志注表》中说，陈寿的书“铨叙可观，事多审正”，但又指出它“失在于略，时有所脱漏”。所以“采三国异同，以注陈寿《三国志》”。裴松之将其注文概括为补阙、备异、惩妄、论辩四种类型，其中补阙是最主要的，备异次之。这也成为后代注史的范式，只是再也无人达到过裴注的水准。

裴注以详博著称，篇幅比原书多出三倍。后人不但不批评他喧宾夺主，而且还称赞他是“《三国志》之功臣”。当然也有人指摘裴注“烦芜”，这是事实，但就保存史料而言，不能不算是得大于失。

裴注和《史记》《汉书》等的注不同。《史记》《汉书》旧注多属于考订制度、解释文字方面；裴注对文字、制度也偶尔加以注释，但更主要的是补充原书记载的遗漏和纠正错误。同一事件几家记述不同的，他都收录进来，以备参考。对于史事和人物，裴注有所评论；对于陈寿议论不当的，裴注也加以批评。

裴注的最大优点是广泛引证各家原文史料来注陈寿原书，其中大部分是今天已经亡佚的。而且引用时首尾完整，不删不改，保持原貌。裴注的史料价值，对于三国时代历史研究的重要性并不弱于《三国志》。

《晋书》的概况

《晋书》是记述西晋、东晋历史的纪传体史书。全书共 130 卷，包括帝纪 10 卷、志 20 卷、列传 70 卷、载记 30 卷。叙事始自司马懿，到刘裕取代东晋为止，并用载记的形式兼述割据政权十六国的史事。

《晋书》为唐人所修，撰著者署名历来并不一致，有署唐太宗御撰的（他写过其中晋武帝等四人的论赞），有署房乔的（即房玄龄，他是主持编纂者），有人则认为令狐德棻出力最多（他与敬播是审订者，而且是全书体例的确定者）。

《晋书》的创制是设立“载记”。唐代以前的纪传体史书中，各民族的历史大都归入列传，排在末尾。《晋书》将除前凉、西凉以外的东晋时期由各民族建立的 14 个政权的历史，作为纪传以外的独立部分，称为“载记”。在二十四史中，载记为《晋书》独有。

《宋书》的概况

《宋书》是记述南朝刘宋历史的纪传体史书，梁朝学者沈约撰。全书含本纪 10 卷、志 30 卷、列传 60 卷，共 100 卷。

《宋书》很注意为豪门世族立传，所以篇幅较大。此外，它收录当时的诏令奏议、书札、文章等各种文献较多，保存了原始史料，有利于后代的研究。另一个特点是，书中的八种志往往上溯到魏晋乃至三代、秦汉，可以弥补《三国志》等前史的缺略。《礼志》把郊祀天地、祭祖、朝会、舆服等合在一起，《乐志》详述乐器、记载乐章，都是较好的体例。《律历志》详细记载杨伟《景初历》、何承天《元嘉历》、祖冲之《大明历》全文，可以反映当时的自然科学水平。特设《符瑞志》，首创正史设立专志记载祥瑞现象之先河从远古叙起，体例上是创制，内容却荒诞不经。

但《宋书》体例不全（无表，无食货、艺文志），成书草率（一个人仅用了一年多），叙事又多忌讳（当代人写当代事），是其不足。

《南齐书》的概况

《南齐书》是记述南朝萧齐历史的纪传体史书，初名《齐史》或《齐书》，后为区别于李百药所撰的《北齐书》，北宋人曾巩等给它加了一个“南”字，才有了今天的书名。

该书为萧子显撰。萧子显是南朝齐豫章王萧嶷的儿子，齐高帝萧道成的孙子，以文才著称。进入梁朝后，曾任吏部尚书。萧子显是以前朝帝王子孙身份而修前朝史书的，在二十四史中仅此一家。

《南齐书》共 60 卷，现存 59 卷，包括本纪 8 卷、志 11 卷、列传 40 卷，所佚的 1 卷为序录。由于该书基本上是当代人写当代史，一方面保留了可信的原始资料，一方面又难免毁誉出于恩怨、抑扬有所偏颇。比较可取的是志。《州郡志》每州之下除地理建置沿革外，还简略叙述风土人情，史料价值颇高。另外，该书叙事比较简洁，后来《南史》用《南齐书》一般都有所增添。

《梁书》《陈书》的概况

《梁书》《陈书》是分别记述南朝梁、陈两朝历史的纪传体史书。

撰著者均署名姚思廉，实际上是继承其父姚察续撰的，唐初的魏徵也曾参与该书论赞的撰写。

姚察（533—606），字伯审，吴兴武康（今浙江德清）人。在梁时以文才著称；陈时任吏部尚书，领大著作。入隋后任秘书丞，受命继续修撰早已着手的梁、陈两代史书。史称其“学兼儒史，见重于三代”。

姚思廉（557—637），本名简，以字行。隋大业二年（606）姚察去世，遗嘱姚思廉续撰两部史书。唐贞观初年，姚思廉任著作郎、弘文馆学士；后官至散骑常侍。贞观三年（629），他奉诏与魏徵共同修撰梁、陈二书，约于贞观十年修成。

《梁书》包括本纪6卷，列传50卷，共56卷。在南北朝各史中，《梁书》是写得较好的一部。《陈书》包括本纪6卷，列传30卷，共36卷，是二十四史中卷帙最少的一部。两书作者（尤其是姚察）以当朝人物写当朝之事，未免有所隐讳，但就保存两代原始史料而言，自有其价值。

姚氏父子虽生长六朝，但所著史书并未沾染骈俪文风，而是使用质朴的古文，难能可贵。故赵翼谓“世但知六朝之后，古文自唐韩昌黎始，而岂知姚察父子已振于陈末唐初也”（《廿二史劄记》）。

《魏书》的概况

《魏书》是记述北朝拓跋氏所建立的北魏及东魏历史的纪传体史书，北齐魏收撰。全书共124卷，包括本纪20卷、列传92卷、志20卷，因有些纪、传等篇幅过长，又分为上、下或上、中、下卷，实共131卷。记述了拓跋氏160多年的史事。

魏收（506—572），字伯起，钜鹿下曲阳（今河北晋县西）人。历仕北魏、东魏、北齐三朝，参与修史达20余年。北齐天保二年（551）受诏撰魏史，五年（554）三月奏上本纪、列传，十一月奏上十志。

《魏书》在当时及隋唐时毁誉参半，甚至有人称其为“秽史”。原因是魏收利用修史的便利，一方面凌辱有过节的人，有的甚至骂到别人的高祖、曾祖，致使申诉不公平者达 100 多人；另一方面，他收受贿赂、为人遮掩，如传说他因受金而为尔朱荣作佳传。其实“秽史”之说，只是一些门阀世族计较自己祖先在书中的反映而编造的夸大不实之辞，并不完全符合事实。

值得一提的是，魏收在《魏书》中新创《释老》《官氏》二志，符合时代状况，也为后人提供了方便。魏晋以后，佛、道二教影响到社会思想的许多方面，应在史书中有所反映。《魏书》始设《释老志》，不能不视为卓识创举。北魏时鲜卑部族蕃衍，太和以后又有改鲜卑姓为汉姓之举。《魏书》仿汉人氏族谱牒之意，结合北方民族部落族姓的风习，设《官氏志》，在百官之外兼志氏族，是适应时代特征的处理方法，为后人研究北魏历史提供了极大方便。

《北齐书》的概况

《北齐书》是记述北朝高氏创建的北齐历史的史书，唐李百药撰。

李百药（565—648），唐代史学家。字重规，定州安平（今属河北）人。其父李德林，北齐时曾参与修撰国史，完成纪、传 27 卷。隋开皇初年，奉诏续撰，增为 38 卷。唐贞观元年（627），李百药拜中书舍人，又受诏撰《齐书》。他根据父亲的旧稿，杂采他书，扩充改写为 50 卷，贞观十年（636）成书。

《北齐书》原名《齐书》，宋代始加“北”字，以区别于《南齐书》。全书共 50 卷，包括本纪 8 卷，列传 42 卷。至北宋时，该书已有残缺，今本只有 18 卷是李氏原书，其余是后人用李延寿《北史》、高峻《高氏小史》补足的。

《北齐书》的一大特点是口语的运用，由此而保存了不少当时的口语。比如卷二十三写魏恺被调任青州长史，却无论如何都不去，被人报入宫中，皇帝大怒，说："何物汉子，我与官，不肯就！明日将过，我自共语。"

《北齐书》之所以较多运用口语，可能与李百药利用了王劭所撰《齐志》有关。王劭是隋代史家，他曾撰《齐志》，受到刘知几的极口称赞，可惜其书不传。刘知几称赞王书的其中一点，就是它运用了"方言世语"，使叙述更真实、生动。李百药正是因为采录了部分《齐志》原文，并受该书编撰及当时风气影响，才多用口语的。

《周书》的概况

《周书》是记述北朝北周一代历史的纪传体史书。唐令狐德棻等撰。全书共50卷，包括纪8卷、列传42卷。该书仅记40余年的历史，有纪、传而无表。不过，《周书》的史料颇有不足、失实之处，因此刘知几称其"多非实录"(《史通·杂说》)。

《周书》的另外一个特点，就是文字古奥。之所以如此，在于北周君主宇文泰觉得自己门望不如中原、文化不如江南，所以特别发展了一套制度与文化，突出表现就是官制用周朝时的官制，文字用先秦时期的文字，以示夸耀。因此，该书的文字像周朝的文告，非常深奥。

《周书》的列传收人很多，近300人。这是因为隋、唐两代与北周关系密切，这些人的子孙在唐代大多官居显要，自然要让祖宗名垂青史。正因如此，研究隋唐制度源流与人物家世，多要参考《周书》。

令狐德棻撰修五朝史

令狐德棻（583—666)，唐代史学家。宜州华原（今属陕西铜川）人。其家为河西大族，世居敦煌。早年才参加李渊的反隋军，因而得到唐朝统治者的信任，历官起居舍人、礼部侍郎、秘书少监、弘文馆学士、国子祭酒等，封公爵。

令狐德棻在唐初颇有文名，曾多次参加官书的编写。武德五年（622），他向唐高祖李渊提出：梁、陈、齐、周、隋诸朝多无正史，而唐朝继承北周、隋立国，应该承继关系并以史为鉴；同时，由于隋末战乱，梁、陈和北齐还有记载保存，北周、隋文献多有遗缺，现在耳目所及还能得到可以凭信的史料。因此令狐德棻建议，撰修诸朝之史。唐高祖接受建议，命萧瑀等分别撰修梁、陈、北齐、北周、隋史。时过数年，修史事业未能成就。贞观三年（629），唐太宗李世民又下令修撰五朝史，周史由令狐德棻等负责。贞观十年（636），《周书》成书。

令狐德棻除撰修《周书》外，还参加了《晋书》的修撰，该书体制多为其所拟定。对梁、陈、齐、隋诸史，令狐德棻也参加了组织和督导工作。

李延寿撰修南北朝史

李延寿，字遐龄，出于陇西大姓，世居相州（今河南安阳）。生卒年不详，大约生活在唐高祖、太宗、高宗时期。历官崇贤馆学士、御史台主簿、符玺郎兼修国史。太宗贞观年间，曾先后参加撰修《隋书》、《五代史志》（即《隋书》十志）、《晋书》等工作，因而有机会遍观南北朝诸史，为后来修史积累了资料。

李延寿之父李大师，字君威，熟悉前代旧事。他认为南北朝互相隔绝，各朝史书详于本国而略于他国，多有褒贬不当和失实之处，因而有意按编年体记述南北朝史事，未成书而去世。

李延寿追承父志，改编年体为纪传体，利用以前修史的资料抄本，以及历年收集的一千余卷杂史，从贞观十七年（643）至高宗显庆四年（659），历时 16 年修成《南史》《北史》。书成奉表上奏，得到高宗褒奖。两史条理分明，详简适宜，远远超过了旧史。

这两部史书并非新撰，而是分别汇合、删节南朝的四部史书《宋书》《齐书》《梁书》《陈书》及北朝的三部史书《魏书》《北齐书》《周书》编成的。

《南史》共80卷，包含宋本纪3卷、齐本纪2卷、梁本纪3卷、陈本纪2卷，列传70卷。记述从宋永初元年（420）至陈祯明三年（589）南朝宋、齐、梁、陈四代共170年的史事。

《北史》成书于贞观十七年（643），共100卷，包含魏本纪5卷、齐本纪3卷、周本纪2卷、隋本纪2卷，列传88卷。记述从魏登国元年（386）至隋义宁二年（618）北朝北魏、北齐（包括东魏）、北周（包括西魏）和隋四代233年的史事。

《南史》《北史》简化了南北朝的七种旧史，把不同朝代的父子祖孙，以家族为单位合为一卷，使史事更加条理清晰，两史配合也较好。此外，《南史》新增《贼臣传》（贬侯景），这是前史所无，属于创制。

《隋书》的概况

《隋书》是记述隋朝历史的纪传体史书，全书共85卷，包括帝纪5卷，志30卷，列传50卷。纪、传主要记载隋文帝开皇元年（581）至恭帝义宁二年（618）共38年的历史。

该书的署名有两种情况，一是全书署“魏徵等撰”；一是把纪、传和志分开，纪、传题魏徵撰，志题长孙无忌撰。魏氏和长孙氏都是位在宰辅的唐初名臣，其实他们只是监修者（魏徵写了一些序论），编撰者为颜师古、孔颖达、李淳风等。

《隋书》的志原本叫《五代史志》，单独成书，后来编入《隋书》。因此，《隋书》的志虽然比帝纪、列传卷数要少，篇幅则不相上下。《隋书》的十志（礼仪、音乐、律历、天文、五行、食货、刑法、百官、地理、经籍）内容丰富。比如，天文、律历二志记载魏晋以来特别是南北朝时期著名天文学家、历法学家的成就和流派，并作了比较和评论。祖冲之对圆周率的研究，张子信和刘焯关于“日行盈缩”的探讨，以及汉魏以来历代度量衡变迁的情况，志中都有较详细的记载。又如《经籍志》，概括自汉至隋600年来书籍的情况，叙学术源流，考书籍存亡，是《汉书·艺文志》以来对中国古代书籍的第二次总结，提供了一部非常重要的书目，在学术文化史上贡献突出。

《旧唐书》的概况

《旧唐书》是记载唐代历史的纪传体史书。本来称《唐书》，后来为与《新唐书》相区别，改称《旧唐书》。全书200卷，包括帝纪20卷，志30卷，列传150卷。五代后晋时刘昫、张昭远等撰。记载了唐朝自高祖武德元年（618）至哀帝天祐四年（907）共290年的历史。

《旧唐书》出于多人之手，全书比较粗糙，多有缺失，诸如：前半部分颇为详明，后半部分则或烦琐冗杂，或缺漏较多；列传有重复，前后表、疏也有重出的，等等。因此，在北宋《新唐书》修成刊行以后，《旧唐书》则受到冷遇。不过，因后晋离唐代不远，《旧唐书》修纂时又有原文照录的“毛病”，所以就保存史料而言，有《新唐书》所不能替代的价值。因此，司马光写《资治通鉴》时，《新唐书》《旧唐书》史料都有使用，而用旧史为多。

《新唐书》的概况

《新唐书》是记述唐代历史的纪传体史书，修成于宋仁宗嘉祐五年（1060），前后共历达17年。北宋欧阳修、宋祁等撰，其中宋祁始终参与其事，撰成列传150卷；欧阳修在设立唐书局10年后奉命参加，负责编修纪、志与表，并审定全书。全书225卷，包括纪10卷，志50卷，表15卷，列传150卷。

《新唐书》是为补旧史的不足而纂修的，其中手段之一就是增加史料，包括搜罗新史料和增加篇幅与门类，这些都很好地达到了。但是，《新唐书》“增事省文”，有时则给史料的真实性和完整性带来了损害。比如,《旧唐书》帝纪 30 万字,《新唐书》简化为 9 万字，还增加了史事，因此人称“简极”。新书删去了 61 人列传，其中有不当删去的。宋祁好省字，所以他所修列传削减过多，不仅使文字艰涩，而且也有损史实。相较而言,《旧唐书》更多地保存了唐代实录和国史的原始资料，这并非《新唐书》所能取代的。

《旧五代史》的概况

《旧五代史》是记述五代历史的纪传体史书，北宋薛居正等撰。因记述五代历史，因此原名叫《梁唐晋汉周书》；后来为区别于欧阳修的《五代史记》(即《新五代史》)，称《旧五代史》。

《旧五代史》共 150 卷，纪 61 卷，志 12 卷，传 77 卷。按五代断代为书，梁书、唐书、晋书、汉书、周书各十余卷至 50 卷不等。人物传各归本朝，不再分类，故无类传名目。书中以“杂传”(《世袭列传》《僭伪列传》《外国列传》）记述包括十国在内的各割据政权的情况，因此是当时整个五代十国时期各民族的一部断代史。

《旧五代史》修成后约 80 年，欧阳修的《新五代史》面世，旧史读者日渐减少；金代立《新五代史》于官学后，旧史渐废。现在所见《旧五代史》，是清乾隆年间修《四库全书》时，馆臣邵晋涵等从《永乐大典》中辑出，并参考其他书编排而成的，实际上是《旧五代史》辑本。

《新五代史》的概况

《新五代史》是记述五代历史的纪传体史书。北宋欧阳修自撰，是唐以来唯一的私修正史。原名《五代史记》，后为了与薛居正所撰的

《五代史》相区别，称《新五代史》。

《新五代史》共 74 卷，包括纪 12 卷，传 45 卷，考 3 卷，世家及年谱 11 卷，四夷附录 3 卷。材料多本薛居正《五代史》，加以删削，并兼采小说、笔记资料，补充了薛史之缺。体例上，薛书系五代分叙，欧书则将五代融而为一。传都用类传，有家人、死节、死事、一行、唐六臣、义儿、伶官、杂传等传目，多为新创。

《新五代史》为私修史书，欧阳修又学"春秋笔法"，必然多所褒贬，所以不肯轻易示人，生前并未上呈朝廷。欧阳修去世后，该书面世，并因其简洁流畅而为人所喜，使薛氏《五代史》湮没。金章宗泰和七年（1207），明令立该书于官学，从此大行于世。但正因其简洁和"春秋笔法"，该书也受到了批评。由于其发议论时，都用"呜呼"二字开头（如《一行传》序："呜呼！五代之乱极矣，传所谓'天地闭、贤人隐'之时欤！"），所以后人戏称该书为"呜呼传"。

《新五代史》的"春秋笔法"

欧阳修《新五代史》是唐以后唯一的私修正史，且生前不肯示人，故书中比较能表达自己的意见、主张。这方面的突出表现是"春秋笔法"的运用。

欧史的"春秋笔法"，一方面体现在体例安排上。如书中有《唐六臣传》，所写均为唐末助朱温篡唐的大臣，名为"唐臣"，意在讽刺；《杂传》指历仕各代、无类可归者，实为贬斥传主操守不谨、了无忠信。

另一方面体现在褒贬议论上。欧史有许多正面议论，以"呜呼"二字发端，代替前史的"论曰""赞曰""史臣曰"。在议论中，欧阳修不仅反复感叹五代的黑暗，对当时人物也是否定的多、肯定的少，对冯道、张全义等当时有好评的人也痛加贬斥。

欧史的“春秋笔法”旨在维护君臣、父子的封建秩序，有些评价未免失当，史料的主观取舍则有玷史笔。因此，这一点受到了后代许多史家的批评。王鸣盛《十七史商榷》说：“欧公手笔诚高，学《春秋》却正是一病……且意主褒贬，将事实一意删削，若非旧史复出，几嗟无征。”钱大昕也表达了同样的意见。邵晋涵在《南江文钞》中更具体指出：“修极讥五代文章之陋，只述《司天》《职方》二考，而于礼乐、职官、食货之沿革，削而不书，考古者茫然于五代之成迹，即《职方考》于十国之建置亦多疏漏。所恨于修者，掌故不备也。”

《宋史》“四弊”

《宋史》是记述宋代历史的纪传体史书。它与《辽史》《金史》同为元朝官修，几乎同时撰成。书中本纪 47 卷，志 162 卷，表 32 卷，列传 255 卷，共 496 卷。《宋史》卷帙浩繁，是二十四史中最庞大的。

《宋史》向来被批评为繁芜杂乱，但又有许多漏略。不过，史家认为繁芜固是不足，但对保存史料却是长处。此外，《宋史》志和表的参考价值较高。列传里又有《忠义传》，在《儒林传》外又有《道学传》，也反映了宋代的一些历史特点。

《宋史》成书仓促，缺陷十分明显。清代史学大家钱大昕曾指出《宋史》有四弊：一是南渡诸传不备。总体来说，南宋七朝略于北宋九朝，而南宋宁宗以后的后四朝又不如前三朝之详；具体而言，南宋文坛作者如林，但《文苑传》挂漏甚多，甚至宋词豪放派三大家之一的刘克庄竟未能列传。二是重复列传，如程师孟已见列传第九十，而《循吏传》又将其列入。三是编次失当，如不同时代人同列一传，时代不同的人前后颠倒等。四是褒贬不可信。诸如把变法的吕惠卿列入《奸臣传》，而汉奸史弥远却未入《奸臣传》；对王安石变法持否定态度，对新党动辄嘲弄，等等。

《辽史》《金史》的概况

《辽史》《金史》是分别记述辽、金两朝历史的纪传体史书，两书署名作者均为元丞相脱脱，实则以翰林学士欧阳玄等人出力居多。

《辽史》全书116卷，包括本纪30卷，志32卷，表8卷，列传45卷，《国语解》1卷，记载了辽朝和建国以前的契丹及西辽的历史。辽朝在中国历代王朝中历史较长，但《辽史》记录简略，篇幅很不相称。此外，往往同一事实分见于纪、志、表、传，重复甚多，前人讥讽《辽史》编撰为“纵横舞剑”，即指此类而言。不过，由于辽朝的记载流传不多，有关资料极少，因此《辽史》也就成为辽朝的唯一史书。

《金史》全书135卷，包括本纪19卷，志39卷，表4卷，列传73卷，记述了从女真族的兴起到金朝建立和灭亡的历史。后附《金国语解》1卷。由于《金史》有比较完整的《实录》以及相关史著为依据，元初以来又经几次修撰，实际上是经营已久，与宋、辽二史仓卒成书不同，故在三史之中号称最善。

《辽史》《金史》都在书末附有《国语解》，内容是对各民族语言的官制、宫卫、部族等进行简略注释，以便让读者能明了其义。这是两史的独特之点，很有益处。

《元史》的价值与不足

《元史》是记述元朝史事的纪传体史书，明宋濂、王祎等撰。全书共成210卷，包括本纪47卷，志58卷，表8卷，列传97卷。

《元史》在保存史料方面不仅不比别的正史差，而且有超出之处。元代十三朝的实录和《经世大典》失传，其部分内容赖《元史》得以保存。《元史》的本纪和志占全书一半，虽不合正例，却起到了保存史料的作用；列传部分对于蒙古、色目人的记录也远较其他史书详尽。后人虽多有重修元代史的，但都不能取代《元史》。

但，《元史》纂修于洪武初期，撰写不足一年，分类编排则只用了月余。由于仓促成书，又出于众人之手，留下了不少错误，受到许多学者的非难。主要问题是随得随抄、不加剪裁，前后重复、抵牾；蒙文、汉文的译改失实，有的竟与原义相反；照抄案牍，有的有姓无名、有职无名；史料中没有庙号的皇帝改写时弄错不少；纂修者对前代和元蒙典章制度不熟，出现错误。所以，清代史学家嘲笑“修《元史》者，皆草泽腐儒，不谙掌故”，因此下笔“无不差谬”。

《新元史》的价值与不足

《新元史》是记述元代历史的纪传体史书，清末柯劭忞撰。

柯劭忞（1850—1933），字凤荪，山东胶州人。光绪十二年（1886）年进士，历任翰林院编修、湖北提学史、京师大学堂总监督等职。民国成立后隐居不仕，著述自娱。早年即有志于研究元史，曾受命审查魏源《元史新编》，因而触发编新史之念。此后广泛收集资料，陆续撰成。除《新元史》外，还著有《春秋穀梁传注》《蓼园诗钞》《清史天文志稿》等。

《新元史》共 257 卷，其中本纪 26 卷，表 7 卷，志 70 卷，列传 154 卷。1920 年成书，时任民国大总统徐世昌为之作序，命令列为正史，并且出资刊印，1922 年印出。后又时加修订，1930 年写成最后定本。

《新元史》的主要价值，在于将明、清以来关于元史研究的成果加以综合整理，汇编成一部组织系统较为严密的史书。它纠正了《元史》缺漏史实、详略不均、重复抵牾、错讹失实等不足，但未能补正的部分仍然不少。而且由于它只是直录旧著原文，未作进一步的融会贯通，所以全书笔调颇不一致，甚至时有谬误纷歧之处。至于史料价值，却反不如旧史。

《明史》的概况

《明史》是记述明代历史的纪传体史书。全书共332卷，包括本纪24卷，志75卷，表13卷，列传220卷，另有目录4卷。

《明史》是历史上修撰时间最长的官修史书，它始修于清顺治二年（1645），成书于乾隆四年（1739），前后长达95年，修撰过程经历了三个阶段。第一阶段为清朝刚刚建立时；第二阶段为平定三藩后，这一阶段大致确定了整体内容；第三阶段是在雍正时期。

《明史》也是官修正史中最为完善的一部。由于有著名史家万斯同等的整理和考订，该书体例严谨，叙事清晰，编排得当，文字简明，引述的资料具有较高的史料价值。

《明史》体例多有不同于前代正史或其他史书者。《历志》中的图表，简便易明，为过去所未有；《艺文志》只记述明代著述，不同于前代正史《艺文志》的历朝并录；在表的部分，较前代诸史增加了《七卿表》；另专门立有《阉党》《流贼》《土司》等列传，突出记述了明代的主要社会问题。但《明史》的记载有些过于简略，如所记社会经济和南明史事，多有缺漏或不足；有关建州先世及其与明朝的关系，因碍于清朝文网密布，记载零星，语焉不详，且多失实之处；立传的人物也不够完备，且多回护之处。

《明史稿》与《明史》的关系

《明史稿》是记述明代历史的纪传体史书，《明史》即由此脱胎而来。历史上的《明史稿》又有“万氏”和“王氏”之分；由于后者曾经刊行，且《明史》最终脱胎于该书，故《明史稿》也专指王氏书。

万氏《明史稿》是由万斯同审定的。清康熙年间重开明史馆，万斯同受监修徐元文之邀，同住其家，做《明史》的总审稿人。王鸿绪任《明史》总裁后，万氏又受聘于其家，审订《明史》。由万氏审订的两部史稿，即称“万氏《明史稿》”。

万斯同去世后，王鸿绪对“万氏《明史稿》”略加改动，先后进呈。全书共310卷，包括本纪19卷，志77卷，表9卷，列传205卷，此即“王氏《明史稿》”。后来，王氏子孙私刻该书，书名为《横云山人明史稿》。

雍正、乾隆年间，清廷重开史局，以大学士张廷玉等为总裁，续修《明史》，于雍正十三年（1735）成书，乾隆四年（1739）刻印。这部《明史》就是现在的通行本《明史》，而它的基础是“万氏《明史稿》”。

《清史稿》的概况

《清史稿》是记述清代历史的纪传体史书，清末赵尔巽主编。这部书未被列入正史，原因在于它是初稿（所以叫《清史稿》），没有得到官方的承认。但后来由于并无定本，也无新修权威清史面世，故也有人把它与二十四部正史合在一起，称“二十五史”。

《清史稿》修于民国年间。1914年起修，1927年修成，1928年刊印。共印1100部，其中700部存北京，称“关内本”；另400部存东北，称“关外本”。现在的标点本就是用“关外本”为底本刊行的。

《清史稿》共529卷，包括本纪25卷，共12帝；志135卷，共16类，交通、邦交二志为前史所无；表53卷，共10类；列传316卷，畴人、藩部、属国三传为新建。该书详细叙述了清代的人物、史事及典章制度，是一部比较重要的大型清史著作。但又存在许多谬误和缺陷：编撰者多系清朝遗老，立场顽固，对其统治大加夸美，而对反清人物、史事则一概加以贬斥；编纂者来不及直接利用清宫中的大量档案，致使书的价值有所降低；该书未经复审核定便仓促成书，史实、人物、时间、地点多有错漏。

何谓编年体

编年体是我国古代史书体裁之一。它是最早存在的史书体裁，先秦史籍使用的就是这种体裁。它以年代来编排史事，故称“编年体”。

《春秋》是我国传世最早的编年体史书，它以年月日来记录、编排史事。另外一部先秦史籍《竹书纪年》使用的也是编年体。此后如汉代荀悦的《（前）汉纪》、晋袁宏的《后汉纪》、宋司马光的《资治通鉴》，都是编年体;《资治通鉴》续书自然也都是编年体。此外，历代实录、起居注使用的也是这种体裁。

编年体以时间为线索叙事的方式，最为切近历史事件本身发生、发展的规律，所以此类史书能从时间上展现给人完整的历史面貌，线索分明。但这种体裁由于同一时间既要叙述此事，又要叙述彼事，一时间千头万绪，势必打断某一事件的连续性，造成事件的前后割裂、首尾不连贯，甚至是支离破碎。此外，这种体裁也难以把人物的生平事迹和典章制度的来龙去脉原原本本地叙述清楚。

《竹书纪年》的概况

《竹书纪年》是记述三代，尤其是春秋战国时期晋、魏史事的编年体史书。该书原无名题，后世因为它所记史事属于编年体，称为《纪年》；它用的是六国的古文字（相对于秦）大篆（也叫“蝌蚪文”），故亦称《古文纪年》；又因（西晋时）出土于汲郡（今河南卫辉）墓冢，也称《汲冢纪年》《汲冢古文》或《汲冢书》；它原书是竹简，北魏郦道元注《水经》引用时特地加了“竹书”二字，称为《竹书纪年》，从此有了定名。

《竹书纪年》共13篇，叙述夏、商、周三朝的历史，但进入东周后接续的是晋国历史，三家分晋后则只记魏国史事。由此，有人认为该书是魏国史官所记。但也有人说史官所记的国史不可能用来殉葬，因此它是私人撰著的。

《竹书纪年》所记与传统记载有很大不同——比如与古代传记和《史记》的记载有许多差异，比较来看，应该是《竹书纪年》更为接近史实。同时，《竹书纪年》的许多记载又与金文、甲骨相同，也说明其所记更为可信。因此，它对研究先秦史具有很高的史料价值。

《汉纪》的概况

《汉纪》是记载西汉历史的编年体史书，东汉荀悦撰。为区别于《后汉纪》，亦称《前汉纪》。

荀悦（148—209），东汉末年史学家。字仲豫，颍阴（今河南许昌）人。早年丧父，家贫无书，却刻苦为学，博闻强记，过目成诵。与孔融侍讲宫中，为汉献帝所赏识。献帝喜读史书，又觉《汉书》卷帙过大，不便翻检，便命荀悦仿《左传》体例，改编《汉书》。荀悦历时三年编成进呈，希望能给献帝启发。此外，荀悦还著有《申鉴》等书。

《汉纪》的改编，是把《汉书》传、志、表的资料，按时间先后加以剪裁，去繁就简，安排到各个帝纪之内。全书30卷，包括高、惠、高后、文、景、武、昭、宣、元、成、哀、平共12帝纪；起于秦二世元年（209），止于王莽灭亡，秦末事附《高帝纪》，王莽事附《平帝纪》。

《汉纪》全书只有18万字，只有《汉书》的四分之一，而西汉一朝的重要人物、重大事件以及典章制度，无不备载。此外还有荀悦精心撰写的史论，标“荀悦曰”，总结为政得失，不乏卓见。故该书向来有“词约事详”之誉，甚至称其“历代宝之，有逾本传”。

梁启超称赞《汉纪》为“善钞书者”，盖因荀悦此书以提纲挈领的方式精练地概括了《汉书》的主要内容，且组织严密，文笔简洁，成为了解西汉历史的良好入门书。

何谓“班荀二体”

“班荀二体”指班固《汉书》、荀悦《汉纪》所分别完善的纪传体和编年体史书体例。纪传、编年二体非班、荀所创，但他们完善之功甚巨；且《汉书》《汉纪》均为断代史，后世纪传、编年两类史书均依二者为范式，故称。

班固《汉书》对司马迁《史记》编写体例上的发展完善，主要在于舍“世家”，改“本纪”为“纪”、“列传”为“传”、“书”为“志”，并新设类传、志类、表类，并断代记事。相比较来说，荀悦《汉纪》对编年体史书编写体例的贡献更大。

在《春秋》《左传》以编年体记事之后，由于《史记》等纪传体史书的问世和影响，编年体史书再未出现。荀悦《汉纪》是两书之后第一次使用编年体，从而使这种体式臻于成熟。《春秋》等编年体史书，因编年纪事而割裂史事和人物，荀悦《汉纪》记述人物活动或重大事件时，突破了时间的界限，或补叙前因、交代后果，或兼及相关的人和事。这种写法吸收了纪传体的长处，弥补了编年体的不足，使编年体不仅可以纪事，也可以写人，还可以载述典章制度，成为一种可与纪传体并驾齐驱的体式。

《后汉纪》的概况

《后汉纪》是记载东汉历史的编年体史书，东晋袁宏撰。

袁宏（328？—376？），东晋文学家、史学家。字彦伯，阳夏（今河南太康）人。少有捷才，工诗能赋。曾做过大司马桓温的记室。尚著有《竹林名士传》《东征赋》《北征赋》和《三国名臣颂》。

《后汉纪》共30卷，包括光武、明、章、和、殇、安、顺（附冲）、质、桓、灵、献共12帝纪，记事起于更始元年（23），终于建安二十五年（220）曹丕废汉自立。

《后汉纪》虽与《前汉纪》体例相同，但却有独到之处。首先，它并不像《前汉纪》是奉命之作，只是要给皇帝提供一部简明的历史教科书；而是袁宏深感当时流行的东汉史书“烦秽杂乱”，意欲发奋撰著传世佳作。其次，该书出于《后汉书》之前，是参考众书编写而成，费时8年。最后，传世东汉史只有该书和《后汉书》，两书内容基本相符，间有不同，可互相参证。

《资治通鉴》的概况

司马光（1019—1086），北宋政治家、史学家。字君实，号迂叟。陕州夏县涑水乡（今属山西）人，人称涑水先生。仁宗宝元二年（1039）进士，累官至起居舍人、翰林学士等，并在哲宗时任尚书左仆射兼门下侍郎，主持朝政。卒谥“文正”，赠太师、温国公，世称司马温公。除《资治通鉴》外，尚著有《温国文正司马公文集》《涑水纪闻》《稽古录》等。

《资治通鉴》是中国古代史学巨著。因旨在为统治者治政提供借鉴，故名；习惯上也简称《通鉴》。北宋司马光撰。全书294卷，另有《目录》30卷、《考异》30卷。全书起自《周纪》、迄于《五代纪》，记载了周威烈王二十三年（前403）到后周世宗显德六年（959）共1362年的历史。

《通鉴》是司马光的发愤之作。有感于历代史籍浩繁、学者难以遍览的现象，司马光立志撮取精要，撰成编年史。起初成书8卷，从战国至秦二世，名为《通志》，表进于宋英宗。治平三年（1066），英宗下诏在崇文院设置书局，继续编撰。神宗时赐书名为《资治通鉴》。因反对王安石变法，司马光退居西京洛阳，历任闲职，以书局自随，专志修史。元丰七年（1084）书成，历时19年。

《通鉴》是一部集体撰写的著作，刘恕、刘攽、范祖禹协修；司马光总其大成。编写分为三步：第一步把收集的史料标明事目，按照时间顺序加以排列，力求完备，叫作“丛目”。第二步把丛目中的史料进行考辨，择其记述较为详尽者重新编写，叫作“长编”。这两步工作都由协修人员完成，抄录则另有书吏。第三步由司马光就长编所载，考其同异，删其烦冗，修改润色，写成定稿。

《通鉴》征引史料极为丰富，除十七史外，所引杂史诸书达数百种。对于唐五代史事，甄采书籍最多，史传文集之外，还有实录、谱牒、家传、行状、小说等各种史料。书中叙事，往往一事用数种材料写成。遇到年月、事迹有歧异处，均加考订，并注明斟酌取舍的原因。因此，《通鉴》具有相当高的史料价值，尤以《隋纪》《唐纪》《五代纪》史料价值最高。

《通鉴》是一部编年体的通史，按时间先后叙次史事，同时往往用追叙和结语的手法，说明史事的前因后果，使人得到系统而明晰的印象。该书使编年体史书又一次为史家所重视，续书、仿作层出不穷。

《通鉴》由司马光一人精心定稿，统一修辞，故文字优美，叙事生动，既具有较高的史料价值，又具有相当高的文学价值，历来与《史记》并列为中国古代史笔“双璧”。叙事之外，《通鉴》还选录了前人史论97篇，司马光自己又撰写史论118篇，比较集中地反映了其政治、历史观点。

《资治通鉴》“胡注本”如何

《资治通鉴》的注本很多，其中以“胡注本”最为详备。所谓“胡注本”，指胡三省所撰《资治通鉴音注》。

胡三省（1230—1302），宋元之际史学家。原名满孙，字身之。浙江宁海人。父亲胡钥，知书识礼，精通史学。胡三省自幼受父熏陶，爱读史书，14 岁开始阅读《资治通鉴》，并立志为之作注。26 岁中进士，历任微职。元军南下后弃官回乡，开始注释《资治通鉴》。

《资治通鉴》有许多人名、地名、术语，非常怪僻。胡三省一一为之作注，并把“音注”列为注释之首。胡注既解释词语，又阐述词语的来历及变迁情况；原书记叙不详或遗漏的内容，在其下予以充补；此外还辨析史料真伪、订正历法等。

自宋元以来，《资治通鉴音注》广受重视，影响极其深远。

《续资治通鉴长编》价值如何

《续资治通鉴长编》是记述北宋九朝史事的编年体断代史，南宋李焘撰。

李焘（1115—1184），南宋史学家。字仁甫，号巽岩，眉州丹棱（今属四川）人。进士及第后，先后任礼部侍郎、敷文阁学士、国史修撰等职。李焘博览群书，对当时的典故尤为熟悉。他仿司马光《资治通鉴》体例，记北宋之事，编成《续资治通鉴长编》。此外还著有《易学》《春秋学》及《文集》等。

李焘本着“宁失于繁，无失于略”的原则，广征博采，故而《续资治通鉴长编》在古代私家著述中卷帙堪称最大。原本 980 卷，记事起自宋太祖赵匡胤建隆，迄于宋钦宗赵桓靖康。由于卷帙浩繁，难于传写，也未印刷，所以传本极少。到清代，传本只有 108 卷。今本是四库馆臣从《永乐大典》中辑出的，520 卷，英宗、神宗两朝有缺，徽、钦两朝全无。清人黄以周撰《续资治通鉴长编拾补》，补出了李书今本所缺。

《续资治通鉴长编》继承了《资治通鉴》的优长之处，不仅广征博采，保存资料极为完备，而且排比史料、考校异同，凡有不同的说法，就用“考异”说明自己的意见。作者虽然不敢自比《资治通鉴》而称“长编”，但近代研究宋史的学者对该书史料价值评价很高，认为是研究辽、宋、西夏等史的基本史籍之一。

《续资治通鉴》的概况

《续资治通鉴》也是《资治通鉴》的续书，简称《续通鉴》，清毕沅撰。

毕沅（1730—1797），字秋帆，一字纕蘅，号弇山，又号灵岩山人。江苏镇洋（今江苏太仓）人。进士及第后，历官陕西、河南、山东巡抚及湖广总督。博通文史，亦工诗文，尤长于考据。著作尚有《经典文字辨证书》《山海经新校正》《关中金石记》《中州金石记》等。

在李焘《续资治通鉴长编》之后，尚有《资治通鉴》续作，如明代陈桱《通鉴续编》、王宗沐《宋元资治通鉴》，清徐乾学《资治通鉴后编》，但均不理想。毕沅续书出，诸书失色。

毕沅好学爱士，宦迹所至，广聘学者，校释古籍，搜求金石碑版。当时著名学者，如邵晋涵、程晋芳、洪亮吉、孙星衍、章学诚，皆先后被其招入幕府。题署其名的《续资治通鉴》，即出自幕宾之手。

《续通鉴》共220卷，纪事起于宋建隆元年（960），止于元至正二十八年（1368），共408年、26帝。资料主要依据脱脱《宋史》《辽史》《金史》及宋濂《元史》，参考李焘《续资治通鉴长编》、李心传《建炎以来系年要录》及叶隆礼《契丹国志》，此外还参考了各家文集百十余种。体例仿照《资治通鉴》，历三十余年、四易其稿而成。其中北宋部分写得较好，辽、夏、金均有涉及；元代部分较为简略，全抄旧史，缺少熔铸。总之，学者称该书资料皆有所本，颇有学术价值。

《建炎以来系年要录》的概况

《建炎以来系年要录》是记述宋高宗赵构一朝史事的编年体史书，李心传撰。建炎是宋高宗赵构的第一个年号。

李心传（1166—1243），南宋史学家。字微之，隆州井研（今属四川）人。30 岁参加贡举落第，从此闭户读书 30 年，成为“有史才，通故实”的学者。晚年，魏了翁等荐为史馆校勘，赐进士出身，修《中兴四朝帝纪》及《十三朝会要》。此外尚有著述数种。

《建炎以来系年要录》仿《资治通鉴》体例，时间上与李焘《续资治通鉴长编》相续。它记述建炎元年至绍兴三十二年（1127—1162）一朝 36 年的史事，叙述翔实，考证精审。材料多取自国史、档案，此外参考了 100 余种私家记载、文集、传记、行状、碑铭。内容包括政治、军事、经济、文化等各个方面，真实展示了高宗一朝的史实。

作者的另一著作《建炎以来朝野杂记》，主要记载朝野所闻之事。全书为甲乙两集，甲集中内容分为 13 门，分别为上德、郊庙、典礼、制作、朝事、时事、杂事、故事、官制、取士、财赋、兵马、边防；乙集少郊庙一门，为 12 门。作者虽以“杂记”为名，但其体例“实同会要”，因而与《建炎以来系年要录》互为经纬，可以互相补充。

《东华录》之“蒋录”“王录”

《东华录》是清代的编年体史料性著作，保存了丰富的清代各朝史料（共 11 朝，光绪朝未及收录），在《清实录》未刊行之前，它颇受史学家们的重视，《清史稿》的撰修等多有引用。

《东华录》有“蒋录”“王录”之分。乾隆三十年（1765），重开国史馆，蒋良骐（字千之，广西全州人，乾隆辛未进士）任纂修，就《清实录》及其他官书文献摘录清初六朝五帝史料，成书32卷。因国史馆在东华门内，故题为《东华录》，通称《蒋氏东华录》，即“蒋录”。

光绪年间，王先谦（字益吾，湖南长沙人，同治乙丑进士）据改修本实录，仿蒋氏抄录乾隆、嘉庆、道光三朝史料，辑为《东华录续编》，共230卷。对“蒋录”则重新加以详编和补充，增为195卷，于光绪十年（1884）成书，称《九朝东华录》。后潘颐福辑咸丰朝《东华录》，王氏亦加以增补，共100卷。加上自己辑录的同治朝《东华录》100卷，合称《十一朝东华录》，俗称《王氏东华录》，即“王录”。

两种《东华录》中，“蒋录”虽然简略，但所用资料是乾隆年间改定本以前的旧本实录，所以某些部分的史料价值在“王录”以上。

何谓实录

实录是我国古代记载皇帝在位期间重要史实的资料性史书，其体裁也称“实录体”。它按时间编年记录，因此也属于编年体史书。一般以所记皇帝的谥号或庙号为书名标志，如唐《顺宗实录》、清《世祖章皇帝实录》。也有以王朝命名的合刊本，如《明实录》《清实录》。

实录体史书在南北朝时期已经形成。《隋书·经籍志》卷二就著录有周兴嗣撰《梁皇帝实录》，记载南朝梁武帝时史事，但未能流传下来。唐代以后，实录均由官修，前一位皇帝去世，即由新皇帝诏令史臣撰修先皇实录。此后历代相沿，成为定制，而且愈来愈详尽。至清末，历代各朝共纂修实录达110余部。可惜大多已经失传，今天所能见到的只有明、清两代的全部，此前所存的极少。

实录为一朝官方史料的总汇，具有较高的史料价值。由于根据档案及起居注等原始资料编撰，所记历史事件在人物、时间、地点及主要情节方面大都有史实根据，比较可信。不过，由于皇室时有重修乃至窜改（尤其是清前期）之事，故实录也有不实之处。实录修成后，草稿焚毁，抄本一般藏在宫禁之中，秘而不宣，只有朝廷敕修史书时，史臣们才得以阅览使用，且不能带出、传抄。

《明实录》《清实录》的概况

《明实录》《清实录》是现存比较完整的实录体史书，集录了明、清两代丰富的史料，具有很高的价值。

《明实录》近3000卷，包括自太祖到熹宗十三朝（建文帝附太祖，景泰帝附英宗）及崇祯朝的辑补本。有正副二本，正本藏于内府（嘉靖十三年后转藏皇史宬），副本藏于文渊阁，供后代阁臣、史官修史书等参阅。

《清实录》4400多卷，包括自太祖至德宗（光绪帝）十一朝。修成的实录，分别以汉、满、蒙三种文字缮写正本4部、副本1部。正本有大红绫本两部，一贮皇史宬，一贮奉天大内（沈阳清宫崇谟阁）；小红绫本两部，一藏乾清宫，一藏内阁实录库。副本为小黄绫本，也藏在内阁实录库。1936年，伪满洲国将其与《宣统政记》合并影印，名《大清历朝实录》。

何谓起居注

起居注是古代记载帝王言行、兼记朝政大事的日记体史册。它是一种完全记实的记录册，算不上史书。

起居注的源头可以上溯到周代，当时史官对天子言行的记录就类似于起居注。起居注的正式名称始于汉代，西汉武帝时有《禁中起居注》，东汉明德马皇后自撰有《明帝起居注》，但都是由内官写成的。

魏晋以后，开始设立专官记注，以后历代沿袭。不过，历代起居注大多已经散佚，留传下来的只有唐初温大雅的《大唐创业起居注》，以及明代的一些零散片段；只有清代的保存较为完整，今存约 10000 余册，起于康熙十年（1671）九月，迄于宣统二年（1910）十二月（中间亦有散佚）。

起居注是当时人记当时事，且有相应的规制保证记注无遗，所载史实一般翔实可靠，是纂修实录和正史的原始材料，具有重要的史料价值。

《大唐创业起居注》的概况

《大唐创业起居注》是记载李渊创建李唐王朝的编年体史书，唐温大雅撰。温氏是李渊大将军府的记室参军，该书是他随军记录而成。

该书共 3 卷，记述李渊起兵反隋到攻克长安、废除隋帝、正式称为唐帝的史事，时间共 357 天。书中所记与新旧《唐书》及《通鉴》多有不合。《起居注》说李渊起兵出于己意，两《唐书》则说秦王李世民首谋;《起居注》历记李渊雄才大略，两《唐书》则将其描述得慵懦无能;《起居注》记录了李建成的多次战功，两《唐书》或归于秦王，或不记,《通鉴》虽间或记录也不提建成之名。由此可知李世民即位后纂修史书，不无抑扬；也可见《起居注》保存资料的可贵。

《大唐创业起居注》是我国现存最早的起居注，也是清代以前唯一传世的起居注。

何谓纪事本末体

纪事本末体是我国古代史书的体裁之一。它是针对编年体的不足而创制的，始创者为宋代的袁枢及其《通鉴纪事本末》。它以事为经，由本至末，原原本本、前后连贯地记事，故称“纪事本末体”。

司马光《资治通鉴》问世后，受到普遍欢迎。袁枢喜读此书，但又苦其浩博，一件事往往“隔越数卷，首尾难稽”，“事之本末”难以全窥。于是将《通鉴》所记依事抄录，编成有始有终、首尾连贯的独立单元，并标出诸如“三家分晋”“秦灭六国”一类的题目，从而创立了纪事本末体。

袁枢的《通鉴纪事本末》面世后，广受欢迎。随之，仿其体例的史书也不断涌现，蔚成大观，差不多覆盖了整个中国古代史，诸如:《左传纪事本末》《宋史纪事本末》《西夏纪事本末》《辽史纪事本末》《金史纪事本末》《元史纪事本末》《明史纪事本末》《清史纪事本末》等。

纪事本末体能完整地再现历史事件，非常适合大众了解历史，所以历来很受欢迎。但这种体裁也有局限，诸如典章制度等很难用它来表述。

《通鉴纪事本末》的概况

《通鉴纪事本末》是我国第一部纪事本末体史书，袁枢根据《资治通鉴》旧文，按事件摘录原文，依年月编排，共辑出大事 239 件、小事 66 件，共 305 题。成书后由参知政事（宰相）龚茂良奏上，宋孝宗读后嘉许其“治道尽在是矣”，赐给太子并分赐江上诸帅，让他们熟读。此后，该书便迅速流行起来。

《通鉴纪事本末》起自“三家分晋”，止于“周世宗征淮南”，共缕述 1362 年史事。其内容均属政治、军事方面的事情，经济、文化全书仅有三条。就此而言，它只有贯通史事、方便阅读的功能，而《通鉴》原著的作用不能稍予取代。

袁枢撰著此书，只是把《通鉴》的分散记录依事集中起来，抄录原文和“司马光曰”，除了标出题目外，并无一句自己的话。但该书发凡起例，创造新的史书体裁，嘉惠后学，功不可没。

何谓“九朝纪事本末”

在袁枢《通鉴纪事本末》流行之后，纪事本末体的史书不断涌现，明清时期编成多达 13 种，几乎覆盖了历朝历代。坊间有所谓“九朝纪事本末”，这里顺序列举数种如下（标△者属“九朝纪事本末”）。

《绎史》160 卷，清马骕撰。记上古至秦代之事。虽不名“纪事本末”，但实即纪事本末体。

△《左传纪事本末》53 卷，清高士奇撰。《左传事纬》，清马骕撰。二书同样取材《左传》，后者编排略胜，但流传不广。

△《通鉴纪事本末》43 卷，宋袁枢撰。记事上起三家分晋，下迄五代周世宗征淮南。

△《宋史纪事本末》109 卷，明陈邦瞻撰。记事始于宋太祖建国，迄于元初。

△《辽史纪事本末》40 卷，清李有棠撰。

△《金史纪事本末》52 卷，清李有棠撰。

△《西夏纪事本末》36 卷，清张鉴撰。除记史以外，有《年表》《西夏堡塞附图》《历代疆域节略》和《职方表》各一篇，是研究西夏的重要史料，也是纪事本末体编撰的创例。

△《元史纪事本末》27 卷，明陈邦瞻撰。

《续通鉴纪事本末》110 卷，清李铭汉撰。资料用《宋史本末》和《元史本末》。

△《明史纪事本末》80 卷，清谷应泰撰。该书早于《明史》成书，价值较高。

△《三藩纪事本末》4 卷，清杨陆荣撰。

《清史纪事本末》80 卷，黄鸿寿撰。记事起于满族兴起，终于清帝逊位。成书早于《清史稿》，资料主要来源于《东华录》和私修野史。

何谓别史

别史是我国古代史书的一种，指正史之外体例完备、撰述系统的史籍。别史之名，最早见于南宋陈念孙的《直斋书录解题》。

别史是正史之外最为齐整的史书，它与正史的区别主要在于是否受到了官方的认定。比如《旧唐书》和《旧五代史》，在清朝皇帝钦定之前，只能算是别史。别史与杂史的区别，主要在于杂史是私家对琐杂小事的记述，而别史所记则是关系一朝大政的史事，而且有一些也是官修的。

别史的体裁形形色色，有纪传体，如《续汉书》；有编年体，如《资治通鉴》；有典志体，如《通典》《文献通考》；有纪事本末体，如《通鉴纪事本末》《宋史纪事本末》；有实录体，如《明实录》《清实录》；有会要体，如《唐会要》《宋会要辑稿》。

别史数量虽不是最多，但其中有许多大部头，保存了大量的史料，内容丰富，具有很高的史学价值。

何谓杂史

杂史是古代史书的一种，指杂记史事的史著。名称最早见于《隋书·经籍志》，《四库全书》的史部也有杂史一类。

杂史的特点是“杂”，体例上一般是只记一事始末、一时见闻或一家之言；体裁上包括除纪传、编年、典志之外的体式，更多的是随笔杂记一类；所记内容非常纷杂，政治、军事、经济、社会、科技乃至地理、风俗、人物等等，可以说无所不记。

杂史一般都是私家著述，体例不像正史或别史那样严谨，撰述也未必系统。但由于所记大多是作者亲历、亲见或亲闻，所以载有许多一手资料；又因为所记领域可能比较独特，很少为其他书籍所涉及，所以所载资料往往有其特有性，可以补充罕见的史料。此外，由于杂史的撰述忌讳较少，又往往能反映某些方面的历史真实。

《战国策》的概况

《战国策》是战国至秦汉期间谋臣策士说辞、谋略的汇编，简称《国策》，是一部记言为主的国别体史书。

《战国策》最初并不是要编成一部史书，而是要给当时的热门职业——谋臣策士，提供一部学习手册，供人揣摩学习。这种手册主要是汇编各种书策说辞，而且当时不止一部。到西汉成帝时，刘向依据国别，再略按时间次序，把这些书策说辞编成 33 篇，共 460 章。全书共有 12 国策，即西周、东周、秦、齐、楚、赵、魏、韩、燕、宋、卫、中山策，根据内容性质定名为《战国策》。

《战国策》所记史事，上起公元前 490 年智伯灭范、中行氏（《赵策一》），下迄公元前 221 年秦始皇统一中国、高渐离以筑击秦（《燕策三》），反映了 270 年间重要的政治、军事和外交活动。它保存了当时的宝贵史料，司马迁写《史记》就采用了其中的 90 多件事。但其中有些长篇说辞的背景是虚构的，并非历史事实。也许正因如此，《战国策》具有较高的文学价值，其中有许多段落可以视作独立的散文。

《国语》的概况

《国语》是记述西周及春秋战国时期各种言论的国别史，旧说为左丘明所作。它与《左传》记述同一时期的历史，因此也被视为解说《春秋》之作，所以又称《春秋外传》。实际上，《国语》并非出于一时一人之手。所记为当时的人物、事迹以及言论，因为涉及教诲的内容，而且偏重言辞，故称“语”，是所谓的“记言之书”。

《国语》全书共21篇，包括八语，即《周语》3篇，《鲁语》2篇，《齐语》1篇，《晋语》9篇，《郑语》1篇，《楚语》2篇，《吴语》1篇，《越语》2篇。每篇各包括并不连贯的记言文字若干段，各“语”的起止时间和记载方式均自成系统，并且有许多重复之处。就时间而言，《周语》从周穆王开始，属于西周早期；《晋语》记到智伯灭亡，已属战国之初。

该书在战国时期已经流行于世，所记载的大多是价值很高的原始素材。其中所记有许多与《左传》相同，可以互相参证。司马迁写作《史记》时，曾大量取材于该书。

何谓会要体

会要体是我国古代史书的体裁之一。这种体裁创始于唐人苏冕的《会要》，完善于宋人王溥的《唐会要》。它按朝代汇辑史事和典章制度，故称“会要”。明清两代的此类史著也称“会典”。

会要之体的创始人苏冕，《旧唐书》本传称：“冕缵国朝政事，撰《会要》四十卷，行于时。”其后崔铉又奉敕监修《续会要》。宋代初期，王溥以苏、崔两书为基础，编成《唐会要》，这是今天所见最早的会要，使会要体趋于完善。王溥还编纂了《五代会要》。此后，历代均官修会要，计有《宋会要》《元经世大典》《明会典》《清会典》。同时，一些学者则取前代史料，私撰前代会要，如南宋徐天麟的《西汉会要》《东汉会要》，明董说的《七国考》，清姚彦渠的《春秋会要》、孙楷的《秦会要》、杨晨的《三国会要》，以及朱铭盘的《两晋会要》和《南朝会要》，使各代都有了会要。

会要都是依朝代汇集史料的，内容多为典章制度，也有载有史事的。各会要分类有门和目两级，一般有十几门，目则三五百不等。它兼有工具书和资料汇编的功能，可供查检，可供通览，是一种独特的史书。

《唐会要》的概况

《唐会要》是记载唐代典章制度的专书，是现存最早的会要体史书。王溥编纂。它的价值在于存录了许多唐代史料，其中一些内容为他书所不载，尤为珍贵。

王溥（922—982），字齐物，并州祁（今山西祁县）人。五代至宋初史学家。历任后周太祖、世宗、恭帝及宋太祖两代四朝宰相。家富藏书，博学多识，尤长史学。著有《唐会要》《五代会要》。

《唐会要》共 100 卷，分帝系、礼、乐、学校、宗教、选举、职官、民政、封建、历数、灾异、刑法、食货、舆服、外国 15 门，下又细分 514 目，另有不少条目下有“杂录”，将与该条有关联又不便另立条目的史事列入。书中不少史事是两《唐书》以及《通典》所无，是研究唐代典章制度的重要资料。由于唐代的起居注、实录已经亡佚，唐人所撰的两种会要（苏冕《会要》、崔铉《续会要》）也已亡佚，部分内容靠该书得以保存，所以弥足珍贵。

《宋会要辑稿》的概况

《宋会要辑稿》是宋代官修的会要体史书，是汇辑宋代典章制度的资料巨著，也叫《宋会要》。因现在所见之本是从《永乐大典》中辑出的，而且未加整理，所以叫“辑稿”。辑录者是清人徐松。

《宋会要辑稿》共 366 卷，约 800 万字。分 17 类：帝、后妃、乐、礼、舆服、仪制、瑞异、运历、崇儒、职官、选举、食货、刑法、兵、方域、藩夷、道释；类下分门，各门篇首有简短的序言加以概括，然后按年、月、日顺序，摘取有关诏令、奏章，眉目清晰，便于检阅。该书保存了大量《宋史》及其他史书所不载的宋代史料，记述较为原始而详细，便于查核元修《宋史》各志的纰缪和疏略，有很高的史料价值。

徐天麟其人及《两汉会要》

徐天麟（生卒不详），宋代学者。字仲祥，临江清江（今江西樟树）人。出身于史学世家，为《三朝北盟会编》作者徐梦莘之侄，其父得之、兄孟坚也都有史著。进士及第后，曾任府教授、州通判等职，《宋史》称其“所致兴学明教，有惠政”。徐氏父子三人均对汉史情有独钟。唐、宋诸会要出，徐天麟仿其体例，辑录两汉书中有关史事和政治制度，撰成《西汉会要》《东汉会要》，从而成为后代作古代会要的第一人。

《两汉会要》虽出一人之手，但亦有区别。首先是分门不同。两书均分 15 门，《西汉会要》为帝系、礼、乐、舆服、学校、运历、祥异、职官、选举、民政、食货、兵、刑法、方域、蕃夷；《东汉会要》无学校、运历、祥异，增文学、历数、封建。其次，前者取材不出《汉书》，后者则除《后汉书》外，兼及《东观汉纪》《汉官仪》乃至《通典》诸书。再次，前者不加论断，后者则有议论。因此，两书相较，后书略胜于前书。

明清两代的会典

会典是汇辑典章制度的官修史书，是由宋元时期的会要发展而来的。明、清两代均有自己的会典，分别为《大明会典》（通称《明会典》）和《大清会典》（通称《清会典》）。由于当代历朝时有补充重修，故而形成了不同版本。

《明会典》始纂于明孝宗弘治十年（1497），正德四年（1509）刻印颁行，称《正德会典》。此后，嘉靖八年（1529）又曾续纂，未及刊行。万历四年（1576）再续纂，万历十五年（1587）刊行，通称《万历重修会典》，后世称引《明会典》即指此本。该书共 228 卷，卷 1—

226 记文职衙门，卷 227—228 记武职衙门。

《清会典》初修于康熙二十三年（1684），雍正、乾隆、嘉庆、光绪曾四次重修。光绪《清会典》100 卷，事例 1220 卷，图 270 卷，记事从清初到光绪二十二年（1896）。《清会典》的编纂形式仿照《明会典》，但具体类目颇有增损；又把典则与事例分开，称“会典”和“会典事例”，大致“以典为经，例为纬”，事例作为会典的辅助。嘉庆、光绪《清会典》中，将户部的舆图，礼部的仪式、祭器、卤簿，钦天监的天体图等，绘图成编，称“会典图”。整体编排注重实用，便于查考。

何谓方志

方志是一种传统的史地类书籍，也叫地志、地方志、志书。它以地区为主，综合记录该地自然和社会方面的有关历史与现状。此外，专门记载名山大川、城池都邑、寺庙宫观、名胜古迹、风土人情的书籍，也可以归入此类之中。按传统的分类法，此类书籍归史部。

方志起源很早，《周礼·春官》就有“外史”“掌四方之志”的说法。方志起源于古地理书，如《山海经》《禹贡》。秦汉魏晋南北朝时期是方志的形成阶段，内容侧重于地理方面，名称多为“地志”、“志记”。现存第一部比较完整的方志书《越绝书》（相传为东汉袁康所撰），就出现在这个时期。此后各代，修志日多，至清而达到全盛。

我国地方志数量庞大，种类繁多。就所写地域范围而言，可分为全国性总志和地区性方志两类；而后一类除省志（一般称“通志”）、府志、县志之外，还有更小行政区划的乡村镇志、里坊志，专门行政（或军事、经济）单位的志书如卫所司志、边关志、盐井志等，也属此类。就所写内容的范围而言，可分为通志和专志。通志即一般意义上的志书，内容包括该区域各方面的内容；而专志则是记述某一专门内容的志书，如山川、寺庙、都邑、人物、风土等等。

《华阳国志》的概况

《华阳国志》是记述巴蜀地区历史与地理的著作，东晋常璩撰。它是古代地方性史地书中较为完整的一部，向来受人称道。

《华阳国志》以华阳（华山的阳面）、黑水为南北界，记述巴蜀之事。全书分为《巴志》《汉中志》《蜀志》《南中志》《刘先主（备）志》《刘后主（禅）志》等12卷。

该书以地理志、编年史及人物志三者结合的形式，记述晋代以前以益州为中心的巴蜀地区的历史与地理。书中包含不少政治经济、郡县沿革、古代氏族等方面的重要史料，如巴蜀古代史事，诸葛亮征南的经过，各民族历史、传说、风俗等，可补正史之不足。另外，该书结构严谨、系统，深受好评。

《华阳国志》尤重风土人物。宋人吕大防说它“于一方人物，丁宁反复，如恐有遗，虽蛮髦之民，井臼之妇，苟有可纪，皆著于书”。其中关于李冰任蜀郡郡守时开岷江以灌溉成都平原以及四川盐井、火井的记载等，具有十分重要的史料价值。

宋敏求其人及《长安志》

《长安志》是都邑志类史书，是记述唐都长安宫城、坊市及属县的专著。宋敏求撰。

宋敏求（1019—1079），北宋史地学家、藏书家。字次道，赵州平棘（今河北赵县）人。赐进士及第，官至龙图阁直学士。曾参与纂修唐书（《新唐书》），又私撰唐武宗以下六世实录148卷，编《唐大诏令集》130卷。所著《长安志》20卷，为都邑志之宗。此外，还有笔记《春明退朝录》等。

长安是著名古都，从汉至唐一直是我国的政治、经济、文化中心，唐都长安更是当时世界少有的大都会。《长安志》详尽记述长安城坊及宫室、第宅、寺观，此外还上溯周秦，旁及京兆所属万年、长安等12个县，详记其沿革、山川、名胜、古迹。

《长安志》是研究唐史、唐都必备的参考资料。元人骆天骧曾用该书削繁分类，并增添金、元时的史事，撰写《类编长安志》10卷；清人徐松所撰《唐两京城坊考》的长安部分，也大部承袭该书而略有增补。

《大唐西域记》的概况

《大唐西域记》是唐代有关西域的历史地理著作，玄奘口述，辩机撰文。

玄奘是唐代高僧，他在隋末出家，为深入研究佛学而西去印度求取佛经，历时19年而返。因为当时朝廷迫切希望了解“西域”的情况，于是由玄奘口述，协助译经的沙门辩机笔记，费时一年，完成了《大唐西域记》。

《大唐西域记》全书共12卷，写了138个国家和地区、城邦，其中110个为玄奘亲历，28个为传闻。包括今天我国的新疆，以及中亚细亚地区、阿富汗、伊朗、巴基斯坦、印度、尼泊尔、孟加拉、斯里兰卡等。书中各国的排列基本上以行程先后为序。举凡各地的地理形势、水陆交通、气候、物产、民族、语言、历史、政治、经济生活、宗教、文化、风俗习惯等均有记载，对各地宗教寺院的状况和佛教的故事传说记述尤为详细。

该书对研究古代中亚及南亚的历史，有非常重要的史料价值；对我国西北民族历史地理来说，也十分重要。

《洛阳伽蓝记》的概况

《洛阳伽蓝记》是专写洛阳名寺的地理类史著，北魏杨衒之（一作羊衒之、阳衒之）撰。“伽蓝”为梵文音译“僧伽蓝摩”的简称，即佛寺。

洛阳曾是北魏都城，当时有千余寺庙。北魏灭亡后，该城日渐破败，佛寺也都毁败不堪。所以，《洛阳伽蓝记》所记只有43寺。书中以兴废沿革为纲，然后按远近次序，分城内、城东、城南、城西、城北各为1卷。它不仅是一部寺庙志，提供了关于北魏迁都洛阳40年间的佛教史料，而且所涉内容亦包括政治、人物、风俗、地理、传闻，以至苑囿建筑、外夷风俗，无所不载，可补《魏书》所未详。

此外，《洛阳伽蓝记》叙事简明扼要，文笔秾丽秀逸，具有一定的文学价值。《四库全书总目》说它“其文秾丽秀逸，烦而不厌，可与郦道元《水经注》肩随”。因此，人们一般将它与郦道元《水经注》一起，视为北朝文学的双璧。

《元和郡县志》的概况

《元和郡县志》是唐代史地名著，是我国现存最早又比较完整的地理总志。唐人李吉甫撰。“元和”是唐宪宗的年号。因每篇之首均冠以图，故曾称“图志”。但至宋代，该书的图和目录即已亡佚，“图志”名不副实，故后人改称为《元和郡县志》。

《元和郡县志》原本40卷，另有目卷2卷，共42卷。它以行政区划（十道四十七节镇）为纲，分别记述各镇所属州县的地理沿革、四至八到（古代地理图书用东、南、西、北四正或东南、西南、东北、西北四隅来表示方位距离，合称四至八到）、户数、贡赋、古迹、物产、山川形势、城邑、垦田和军事设置等。

《元和郡县志》所记，皆有所本，符合实际，反映了唐代强盛的具体情况，比正史（新旧《唐书》）地理志所记要详尽得多，为后人留下了宝贵的地理资料。同时，该书也为后世地志创制了编例，如《太平寰宇记》就颇受它的影响。

《元丰九域志》的概况

《元丰九域志》是宋代的地理总志，成书于宋神宗元丰年间，故名。王存、曾肇、李德刍共同编修。

全书共10卷，始于四京，次列二十三路，分路记载所属府、州、军、监及其距京里程、四至八到、主客户数、土贡、领县数和名称；每县下又详列距府州方位里程、所领乡数、镇、堡、寨名目以及名山大川。除记载当时的疆域政区外，又详尽记载各地户数、土贡数额及城、镇、堡、寨、山岳、河泽的分布，均为研究历史经济地理和历史自然地理的宝贵资料。其中所列土贡数额远较以往任何史书、地理总志都为详尽，而所载镇名更为宋时其他地理总志所无，可补《宋史·地理志》的错讹与不足。

该书的特点之一是简明，但内容又比较充实，面世以后，很受世人重视。但也有人不满其过于简略，故时有重修之议。后虽有《新定九域志》10卷修成，但通行者仍为该书。

记述宋代都城的四部名著

宋代是都市极其繁荣的时期，相应地，记述都邑的著述也比较发达。其中有关两宋都城汴梁（今河南开封）与临安（今浙江杭州）的著述，较为著名者有四，即《东京梦华录》《梦粱录》《武林旧事》以及《都城纪胜》。

《东京梦华录》，宋孟元老撰。孟氏号幽兰居士，居里与其余仕履均不详。他曾在东京汴梁生活了23年，南渡后晚年追述旧京繁盛，撰成此书。全书共10卷，内容包括城池、河道、宫阙、衙署、寺观、桥巷、瓦市、勾栏，以及朝廷典礼、岁时节令、风土习俗、物产时品、街衢夜市等，全面反映了汴梁风貌。此书具有较高资料价值，历来为人所重。

《梦粱录》，宋吴自牧撰。吴自牧为临安府钱塘（今浙江杭州）人，生平事迹不详。该书仿《东京梦华录》体例，自序有“时异事殊”，“缅怀往事，殆犹梦也”，书名由此而来。全书20卷，首载郊庙、宫殿，次及山川、人物、市肆、物产、户口、风俗，下至百工、杂戏、寺观、学校，都邑情事，无不备载；尤多民间文艺资料，弥足珍贵。

《武林旧事》，宋周密撰。周密（1232—1298），字公谨，号草窗，祖籍齐州历城（今山东济南），曾祖随宋室南渡，始居湖州（今属浙江）。曾任义乌县令，宋亡不仕，寓居杭州。尚有《癸辛杂识》《武林旧事》共10卷，详述临安（亦称武林）杂事，举凡朝廷典礼、山川风俗、市肆经纪、四时节物、教坊乐部等无不详备。“诸色伎艺人”门著录的演史、杂剧、影戏、角觝、散耍等55类、521名艺人的姓名或艺名和“官本杂剧段数”门著录的280本杂剧剧目，对于文学、艺术和戏曲史的研究，尤为珍贵。

《都城纪胜》，宋耐得翁撰。耐得翁是别号，其人姓赵，余无可考。他曾寓游南宋都城临安，仿照《洛阳名园记》，根据目睹耳闻的材料撰成《都城纪胜》。该书共14门，记载临安街坊、店铺、学校、寺观、名园、教坊、杂戏等。其中“瓦舍众伎”一门内容充实，保存了当时文艺、戏曲等方面的重要资料。

《大元一统志》的概况

《大元一统志》是元代官修的地理总志。它是我国古代最大的舆地书，全书共600册，1300卷。体例上继承唐代《元和郡县志》，宋代《太平寰宇记》《舆地纪胜》等书的成例，分为建置沿革、坊郭乡镇、里至、山川、土产、风俗形胜、古迹、宦迹、人物、仙释等部门。内容广泛，包罗详备，超过宋代所有的志书。元代的《经世大典》、明代的《大明一统志》，都以该书为蓝本。而且该书体例更加完备，明清两代全国总志的编撰，均以该书为范本。

该书取材于唐宋金元旧地志，边远地区的材料则采自新编的《云南图志》《甘肃图志》《辽阳图志》等，保存了几代地志的许多材料，有较大的史料价值，尤其对于了解元代社会经济和阶级状况等极为重要。

可惜的是，《大元一统志》在明嘉靖以后就不存全书、逐渐散佚了。现存的是辑录的，仅有 44 卷，其中许多也并不成卷，有的只有两三页。

明清两代的总志

明、清两代的全国性总志有三部，即明《寰宇通志》《大明一统志》，清《大清一统志》。这三部志书都是重要的官修总志，但它们的修撰却颇为曲折，有的还存在恩怨纠葛。

《寰宇通志》是明代修成在先的总志，成书于明代宗景泰七年（1456）。它以景泰时的行政区划为断限，记述全部行政区划内的有关内容。该书分类较此前的地理总志详细，其中“外夷”各国等为同时代的典志、史籍所不载。由于该书是“土木之变”明英宗朱祁镇被掳后代宗在位期间所修，英宗“夺门之变”重登皇位，为不使代宗享有修志美誉，以其“繁简失宜，去取未当”为由，不予颁行。

《大明一统志》是明英宗“雪藏”《寰宇通志》后命李贤、彭时等修撰的。该书修成于天顺五年（1461），英宗亲自作序、赐名。体例仿《大元一统志》，材料则多取自《寰宇通志》。但因纂修仓促、人员杂多，所以多有瑕疵，为学者所诟病。《大明一统志》颁行后，《寰宇通志》则遭毁版。

《大清一统志》前后共修了三次，第一次在康熙、雍正朝及乾隆初期，乾隆九年（1744）成书，共 342 卷。全书编次以行政区划为经，首京师，然后从直隶等至贵州，后附外藩及朝贡诸国；以内容为纬，先图表，然后分野等，其中省级有分野、建署沿革、形势、职官、户口、田赋、名宦；府级则分野、建署沿革、形势、风俗、城池、学校、户口、田赋、山川、古迹、关隘、津梁、堤堰、陵墓、寺观、名宦、人物、流寓、列女、仙释、土产共21门。第二次修于乾隆中期，全书500卷，称为《乾隆大清一统志》。第三次修于嘉庆年间，增辑资料至嘉庆二十五年（1820）止，故定名为《嘉庆重修一统志》。该书不仅记述时间长，而且内容更加丰富，体例更为完整，考订也更精详，是我国最完善的一部全国性地理总志。

清代地方志

清代地方志的纂修十分发达，成书极多。其中通志的代表有谢启昆《广西通志》、阮元《浙江通志》、李鸿章《畿辅通志》、曾国荃《山西通志》、袁大化《新疆图志》等；府（县）志的代表有陆陇其《灵寿县志》、钱大昕《鄞县志》、戴震《汾州府志》、章学诚《永清县志》、洪亮吉《淳化县志》、李慈铭《绍兴府志》、缪荃孙《顺天府志》等。由于有一些硕学大家参与，清代地方志书水准很高。这里以《浙江通志》和《顺天府志》为例介绍。

《浙江通志》是清代诸通志中风评较好的一种，主修者先后有浙江总督李卫、嵇曾筠等，纂修者为阮元。全书分为54门。该书记事皆有依据，引书列举原文，并附注书名或出处，遇有不同记载则加以考订，故有较高的史料价值。

《顺天府志》也是后世修志者奉为范例的志书。顺天，即京城北京所在地域。该书是李鸿章任直隶总督时主持纂修，大学者缪荃孙为总纂。光绪十一年（1885）修成，故称《光绪顺天府志》。全书130卷，总目分十志，子目69项，此外有序志、附录。十志是：《京师志》《地理志》《河渠志》《食货志》《经政志》《故事志》《官师志》《人物志》《艺文志》《金石志》。《地理志》中列有方言一目,《金石志》中保存历代碑刻，人物类的《官师志》《人物志》记述都极为详尽。该书采纳丰富，书末附列引用书目达470余种；叙事皆注出处，保存了史料。所属各县均有舆图，颇为明细。

顾祖禹及其《读史方舆纪要》

《读史方舆纪要》是考订明代以前历史地理的集大成著作，顾祖禹撰。

顾祖禹（1631—1692），明末清初历史地理学家。字复初，号景范，学者称宛溪先生，江苏无锡人。出身于书香之家，父亲顾柔谦精通史地，是当地很有声望的学者。顾祖禹禀承家学，又发愤苦读，很早就熟谙经史。他对历代地理书籍颇感兴趣，又感到现有书籍多有不足之处，便决定编撰一部史地著作。为写好这部书，他一方面博览群书，摘录资料；另一方面则跋山涉水，实地考察。经过20多年的不懈努力，数易其稿，终于成书。

《读史方舆纪要》全书共130卷，附《舆图要览》4卷，280多万字。该书着重考订古今郡县的因革变迁，详列山川险要、形势利害。全书取材宏富，考核精详，包含丰富的历史地理、自然地理及经济地理资料。该书尤其重视军事地理，对山川形势、关塞攻守等方面论述得十分细致。

该书问世后，受到极高评价，被誉为“数千百年绝无仅有之书”“千古绝作”，至今仍是学习研究历史地理的必读参考书。

《天下郡国利病书》的特点

《天下郡国利病书》是辑录明代地方志书史料的历史地理著作，明末清初顾炎武编撰。因为该书是专门考究各地利弊得失的“利病之书”，故名。

顾炎武为学主张“经世致用”，因而该书取舍有一定的针对性。书中按明代政区分类汇集资料，从明朝地方志书中辑录有关各地民生利害、政治经济利弊、军事得失等部分而成。全书共120卷，首为舆地山川总论，次以明代两京十三布政使司分区，对各地建置、赋役、屯田、水利、军事、边防、关隘、工矿、交通等，均有较详细的论述，并涉及西域、南北少数民族地区情况。

该书并非单纯的辑录之书，它不仅选材有针对性，不选无关经世致用的内容，而且还加以分析评论，以指摘利弊、鉴往知来。同时，该书虽是一部地理书，但却不局限于地理一个方面，而是保存了丰富的史料，尤其是经济方面的，具有很高的史料价值。

何谓典志体（政书）

典志体是我国古代史书的体裁之一，此类史书也称“政书”。它以典章制度为中心，主要采用汇纂的方式。它发端于纪传体史书中的志以及东汉以后出现的典章制度专史，至唐代杜佑的《通典》完成体裁的创制。

典章制度最早载于史书，是《史记》《汉书》中的“书”与“志”，但它们并不独立成书。东汉以后开始出现典章制度的专史，如应劭的《汉官仪》、卫宏的《汉旧仪》、丘仲孚的《皇典》、何胤的《政礼》；唐代前期也盛行编纂典志之书，如李林甫的《唐六典》、唐颖的《稽典》、王彦威的《唐典》、李延寿的《太宗政典》、刘秩的《政典》。中唐时，杜佑以《政典》为基础，扩展成《通典》，从而创制了典志体。其后马端临的《文献通考》效仿《通典》体例，并与《通志》合称“三通”。此后的续书不断出现，共成10种，称“十通”。

典志体史书的内容主要是典章制度，编纂方法是分类汇集。《史通》分为9类，分别称以“典”，如食货典、选举典、职官典等。《通志》《文献通考》的分类数目不同，称谓也不同，《通志》的典章制度部分称“略”，《通考》则称“考”。

典志体史书虽然脱胎于纪传体的“志”，但它能够会通各朝各代，而且所载极为详备，对保存典章制度方面的史料有着不可替代的作用。

《通典》的主要内容及其贡献

《通典》是记载古代典章制度的典志体史书，唐杜佑撰。全书共200卷，分九门：食货（12卷）、选举（6卷）、职官（22卷）、礼（100卷）、乐（7卷）、兵（15卷）、刑（8卷）、州郡（14卷）、边防（16卷）。所载上起传说中的唐虞，下迄唐代天宝末年。

《通典》以事类为中心，按朝代先后编次。每一典下又分若干子目，对历代政治、经济的沿革变化详加记载。书中不仅汇集了各代的典章制度，也引录了很多前人对这些典章制度的评论，杜佑本人也对这些典章制度发表了自己的观点。

《通典》对我国史学具有突出贡献。首先，它确立了中国史籍中与纪传体、编年体并列的典志体（即“政书”），开辟了史学著述的新途径。在《通典》影响下，《通志》《文献通考》等书相继问世，为研究历代典章制度提供了很大的方便。其次，《通典》大量引用古代文献资料，其中许多文献今已亡佚，赖其得以部分保存。如《全上古三代秦汉三国六朝文》有近900条材料是从《通典》中辑出的，可见《通典》对古代文史研究具有较高的价值。

何谓“三通”“九通”“十通”

唐代杜佑撰《通典》，后人踵继，陆续修纂了许多以“通”饰名的史著。其中宋人郑樵的《通志》、元人马端临的《文献通考》，标榜别立体例，也不称续书而别立书名，与《通典》成鼎之三足，合称“三通”。

《通典》之后的续书，较早且较重要的是北宋宋白的《续通典》。《文献通考》也有续书，较重要者有明王圻的《续文献通考》。但未形成鼎之三足，故无“续三通”之名。清乾隆年间三通均修续书，遂有“续三通”。“清三通”仿三通体例，内容接续“续三通”。由于所记为清代之事，故称。

“三通”“续三通”“清三通”，合称“九通”；此外再加《清朝续文献通考》，合而为十，称“十通”。

《通志》“二十略”

《通志》是记载历代史料的通史，南宋郑樵撰。原名《通史》，反映了郑樵“会通”古今的修史主张。

《通志》的体例有些特别，其中有纪、传，也有年谱、略。因此，有人认为它是纪传体史书；但鉴于该书的精华所在是“略”，一般倾向于将其归入典志体一类。

《通志》全书共200卷，有帝纪18卷、后妃传2卷、年谱4卷、略51卷、列传（包括世家、宗室传、列传和载记）125卷。上起三皇，下迄隋代（礼、乐、刑、政至唐）。其中的纪传取自旧史，大量删削后连缀成书，实际上没有多少用处；“年谱”即各史的表，极其简单；“略”也就是各史的志。

《通志》的“略”共分20类，习称“二十略”，即氏族、六书、七音、天文、地理、都邑、礼、谥、器服、乐、职官、选举、刑法、食货、艺文、校雠、图谱、金石、灾祥、昆虫草木。氏族、六书、七音、都邑、昆虫草木五略是以前正史所没有的，氏族、都邑、昆虫草木三略是对刘知几“增三志”主张的响应：昆虫草木可视为刘氏所谓方物；七音、六书则属于小学的范畴。此外，艺文、校雠、图谱、金石是对正史“艺文志”的创新，除礼、器服、选举、刑法之外的各略也都有新意。“二十略”发凡起例，内容颇为丰富，是《通志》的精华所在。由此，后世有专门辑出这一部分，以《通志二十略》为名刊行的。

郑樵的“会通”主张

郑樵（1104—1162），字渔仲，学者称夹漈先生，宋兴化军莆田（今属福建）人。家世仕宦，早年从父受学，对六经诸子深有兴趣。16岁父亲去世，家道中落，为不影响学业，与堂兄在家乡的夹漈山下搭茅屋，埋头苦学30年。

郑樵一生勤于著述，据统计，著作多达84种。46岁时，他将所著书30多种上呈宋高宗。晚年一心整理《通志》，绍兴三十一年（1161）十月，携成书赴临安，献给朝廷，被授予枢密院纂修。传世著作尚有《夹漈遗稿》3卷、《尔雅注》、《诗辨妄》等。

郑樵治史主张“会通”，把历史当做整体来考察。因此，他推崇司马迁，贬低班固；提倡通史，轻视断代史。《通志》正体现了这样的思想，也打破了东汉以来断代史垄断纪传体史书的局面。郑樵撰写史著力图做到“集天下之书为一书”。不过，《通志》的纪、传多是缀辑前人著作而成，二十略才是贡献突出之作。郑樵曾说：“总天下之大学术，而条其纲目，名之曰略，凡二十略，百代之宪章，学者之能事，尽于此矣。”（《通志・总序》）所言不为过甚其辞。

《文献通考》的概况

《文献通考》是记载上古至宋宁宗嘉定末年历代典章制度的典志体史书，简称《通考》，马端临撰。

《文献通考》的资料主要来源于经史、历代会要以及百家传记（即“文”），和臣僚的奏疏、诸儒的评论以及名流的燕谈、稗官的记录（即“献”），并通过这些材料，对各项典章制度进行原始要终、融会贯通，故名《文献通考》。

《文献通考》共348卷，附考证3卷。全书分24门，其中田赋、钱币、户口、职役、征榷、市籴、土贡、国用、选举、学校、职官、郊社、宗庙、王礼、乐、兵、刑、舆地、四裔等19考多沿用《通典》旧有史料，并新增经籍、帝系、封建、象纬、物异5考。以《经籍考》最有成就。

《文献通考》的编纂方法与《通典》相同，体例更加细密完备。每一考都按时代排比，前有小序，说明著述的成规、考订的新意；后附按语，阐发自己的见解。具体编排方法，引史实顶格，补充材料低一格，诸儒议论又低一格，马氏自有的议论则注一“按”字，间有小注。全书眉目清楚，便于查阅。

何谓“续三通”“清三通”

“续三通”指清代乾隆年间纂修的“三通”续书，即《续通典》《续通志》《续文献通考》。清代的“续三通”，原本只计划纂修《续文献通考》一种，后来分出清朝部分，成为二书。乾隆三十七年（1772）成书进呈后，乾隆皇帝又命依照“三通”体式，分别编成六部，这就是“续三通”和“清三通”。

“续三通”中，《续文献通考》共分26门，内容包括南宋后期及辽、金、元、明的史事，共250卷。其中许多资料取自明人王圻的《续文献通考》。《续通典》完全依杜佑《通典》形式，只是兵、刑分列，共为9门。上起唐肃宗至德元年（756），下迄明崇祯十七年（1644），共150卷。《续通志》篇目也基本上与郑樵《通志》相同，只是略作调整。所记上接郑氏书，止于明末，共640卷。

“清三通”之中，《清通考》最先修成，因为它原本是《续通考》的一部分，乾隆二十六年（1761）提出分编。该书与《续通考》分类相同，内容上略有增减，全书300卷。本名《皇朝文献通考》，清亡后用今名。《清通典》《清通志》的编撰始于两《通考》完稿的乾隆二十六年。《清通典》体例与《续通典》相同，但清代已不实行的典制部分均予删除。全书取材以《大清通礼》《大清会典》等为主，成书100卷。《清通志》只有与《通志》相同的二十略，无纪传、年谱，成书126卷。“清三通”成书于乾隆五十一二年间，所以记事约止于乾隆五十年（1785）。

“三通”性质本来是相近的，其中大半互为重复；只是杜佑、郑樵、马端临处于不同时代，历史条件亦复不同，各自撰著，所以有些重复自难避免。而“续三通”“清三通”修于同一时期，出自同一批修撰者之手，六种书合计达1560卷，所费人、财、物力不菲，未免好大喜功、叠床架屋之讥。但就保存资料而言，它们又都有其价值；尤其是“清三通”，是研究清史所必须参考的。

刘知几及其《史通》

《史通》是我国第一部系统的史学评论专著，刘知几撰。

刘知几（661—721），字子玄，彭城（今江苏徐州）人。唐高宗永隆元年（680）进士。武则天长安二年（702）开始担任史官，历任著作佐郎、左散骑常侍等职，兼修国史。曾参与撰著《唐书》《武后实录》《姓族系录》等，并因修撰《武后实录》而被封子爵（居巢子）。后因不满当时史馆制度的混乱和监修贵臣对修史工作的干涉，“退而私撰《史通》，以见其志”。景龙四年（710），书成。

《史通》全书20卷，包括内外两篇，各10卷。内篇为全书的主体，着重讲史书的体裁体例、史料采集、表述要点和著史原则，而以评论史书体裁为主；外篇论述史官制度、史籍源流，并杂评史家得失。

《史通》在形式上均为专题论文，内篇39篇、外篇13篇，其中内篇散佚3篇，全书今存49篇。其篇目，内篇：六家、二体、载言、本纪、世家、列传、表历、书志、论赞、序例、题目、断限、编次、称谓、采撰、载文、补注、因习、邑里、言语、浮词、叙事、品藻、直书、曲笔、鉴识、探赜、模拟、书事、人物、核才、序传、烦省、杂述、辨职、自叙；外篇：史官建置、古今正史、疑古、惑经、申左、点繁、杂说上、杂说中、杂说下、五行志错误、五行志杂驳、暗惑、忤时。散佚的三篇是：体统、纰缪、弛张。

刘知几在《史通》中，将历代史著分为正史和杂史两种，并对其源流、体例和类别进行了分析；着重论述了纪传体和编年体，提出了“增三志”（都邑志、方物志、氏族志）的主张。他主张修史要坚持“实录”和“直书”的精神，并本此精神对唐代以前的史书——包括奉为经典的史书，进行了全面系统的批判。

《史通》著成之后，受到人们的重视，给予高度评价。如曾与刘知几合作修纂《武后实录》的徐坚，就认为历史研究者应该将该书置于座右。不过，该书对儒家经典的质疑及其批判精神，也遭到了统治阶级和文人士大夫的非难。

《史通》是中国史学史上最早的从理论上和方法上着重阐述史书编纂体裁、体例的专书，是对唐初以前的史学编纂的概括和总结，是中国史学家从撰述历史发展到评论史家、史书和史学工作的开创性著作。

刘知几的史家“三长”

刘知几最突出的史学见解，是第一次提出了史学家必须具备史才、史学、史识的“三长”之说：

> 史才须有三长，世无其人，故史才少也。三长谓才也、学也、识也。夫有学而无才，亦犹有良田百顷、黄金满籯，而使愚者营生，终不能致于货殖者矣。如有才而无学，犹思兼匠石、巧若公输，而家无楩柟斧斤，终不能果成其宫室者矣。犹须好是正直，善恶必书，使骄主贼臣所以知惧，此则为虎傅翼，善无可加，所向无敌者矣。(《旧唐书》本传)

用现代的话来说，史学，是历史知识；史识，是历史见解；史才，是研究能力和表述技巧。“三长”必须兼备，而其中史识又是最重要的。史识的核心是忠于历史事实，秉笔直书。史有“三长”之说，被时人称为的论，对后世有很大影响。

钱大昕及其《廿二史考异》

钱大昕（1728—1804），清代史学家、音韵学家和金石学家。字晓徵，一字及之，号辛楣，又号竹汀居士，晚年自号潜研老人。江苏嘉定（今属上海）人。早年以教书为生，后考中进士，历任翰林院庶吉士、编修等，官至少詹事。48 岁时丁忧回乡，不再出仕，专心治学著述。先后主讲于钟山、娄东、紫阳。

钱大昕精通经史，于天文、地理、金石、文字诸学也多有研究。一生著述甚丰，结集为《潜研堂全集》行世，其中以《廿二史考异》和《十驾斋养新录》最为著名。

《廿二史考异》共 100 卷，历时 50 年撰成，仿照司马光《资治通鉴考异》的体例，对从《史记》到《元史》的 22 部史书进行了考证。在各种正史中，志、表的撰写最困难、最易出错，因而也最难于考证，钱大昕在这方面痛下苦功，订正了大量错讹。

《廿二史考异》体大思精，多有创见。钱大昕以治经方法治史，辅以金石铭文及出土文物，对史书纠举错漏，校订讹误，驳正舛错，既博且精。当时的考据学家只能以史证史，而钱氏同时运用金石文物，开创了后来王国维"二重证据法"的先声。因此，《廿二史考异》被认为优于同时代的其他考史著作，代表了清代历史考据的最高水平。

王鸣盛及其《十七史商榷》

王鸣盛（1722—1797），清代史学家。字凤喈，号礼堂，又号西庄，晚年改号西沚居士，江苏嘉定（今属上海）人。他虽然步入仕途，曾担任内阁学士、光禄寺卿等职，但主要兴趣在读书、著述上。著作有经学著作《尚书后案》，史学著作《十七史商榷》和《蛾术编》，此外有诗文集《西庄始存稿》《西沚居士集》。

《十七史商榷》是考证十七史的专著，共100卷，对上起《史记》、下至《五代史》的17部正史的文字和史事作了考证。十七史在传抄、刊刻过程中，不免会产生文字上的舛误，如文字增衍、脱漏、错讹、颠倒等等；前人在整理十七史时，也会有误注、误校、误补的地方。王鸣盛对这些都进行了细心的考订，纠正了大量错误。对于历史事实，王鸣盛也做了不少考证工作，在地理、职官的考证方面取得了一定成绩。

赵翼及其《廿二史劄记》

赵翼（1727—1814），清代史学家、文学家。字云崧，又作耘松，号瓯北，江苏阳湖（今属江苏常州）人。乾隆进士，官至贵西兵备道。因仕途很不顺利，后辞职回乡，专心著述，曾主讲于安定书院。自幼好学不倦，长于考证。史学著作除《廿二史劄记》外，尚有《陔余丛考》《簷曝杂录》等；文学方面有《瓯北诗话》《瓯北文集》。

《廿二史劄记》全书共36卷，考论范围包括自《史记》到《明史》的全部正史，即通常所说的“廿四史”；因当时《旧唐书》和《旧五代史》未正式列入正史，故只称“廿二史”。该书以笔记（札记）的形式，对廿二史的编撰、体例及主要内容进行了考证、分析、评论。其考史的基本方法是“参互勘校”，既用每一史的纪、传、志、表相互比勘考校，也用相关的其他书籍对比考订。

该书重点不在于文字的校勘，而在于史书所记内容的异同和得失，对于历代史事提出了许多有价值的新见解，议论平通，见识宏远。梁启超曾评价说，该书“用归纳法比较研究，以观盛衰治乱之原”，道出了《廿二史劄记》的最大优点。

《读通鉴论》中的独到见解

《读通鉴论》是明末清初思想家王夫之的史论著作。王氏在研读司马光《资治通鉴》基础上，结合当时的社会现实，评论史事，阐述己见，撰成此书。全书约60余万字，按朝代分为30卷，卷末又附有《叙论》；没有篇题，每一朝代以帝王之号来区别。

《读通鉴论》在分析评论历史人物、历史事件时，常有不同于前人的见解。比如，宋、明理学家多厚古薄今，推崇“三代盛世”，主张“法先王”，王夫之则认为这是复古倒退思想，指出唐虞以前完全处于未开化的野蛮状态，而三代则是“国少而君多……暴君横取”，社会落后，人们生活艰苦，根本不值得向往（《读通鉴论》卷二十）。又如世人谈到君臣之交时，都推崇刘备与诸葛亮，而王夫之却一反传统之见，认为刘备信任诸葛亮不如信任关羽，而且不如孙权信任周瑜（《读通鉴论》卷十）。

章学诚及其《文史通义》

章学诚（1738—1801），清代史学家。字实斋，号少岩，浙江会稽（今浙江绍兴）人。早年博涉史书，曾与史学名家邵晋涵、洪亮吉等人共事。乾隆四十三年（1778）进士后去职，主讲保定莲池、归德文正等书院。入湖广总督毕沅幕府，主修《湖北通志》。毕沅贬官后，章氏返乡，修《史籍考》。晚年目盲，著述不辍。

章学诚生当乾嘉汉学鼎盛时期，但却未陷入考据之中，而是力倡史学，独树一帜。他认为“六经皆史”，纠正学界重经轻史的偏失，并主张以史学经世。他阐发史学义例，表彰通史撰述，重视方志编纂，提出“辨章学术，考镜源流”的目录学理论，建立了比较系统的史学和目录学理论。

章学诚以自己的著述实践了自己的主张，著成文史评论专著《文史通义》。

《文史通义》前后经营达30年，是章氏一生精力的结晶，尽管去世时尚未完稿，但所贡献的见解已经十分丰富。

章学诚认为，史学应该是经世之学，强调史学是经世致用的学问。因此，他反对空谈义理，也反对专务考索。

章氏认为，“六经皆史”，天地之间的所有著作都是史学。这不仅扩大了史学的范围，也通过降低经的地位而提高了史的地位。

在史书编撰上，章氏区分史籍为“撰述”和“注记”两类，前者是一家之言的著作，后者则是排比材料的纂辑，两种体裁都不可少，但前者的价值要远远高于后者。

章氏认为，史学要随历史的变化而变，既要“传古”，又要“通今”。因此，他主张编写通史，并特别称赞了司马光和郑樵的史学贡献。

唐代史学家刘知几提出史家要具备才、学、识“三长”；章氏认为这还不够，还必须加上“史德”（“著书者之心术”），即史家要做到忠于客观事实，善恶褒贬要公正无畏。

章学诚还阐明了方志的性质、内容和体例，大大提高了方志的社会地位。他认为，“志乃史体”。“部府县志，一国之史也”；方志的内容应该以记载历史文献为主；方志的体例“必立三家之学”，即“仿纪传正史之体而作志，仿律令典例之体而作掌故，仿文选文苑之体而作文征”。

何谓目录学

目录学是我国的一门古老学问。所谓“目”，即书名或篇名；所谓“录”，是对目的说明和编次，说明指简介作者、卷次、版本、内容提要等，编次指分部归类。

传统目录学源远流长。第一个自觉从事目录学的是西汉的刘向。他曾奉命整理皇室图书，“条其篇目，撮其旨意，录而奏之”，最后编成最早的目录学专著《别录》。其子刘歆在父亲著作基础上，编成《七略》，《汉书·艺文志》就是删减此书而成。《汉志》以后，正史有志的，大多设“艺文”或“经籍”志，目录成为正史的一部分。单独的目录书则几乎各代均有。

目录学通过对书籍的分部、归类、著录以至提要等，反映了书籍的情况，从而可以显示学术发展的概况。而对于读书者来说，目录书又是一种读书指南，可以指引为学门径。

目录学和目录书向来深受学者重视。清代史学家王鸣盛曾指出其重要意义：“目录之学，学中第一要紧事，必从此问途，方能得其门而入。”

《四库全书总目》的体例及其成就

《四库全书总目》又称《四库全书总目提要》，简称《四库总目》或《四库提要》，是清代官修的书目。清王朝立“四库全书馆”纂修《四库全书》时，凡收入《四库全书》的书籍和“无碍”未毁（存目）的书籍，都由馆臣撰写提要，后由总纂修官纪昀、陆锡熊根据乾隆帝的旨意加以修改，于乾隆四十六年（1781）编成，五十四年（1789）刊行。

《四库总目》共收录书籍 10254 种，其中全书著录收入《四库全书》的 3461 种，存目的 6793 种，基本上包括了先秦至清初尚传世的重要书籍，尤其是对元代以前的书籍收录较全。除著录书名、卷数和著者外，还注明书籍来源。提要部分通常简介著者，论述内容得失，说明文字增删、卷帙分合、版本异同。所收书籍按四部分类法编排，共分 4 部 44 类，其中经部 10 类、史部 15 类、子部 14 类、集部 5 类，有些类下再分若干小类，同一类图书以时代为序；经、史、子、集每部之前有总序，每类之前有类序，小类后间有按语，旨在说明某类图书的学术源流及立类理由。

《四库总目》在目录编纂体例、文献分类、提要撰写和文献考订等方面均有独特成就，是古典书目的集大成之作，在目录学史上占有重要地位。更为重要的是，它也为今人了解和查考古代典籍提供了方便，因此自修成以来，士人学子就把该书视为读书治学的门径。

《四库全书简明目录》的概况

《四库全书简明目录》是《四库全书》的两种书目之一，是《四库全书总目》的一个简本。

《四库全书总目》卷帙浩繁，不便翻阅，对一般读者来说算不上实用。因此，在初稿完成以后，《四库全书》总纂官纪昀等决定将其简化，乾隆四十七年（1782）成书。该书的简化主要有二：一是不录存目，只录《四库》收入之书；二是简化提要。全书20卷，编排、分类等均与《总目》相同。

《四库全书简明目录》由四库馆臣赵怀玉录出副本后，于乾隆四十九年（1784）在杭州刊行，故先于《总目》问世。比较而言，它比《总目》更为方便适用，对于一般读者阅读古籍能起到引路作用，鲁迅先生给一位大学生开列的十二种应读古籍中就有该书；不过，学术价值上，则远逊于《总目》。

《书目答问》及其《补正》

《书目答问》是近代以来十分流行的目录书，清末张之洞撰。张之洞是清末洋务派的代表，提倡学校教育。该书是他任四川学政时，为了回答“诸生好学者来问应读何书，书以何本为善”而编，旨在“令初学者易买易读”。实际工作，多为其幕僚所做。

该书是举要性质的目录书，收录约2200种书籍，这些书大多具有较高的学术价值和史料价值。体例上的特点，一是分类上在四部之外，另设丛书一部；部下分类，类下以时序排列。二是每种书都标明作者、卷数，并注明通行的较好版本；三是各部比较重要的书均有按语，简明扼要。

《书目答问》由于比较实用，刊行后一直盛行不衰，成为《四库提要》后影响最大的目录书。但由于编者立场的局限，该书对禁书、小说、戏曲弃而不收，书名、作者、卷数、版本也有错漏之处。

《书目答问补正》是针对张书而编，范希曾撰。《补正》不改原书体例，只做补正。“补”即补阙，共补书1000多种，其中绝大部分是张书以后新整理的版本；“正”即订正原书的错误。

《中国丛书综录》的体例和内容

《中国丛书综录》是一部著名的古籍丛书目录。上海图书馆组织编写，顾廷龙主编。共收录我国古籍丛书 2797 部，包括 7 万多种图书（即子目），去除重复后仍有 28891 种。近代编辑的丛书（如《西学富强丛书》）和佛教丛书（如《大藏经》）未予收录。全书共三册：

第一册为《总目分类目录》，包括《汇编》和《类编》两部分。《汇编》分杂纂、辑佚、郡氏族、独撰等五类，《类编》按四部分类法分类。每条款目著录丛书名、辑者、版本及丛书子目。附《丛书书名索引》和《全国主要图书馆收藏情况表》，后者反映了北京（国家）图书馆等 47 家图书馆的收藏情况。

第二册为《子目分类目录》，采用四部分类法分类，每条款目著录书名、著者和所属丛书。

第三册为《子目书名索引》和《子目著者索引》，均按四角号码法排序，用于检索第二册。

该书收录丰富，体例完备，版本考订较为精详，所编《子目分类目录》为查找丛书子目提供了方便，是研究中国历史、文化和古籍的重要工具书。

子　部

“子（书）”的概念

“子”在中国古代的意义，既指人，也指书，二者又相互联系。大概情形如下：

一、指人。

泛指人。《说文解字》：“子，十一月阳气动，万物滋，人以为称。”徐锴解释说：“十一月夜半（子时），阳气所起，人承阳，故以为称。”这是说，“子”是人的泛称。

男子的美称。唐人颜师古说：“子者，人之嘉称，故凡成德，谓之君子。”晋人王肃说：“子者，有德有爵之通释。”就是说，凡是有道德、有学问、有爵位的人，都可以称作“子”。

指老师。一般是学生用在老师姓氏之后，也有同时在姓氏前边用的。何休的《公羊传解诂》说：“子冠氏上者，著其为师也。”“孔子”“子墨子”即是。

二、指书。

弟子称老师为“子”，进而也称老师的著作为“子”。先秦的《老子》《庄子》《墨子》《孟子》《荀子》等都是，集众家之书的《二十二子》一类也是。

后世学者自撰的著作，也有称“子”的，如隋王通的《文中子》、明刘基的《郁离子》，但比较少见。

为了与称人的“子”区别，这类书习惯上也称“子书”。

“诸子”有时也用来称子书，即诸家子书。《诸子集成》中的“诸子”，似乎就可以如此理解。

子书最早是一个学派的著述，一般出于多人之手，亦多称“子”；后来则大多是个人著述，而且多用个别的书名。

子书后来成了书籍的一个部类，即子部，因此“子”也指“子部”。

子部沿革的大概情形

子部是中国古代图书四部分类法中的一个部类，按天干顺序排列在丙，习惯上也称“丙部”。

子书是随着百家争鸣形势的形成和私家撰述的出现而产生的，而子书“子”的称谓，则脱胎于门人后学对其“本师”或“先师”的称谓。

西汉——刘歆继其父将天下图书分为“七略”，其中周秦以来诸子所著的书籍称为《诸子略》。这是以“子”称书最早的表述，从此，子书成为一个独立的图书部类。

东汉——班固《汉书·艺文志》采用刘歆的分类和称谓，设《诸子略》，其中包括“可观者”九家，包括儒家、道家、阴阳家、法家、名家、墨家、纵横家、杂家、农家，又称“九流”，此外还有小说家，总称“九流十家”。

魏晋——图书出现甲、乙、丙、丁四分法，子书或列入丙部（荀勖，“诸子”与“兵书”“书数”并列），或列入乙部（李充），但无“子部”的名目。

隋——《隋书·经籍志》首列“子部”名目，下分14类：儒家、道家、法家、名家、墨家、纵横家、杂家、农家、小说家、兵家、天文、历数、五行、医方。

唐——《新唐书·艺文志》子部分17类：儒家、道家、法家、名家、墨家、纵横家、杂家、农家、小说、天文、历算、兵书、五行、杂艺、类书、经脉、医术。

宋——晁公武《郡斋读书志》子部分18类。

清——《四库全书总目》分子部为14家。

子部各类的大体情况

《四库全书总目》的分类比较科学，其子部14家的排列顺序反映了编者的正统思想：首列儒家，然后依次而下；释、道被视为“别教”、“外学”，列于最后。其大概如下：

一、儒家：以孔子为宗的在古代影响最大的学派的书籍，《总目》称“尚矣”，当然列在最前。如《孔子家语》《荀子》等。

二、兵家：有关军事的书籍。《总目》认为儒家主“文事”，故“有文事，有武备，故次之以兵家”。如《六韬》《孙子兵法》等。

三、法家：主张法治的书籍。《总目》认为兵和刑大体相近，故法家随兵家之后。如《商子》《韩非子》等。

四、农家：关于农业生产的书籍。如《齐民要术》《农桑辑要》等。

五、医家：关于治病救人、本草经方的书籍。如《黄帝内经》《神农本草经》等。

六、天文算法：关于天文、测量、计算的书籍。如《周髀算经》《古今律例考》等。

《总目》认为以上六家，“皆治事之所有事也”，是必不可少的。而以下的诸家，则不那么重要。

七、术数：关于占卜、阴阳等的书籍。如《太玄经》《皇极经世书》等。

八、艺术：关于游艺及书画的书籍。如《古画品录》《书谱》等。

《总目》说以上二家，“皆小道之可观者”。

九、谱录：关于名物等的谱系图录。如《宣和博古图》《荔谱》等。

十、杂家：歧出而不能归类的书籍。如《鬼谷子》《吕氏春秋》。

十一、类书：各种类书。如《艺文类聚》《太平御览》等。

十二、小说家：主要是笔记一类的书籍，志怪、传奇、讲史以及晚近的世情小说均不在其列。如《西京杂记》《世说新语》等。

《总目》说，以上四家都是“旁资参考者”。

十三、释家：佛教书籍。如《弘明集》《法苑珠林》等。

十四、道家：道教书籍。如《阴符经解》《列子》等。

《总目》说以上二家，“二氏，外学也”。

儒家的概况

儒家是春秋战国时期最主要的学术流派，是先秦诸子百家中最大的学派之一。

儒家形成于春秋末期，核心人物是孔子。

“儒”原本是泛称，指知书识礼的知识分子。汉初时，班固才以“儒家”称呼孔子及其弟子形成的学派。

儒家奉孔子为宗师，视其言行为最高准则；以《诗》《书》《礼》《易》《乐》《春秋》“六经”（也叫“六艺”）为经典，至南宋形成包括三礼、三传、《诗》、《书》、《易》、《论语》、《尔雅》、《孝经》、《孟子》在内的“十三经”。

儒家思想的核心是仁和礼，以其为行为准则，维护君臣、父子、夫妇、兄弟的伦常关系。

儒家在孔子以后出现分化，形成不同派别，有所谓“八儒”。当时的代表人物除孔门弟子外，还有孟子、荀子等。

儒家思想在汉武帝时成为统治思想，从此占据思想统治地位。之后虽受到佛、道两家以及其他思想的冲击，但直到晚清其思想统治地位才开始动摇，并在“五四”运动中最终结束。

儒家思想对我国的影响十分深广，影响所及包括各阶层，其某些元素已经内化成我们民族性格的一部分。

儒家的形成

儒家是春秋末期由孔子创始的。“儒”原本是周代前期的一个专为贵族教民、主持祭祀的职业群体，与为天子服务的保氏是同一职能，有较高的社会地位。春秋社会大动荡时期，“儒”者失去了原来的地位，但由于熟悉贵族礼仪，遂以“相礼”为谋生的职业。

孔子早年也曾以“儒”为业，通晓各种礼仪；同时，他还精通六艺，具有丰富的知识，有自己的社会政治主张。前518年，孟懿子、南宫敬叔来向孔子学礼，此后孔门弟子逐年增多。由此，形成了一个以孔子为核心的学派，后世称为“儒家”。

在孔子的时代，“儒”还是一个泛称，大抵指知书识礼的知识分子，诸子百家无一而非“儒”。“儒家”的称谓始于汉初的班固，《汉书·艺文志》说：“儒家者流，盖出于司徒之官，助人君顺阴阳、明教化者也。”

儒家的发展情况

儒家形成以后，经历了漫长的发展史。

孔子死后，其弟子门人因对孔子思想的理解各执一端，形成了所谓“八儒”，相互间的斗争甚为激烈。战国时期的儒家以孟子和荀子最为重要，他们和其他儒家成员共同使儒家成为当时的显学。

其后，在秦代和汉初，儒家经历了一段沉寂。至汉武帝时，儒家复又兴盛，读经、说经、注经、论经蔚然成风。儒学经过董仲舒的神秘化与伦理化，发展出“天人感应”与“三纲五常”，成为封建君主的统治思想。

魏晋时期玄学发达，但亦不排除儒家，儒学研究更出现了王弼、何晏等大家。

佛家在隋唐达到鼎盛，但从韩愈至欧阳修，逐步确立儒家道统说，并且突出了《论语》《孟子》在儒家典籍中的地位。

到北宋中期，儒家道统思想发展为理学，学术名家辈出，有周敦颐、张载、二程；其后，有南宋的朱熹等。这些理学大家建立了一套完整严密的思想体系，有利于维护封建专制统治，遂成为元、明、清三代的官方哲学。明代理学虽有与程朱理学相别的陆王心学，但并未影响儒家思想的统治地位。

由于新的社会因素的出现和新的学术思想的冲击，明清之际及清代晚期，对儒家思想激烈抨击的思潮相继出现，儒家思想的统治地位开始动摇。在“五四”运动中，儒家思想受到彻底批判，儒家独尊的地位最终结束。

孔子的生平事迹

孔子（前551—前479），春秋时期著名的思想家、教育家，儒家学派的创始人。名丘，字仲尼，鲁国昌平乡陬邑（今山东曲阜）人。先世为宋国贵族，后因避乱迁居鲁国。幼年丧父，家道中落。而立之年开始授徒讲学，打破“学在官府”的传统。鲁昭公二十六年（前516）鲁国内乱，孔子离鲁至齐，不为齐景公所用，不久即归。晋定公时期，曾任鲁国司寇。后离开鲁国，周游卫、陈、宋、蔡、楚等国，宣传自己的主张，终不见用。

在周游列国之后，孔子在晚年回到故国鲁国，从事著述和讲学。他与弟子讲论六艺，同时对上古典籍进行了整理。史载他整理了《尚书》等古代典籍，给《周易》做了传（即“十翼”），删定《诗经》为三百篇，并根据鲁史修撰了《春秋》。鲁哀公十六年（前479），病逝于家中。

孔子的言行，由其弟子和再传弟子辑录成《论语》。太史公《史记·孔子世家》比较详尽地记述了孔子的生平事迹。另外，《礼记》《孔子家语》等书中也有关于他的言行的记载。

孔子一生仕途坎坷，未能充分施展政治才能，政治抱负无由得以实现。但他聚徒讲学，弟子遍天下，创立儒家学派，并使其成为一时显学，影响广远。在其身后，他被历代统治者屡加尊号，奉为“至圣先师”，立庙享祀；《论语》也被奉为儒家经典、士人必读之书；孔子还有“素王”的美誉，指称其有王者之德而未居其位。孔子的影响还远及海外，俨然汉文化的代表。

孔子思想的大概内容及影响

孔子作为春秋时期最伟大的思想家、儒家学派的创始人，建立了比较完整的思想体系，即以仁和礼为核心的伦理政治思想，“畏天命”的宗教自然观，“学而知之”的知识论，“有教无类”的教育思想，中庸的立身处世之道，等等。

礼和仁是孔子思想的核心。孔子的“礼”，是一种维护等级制度的行为规范和仪式典制。他认为，礼是十分重要的，是立身、立国之本，所以他说“不学礼，无以立”，又说“礼乐不兴则刑罚不中，刑罚不中则民无所措手足”。他认为上古三代的礼以周礼最为完善，应该信从，“周监于二代，郁郁乎文哉，吾从周”。而维护周礼，必须从“正名”入手，因为“名不正则言不顺，言不顺则事不成，事不成则礼乐不兴”。对于破坏周礼的行为，他大加指责，认为“礼乐征伐自诸侯出”是“天下无道”，对于鲁国季氏窃用天子之礼，他愤慨至极：“是可忍，孰不可忍！”

“仁”是孔子思想中的另外一个重要概念，其主要内容是“爱人”“己欲立而立人，己欲达而达人”。孔子不仅把仁当作一般士人遵循的准则，所谓“志士仁人，有杀生以成仁，无求生以害仁”；也要求统治者做到仁，而统治者的仁就是“节用爱人，使民以时”，“能行五者（恭、宽、信、敏、惠）于天下，为仁矣”。孔子的仁和礼是相互关联的，即“克己复礼为仁”。就此来看，孔子的理想政治就是周礼的谨守和广泛推行。

孔子认为，天命是存在的，它决定着人的生死和社会的治乱兴衰。他说，君子“畏天命”，“不知命，无以为君子也”。但孔子主张积极顺应天命，而且强调“为仁由己”。与这种天命观相适应，孔子虽然没有明确否定鬼神，但却对鬼神采取敬而远之的态度，对弟子此一方面的请益大多采取回避的态度。

孔子虽然把人分为“生而知之”“学而知之”“困而知之”“困而不学”四类，但他主要论述中间两类，强调了学习的重要性，同时还论述了学习和思考的关系。孔子主张学以致用，认为不能致用就等于白学。

孔子是大教育家，是中国历史上私人办学第一人。他主张“有教无类”，只要交束脩都可以成为他的学生。他又认为，学习的目的是“干禄”，是“学而优则仕”，即出来做官，为统治阶级服务。在长期的教育实践中，孔子还形成了一套行之有效的教育方法。

在立身处世方面，孔子以“中庸”为最高标准，“中庸之为德也，其至矣乎”，认为过犹不及。在教育弟子的时候，他根据不同的性格持守，有的“进之”，有的“退之”。

孔子思想十分丰富，在上述之外的历史观、文艺观等方面也都有丰富而卓越的见解。

孔子是春秋时期最为渊博的学问家，他所创立的思想体系比较完整，在历史上产生了巨大而深远的影响。

孔子思想在当时并未受到统治者的重视，在战国时代也仅仅是诸子百家中的一个学派，但却是“显学”。在汉初罢黜百家、独尊儒术之后，孔子及儒学的正统地位从此确立。

孔子所代表的儒家思想在漫长的封建社会一直是统治思想，但由于孔子思想中的保守一面被片面发展，使其成为腐旧的思想，在“五四”新文化运动中受到猛烈抨击。

孔子思想的影响是多方面的，突出表现在社会政治和伦理道德领域。此外，举凡文学、艺术、教育、史学、美学等诸多方面，孔子思想都产生过广泛而深刻的影响。就此而言，孔子是中国传统文化的杰出代表。

孔子思想的影响不仅局限于国内，在全世界特别是东南亚地区也都有很大影响。

何谓“八儒”

“八儒”是指孔子去世后儒家的八个支派，语见《韩非子·显学》。八儒包括：子张氏之儒，子思氏之儒，颜氏（渊）之儒，孟氏（轲）之儒，漆雕氏之儒，仲良氏之儒，孙氏（荀况）之儒，乐正氏之儒。

儒家创始人孔子的思想有多面性：政治上倾向于保守，但又有某种程度的改良倾向；虽然相信天命，但却注重人事，不言鬼神。孔门弟子对孔子思想的理解各执一端，在孔子去世后发生分化，形成了不同的支派。

儒家各派在战国百家争鸣中，不仅与其他学派作斗争，内部各派也相互争论，其程度亦相当激烈。如“孙氏之儒”的荀子，就视“子张之儒”为“贱儒”，说子思和孟子“略法先王而不知其统，犹然而材剧志大，闻见杂博”（《荀子·非十二子》）。又如人性善恶问题，孟子主张性善，荀子主张性恶，截然不同。不过，后世以孟子儒学为正统，其他各派未能继续发展。

孔门弟子的代表人物

孔子的弟子相传有三千人，其中有七十二贤人，代表人物主要是公冶长、颜回、曾参、有若、冉求、子路、子贡、子游、子夏、子思、子张、子开、子骞等。其中曾参、子夏都有著述，颜回以德著称。列举几位生平事迹概述如下：

公冶长

公冶长（生卒不详），姓公冶，名长，字子长。春秋末年鲁国人，一说齐国人。孔子的女婿。传说他懂鸟语。唐开元二十七年（739）追封为“莒伯”，宋大中祥符二年（1009）加封“高密侯”，明嘉靖九年（1530）改称“先贤公冶子”。

颜回

颜回（前521—前490），孔子弟子，以德行著称。字子渊，故亦称颜渊，春秋末年鲁国人。为人谦逊好学，有过即改，善于从错误中吸取教训，不犯相同的错误（“不贰过”）；待人和蔼，从不迁怒于人（“不迁怒”）；甘贫乐道，“一箪食，一瓢饮”而乐在其中；尊重老师，对孔子事无不从、言无不悦。但天不假年，32岁即辞世。

孔子非常器重颜回，认为他是自己学生中最好学的，而他之后就再也没有好学的人了；孔子称赞他“不迁怒，不贰过”，说有了颜回学生们（以颜回为榜样）更加亲近自己。颜回去世后，孔子痛哭，并慨叹“天丧予”，伤心至极。孔子与颜回安贫乐道的精神面貌被称为“孔颜乐处”“孔颜气象”，深受后人景仰追慕。

颜回身后受到了极大的尊崇。唐贞观二年（628）诏称“先师”，开元二十七年（739）追封“兖国公”。明嘉靖九年（1530），改称“复圣”。曲阜孔庙内建有复圣庙，俗称颜庙。

曾参

曾参（前505—前436），孔子弟子，儒家学派的重要代表。名参，字子舆，门人后学称其为“曾子”。春秋末年鲁国南武城（今山东费县）人。先祖为贵族，但到他这一代时家境已十分贫寒，只能靠打柴种地为生。16岁时从师孔子，勤奋好学，很受孔子赏识，并从其周游列国。后专心儒学研究，并收徒讲学。

曾参是孔子学说的主要继承人和传播者，被后世尊为“宗圣”。他通达孝道，以孝著称，提倡“慎终”（慎重地办理父母的丧事）、“追远”（虔诚地追念祖先）。他提出“吾日三省吾身”的修养方法，认为“忠恕”是孔子“一以贯之”的思想。相传著有《大学》《孝经》。周考王十五年（前426），在山东嘉祥为曾子建庙，原名“忠孝祠”，明正统九年（1444）重建后改称“宗圣庙”。

子夏

子夏（前507—？），孔子弟子，儒家学派的重要代表。姓卜名商，后世亦称卜子夏。春秋末年晋国温（今河南温县西南）人，一说卫国人。以文学见称。曾为莒父宰。孔子死后，到魏国西河（济水、黄河间）讲学。李克、吴起均为其学生，魏文侯也尊其为师。晚年因丧子恸哭而失明，离群索居。唐玄宗时被追封为“魏侯”，宋代又加封为“河东公”。

子夏是孔子晚年的得意弟子，是系统传授儒家经典的第一人，相传《诗》《春秋》等儒家经典均由其传授后世。《后汉书·徐防传》记：“《诗》《书》《礼》《乐》定自孔子。发明章句，始于子夏。”宋人洪迈《容斋随笔》说得更为具体：“孔子弟子，惟子夏于诸经独有书。虽传记杂言未可尽信，然要为与他人不同矣。于《易》则有《传》。于《诗》则有《序》。……于《礼》则有《仪礼·丧服》一篇，马融、王肃诸儒多为之训说。于《春秋》所云‘不能赞一辞’，盖亦尝从事于斯矣。公羊高实受之于子夏。穀梁赤者，《风俗通》亦云子夏门人。于《论语》，则郑康成以为仲弓、子夏等所撰定也。”

子思

子思（约前483—前402），战国初期思想家，儒家学派在当时的代表之一。姓孔，名伋，字子思。鲁国陬邑（今山东曲阜）人。孔子之孙，孔鲤之子。相传曾受业于曾子，并与自己的门人作《中庸》，《史记·孔子世家》说：“子思……尝困于宋。子思作中庸。”郑玄亦说：“中庸者……孔子之孙子思伋作之，以昭明圣祖之德。”

子思把儒家的道德观念“诚”引申为世界的根本性质，说“诚者物之终始，不诚无物”，认为天地万物都是依靠诚存在的。他又说：“诚者，天之道也；诚之者，人之道也。”认为天道、人道都系之于“诚”。他还提出“天命之谓性，率性之谓道”，指出人性天赋，遵性而行就是道。《中庸》一书还重点发挥了孔子“过犹不及”的思想，提出了系统的中庸思想。

子思的思想对其后孟子的思想有所影响，二人合称思孟学派；宋明理学也接受了他的影响。宋代二程、朱熹认为子思是“传孔子之道者”，因此封建统治者尊其为“述圣”。

孟子及其思想

孟子（约前372—前289），战国时期思想家，儒家的重要代表之一。名柯，字子舆，邹（今山东邹城）人。远祖为鲁国贵族孟孙氏，后家道衰微，从鲁国迁居邹国。三岁丧父，由母亲抚养成人。孟母对其管束甚严，“孟母三迁”“孟母断织”等故事流传千古，成为后世母教之典范。

据《史记》记载，孟子曾受业于孔子之孙子思的门人。他曾往见齐宣王，宣王未用；又往见梁惠王，惠王亦未任用；此外他还到过齐、宋、滕、薛、邹等国。孟子所阐述的是“唐虞三代之事”，各诸侯君主认为“迂远而阔于事情”，故均未加采用。无奈之下，孟子回到故乡，和弟子万章等人，“序《诗》《书》，述仲尼之意，作《孟子》七篇”，以为后世垂鉴。

在其身后，孟子渐渐获得了生前未曾有过的尊荣。《孟子》一书在宋代上升为儒家经典，与《论语》并列“四书”之中。他本人也在宋元丰六年（1083）被封为“邹国公”，元至顺元年（1330）被封为“邹国亚圣公”，明嘉靖九年（1530）定为“亚圣孟子”。

孟子思想继承孔子学说，表现为以“仁政”及“民贵君轻”为核心的政治思想，以“性善”及心性修养为核心的伦理思想。

孟子继承孔子侧重于个人修养的“仁”，提出了“仁政”的学说，主张行王道、制定民产、省刑薄赋、申孝悌之义。他认为“仁政”必自经界始，而所谓“经界”就是划分整理田界，实行井田制；与恢复井田制相应，他还主张恢复世卿制度。“仁政”又是一种“不忍人之政”，它建立在统治者的“不忍人之心”基础上。他还认为“民为贵，社稷次之，君为轻”；因此，“君有大过则谏，反复之而不听，则易位”。

孟子主张性善，认为人人都有“善端”（“四端”）。基于此，人应该加强道德修养，而道德规范则为仁、义、礼、智四种，其中又以仁、义最为重要。他把道德修养视为治理国家的根本，说：“人有恒言，皆曰‘天下国家’。天下之本在国，国之本在家，家之本在身。”相应的人伦关系有五种，即“父子有亲，君臣有义，夫妇有别，长幼有序，朋友有信”。孟子不仅自己善养其“浩然之气”，注重道德修养，也要求士人做到“富贵不能淫，贫贱不能移，威武不能屈”。

孟子的学说是儒家思想最为重要的组成部分之一，对后世产生了深远影响。他的仁政、性善等学说，丰富了儒家的仁学、人性学；他的“民贵君轻”学说体现了进步的民本思想；他强调养心、存心等内心修养的功夫，成为宋代理学家心性说的源头。

荀子及其思想

荀子（约前313—前238），战国末期思想家、教育家，儒家重要代表之一。名况字卿，古书上多作孙卿（避汉宣帝刘询讳，“荀”与“孙”古音相通），《史记》作荀卿。

荀子早年游学齐国，在齐都稷下学宫“最为老师”，“三为祭酒”，具有极高的学术地位，韩非、李斯都曾做过他的学生。秦昭王时应聘赴秦，会晤了昭王与范雎。后曾回赵国，赵国以其为上卿。晚年到楚国，春申君黄歇任为兰陵（今属山东）令。春申君死后，荀子失官，居兰陵，针对“独世之政”以及“鄙儒乱俗”，于是“推儒墨道德之行事兴坏，序列著数万言”，著成《荀子》。

荀子是战国末期儒家学派的主要代表，但其学说并非纯粹的儒家，而是以儒学为本，兼采百家尤其是法家。他以孔子、仲弓的继承者自居，维护儒家传统，痛斥子张氏、子夏氏、子游氏之儒为“贱儒”，对子思、孟子一派也批评甚烈。

荀子也是文体大家，《荀子》中的许多篇什都是散文名篇；其中的五篇短赋，开创了以赋为名的文学体裁；他还采用当时的民歌形式写了《成相篇》。

《荀子》一书仿《论语》体例写成，全面反映了荀子的思想。在人性问题上，荀子认为人的本性是恶的，人性善是受教化的结果（《性恶》）。在天道观方面，以为天没有意志，只不过是能生长万物的自然界，不能决定人事的吉凶、祸福；提出人应该顺应自然但也可以改变自然，即所谓“制天命而用之”的人定胜天的思想（《天命》）。荀子很重视礼，认为礼在调节人际关系中起着重要作用。他宣扬儒家的王道思想，主张以德服人，反对强力压人。王道的具体内容是礼义和仁政。但他并不排斥霸道，而是王霸并重（《王霸》《王制》）。他继承了儒家“为政以德”的传统，认为治国应该“平政爱民”。他将君主比作舟，庶民比作水，认为“水则载舟，水则覆舟”。虽然他主张治国要用王道或礼义教化，但主张礼法兼用，刑罚必不可少。

荀子是针对战国百家的弊病而建立自己的思想体系的，因此力图在自己的学说中克服这些弊病。荀子的学说继承儒家学说并有所发展，而且取百家之长，因而有些论点和儒家传统说法不合，故受到后人指责和非议，如唐代韩愈就说荀学是“大醇而小疵”，宋代程朱理学则扬孟抑荀。清朝末年，梁启超、章太炎等则对荀子的学说重作评价——章高扬荀子，而梁则更为审慎。

孟、荀学说的差异

孟子和荀子是孔子之后战国时期儒家学派的重要代表，在当时具有较高地位。但他们的思想又有许多不同之处，后世的际遇也有很大不同。

孟子和荀子思想的最大不同是关于对人的本性的认识。孟子认为人性本善，人人都有“善端”，即恻隐之心（仁之端）、羞恶之心（义之端）、辞让之心（礼之端）、是非之心（智之端），合称“四端”；人身上的恶，是因为不加修养、为环境所溺造成的。荀子则认为人性本恶，“人之性恶”；而人身上的善，是后天获得的，“其善者伪（人为）也”。基于对人性的认识，孟、荀在人的修养上的观点也不同，孟子认为天赋善性，人只要加强自身修养就可以保持善性；荀子则认为必须以教化的外力来加于人，改变原本的恶性，积善成德。进而关于如何修养，他们亦有所不同：孟子主张发掘人心所固有的“良知”“良能”，发掘“根于心”的仁义礼智；荀子则强调后天的学习和积累，“积善成德”。

荀子对出于自己之前的孟子，曾进行过批判。其后相当长一段时间，孟、荀地位不相上下。汉代扬雄评论诸子时，相对比较推崇孟子；但西汉经学却受到荀子的明显影响，《礼记》《韩诗外传》的部分内容就是抄自《荀子》。唐代韩愈以孟子为“道统”的传人，扬孟抑荀。北宋二程更为肯定孟子，但司马光却著《疑孟》而贬之。到南宋，朱熹继承二程，对孟子倍加赞扬，且使《孟子》进入儒家经典的行列。从此，孟子的地位稳固下来。直到近代，荀子的思想才重新受到重视，获得了较高评价。

墨家的独特之处

墨家是战国时期的一个重要学术派别，因创始者墨子而得名。墨家经典是《墨子》。

墨家是诸子百家中相当独特的一个学派，旗帜鲜明，组织严密。它以儒家对立学派的面目而出现。其组织的首领称“钜子”，墨子就是第一代“钜子”。“钜子”可以指挥徒属“赴火蹈刃”，而墨徒则“死不旋踵”。其门徒被派往各国做官，要求必须推行墨家的政治主张，不被采纳时则宁可去职。做官的门徒要捐献俸禄，所有墨徒有财则相分，而且生活上提倡“以自苦为极”的牺牲精神。当首领的钜子要以身作则，违犯纪律的都要绳之以“墨者之法”。为传播、坚守自己的主张，他们不仅讲学，还进行战守实验等。

墨家在先秦百家争鸣中独树一帜，在社会上产生了很大影响。秦汉以后，墨家很快走向衰落，汉武帝尊儒后，其传承遂绝。但其学术思想却为后人所批判继承，如近代资产阶级改良派就曾改造、汲取墨家的政治思想。

前期墨家与后期墨家的异同

墨家在历史上有前、后期之分，前期墨家指由墨子本人在世时结成的学派，后期墨家指墨子去世后其弟子结成的学派。

前期墨家在哲学思想上的贡献在于认识论，提出了认识来源于“耳目之实”，否定了孔子的“生而知之”。但更主要的思想在政治伦理方面，除天志、明鬼之外，墨子主张的尚贤、尚同、节用、节葬、非乐、非命、兼爱、非攻都是这一方面的。前期墨家在战国初期即有很大影响，《韩非子》将它与儒家并列为“世之显学”。

墨子去世后，其弟子中的一个被推为首领，继续领导墨家的活动。但后来的传承则分出三派，即《韩非子》记载的相里氏之墨、相夫氏之墨、邓陵氏之墨。当时墨徒受到不少君主的重视、信用，“荣显于天下者不可胜数”，活动于齐、鲁、宋等地的被称为东方之墨者，活动于楚、越的称南方之墨者，还有活动于秦国的秦国墨者。相传取自《墨子》的《墨经》是后期墨家的作品。这些墨徒的思想发展了前期墨家，更强调实际功利，否认天能赏善、鬼神罚恶的“天志”、“明鬼”思想。他们注重“辩”这种思想斗争的工具，阐述了其目的，确定了规则，并对逻辑的范畴、概念的分类、判断与推理的形式作了详尽的论证，建立了系统的逻辑理论，在中国古代逻辑史上占有重要地位。

墨子的生平事迹

墨子（约前 468—前 376），战国初期思想家，墨家学派创始人。姓墨名翟，宋国人，一说鲁国人。出身微贱，曾做过小手工业主，有精湛的手工艺技能。长期奔走于各国之间，宣传政治主张。曾在宋国任大夫，又曾止楚攻宋——楚惠王时，公输般（即鲁班）作攻战之具，准备为楚攻宋；墨子闻讯，行走十昼夜至楚国郢都，演示如何守城，从而打消了楚国攻宋的念头。

墨子早年曾习儒术，因不满其烦琐的礼乐制度和学说，自创墨家学派以抗衡。其一生的主要事业是教授门徒，经营墨家。他把墨家打造成了一个组织严密、纪律严明、旗帜鲜明的学派，这在当时是唯一的。他的门徒遍及天下，重要的有禽骨釐、县子硕、公尚过、随巢子、胡非子等。

墨学在当时与儒学齐名，均为“显学”，墨子本人的地位也不下于孔子。墨子在上说下教中言论颇多，但无亲笔著作。墨家传世著作《墨子》共五十三篇，其中除《经上》《经下》等六篇为墨家后学著作外，大部分为墨子弟子对其思想言论的记述。

墨子的十大主张

墨子思想的精华，主要见于《墨子》书中的十篇，即《兼爱》《非攻》《尚同》《尚贤》《节用》《节葬》《天志》《明鬼》《非乐》《非命》；而这十篇相应地提出了十大主张，分别如下：

兼爱——君臣、父子、兄弟都要兼相爱，“爱人若爱其身”。社会上强执弱、富侮贫、贵傲贱、智诈愚的现象，正是因为天下人不相爱所致。

非攻——国与国之间不应该互相攻伐。天下罪恶最大的莫如攻国，而攻伐别国实际上得不到任何好处（“自胜”“无所可用”，“自得”“反不如所丧者之多”）。所以国与国之间要“交相利”。

尚同——百姓上同于天子。因为国君是国中的贤者，百姓应该以君上的是非为是非。

尚贤——君上要尚贤使能，任用贤者，废抑不肖者，因为这是政事的根本。墨子反对君上任用骨肉之亲，对于贤者则可以不拘出身，因为“官无常贵，而民无终贱”。

节用——节俭用度，反对奢侈浪费。墨子对当时君王、贵族的奢侈无度进行了猛烈地抨击。

节葬——在丧葬上节俭。反对儒家久丧厚葬之俗。

天志——天是有意志的，它不仅决定自然界星辰、四时、寒暑等的运动变化，还对人世的政治起支配作用。因为“天之爱民之厚”，君主如果违背天意就会受到天罚。

明鬼——鬼神也会对人间君主、贵族赏善罚恶。

非乐——排斥音乐。因为音乐不仅乐器、乐人要有大量的花费，而且听音乐还“夺民衣食之财”“废国家之从事”，总之会大耗民财民力，所以要禁止。

非命——不信命，排斥“命定”之说；因为治乱、衣食、声誉都靠“力”而不靠“命”。墨子指出，如果人们都信“命”，就会一切委之命运而不作努力，国家社会就不会进步。

上述十大主张，两两构成一组，每一组的思想大体上是一致的，尤其是兼爱与非攻、节用与节葬、天志与明鬼；而且其他主张之间也有相互联系，如非乐是节用在具体生活领域的体现，非命的基础则在于相信天志、明鬼的赏善罚恶。

杨朱及其杨朱学派的思想

杨朱是战国初期思想家，生平事迹不详。他创立了宣扬“为我”的道家杨朱学派，在孟子生活的时代影响很大。但杨朱及其学派未见著作传世，其思想史料散见于《孟子》《庄子》《韩非子》《吕氏春秋》《淮南子》诸书中。《列子》中有《杨朱篇》，虽然是假借杨朱之名的著作，但也折射了杨朱学派的思想。

杨朱思想的特点是“为我”“贵己”和“轻物重生”，极其看重自己的生命，对周围事物与利害则漠不关心；反对任何自我牺牲，宣扬“人人不损一毫，人人不利天下”的理想社会。孟子曾激烈批评杨朱的“为我”思想，韩非把杨朱一派叫作“轻物重生之士”，《淮南子》则把杨朱学派的思想概括为“全性保真，不以物累形”。

杨朱及其学派的思想虽有一定的张扬自我、反对禁欲主义的意义，但也为个人主义、享乐主义提供了较为原始的理论基础。

杨、墨主张的不同

杨朱学派和墨家学派都是战国时代影响极大的学派，孟子说："杨朱、墨翟之言盈天下。天下之言，不归杨则归墨。"（《孟子·滕文公下》）但杨、墨的主张截然对立，而且针对的是最普遍的人生哲学、社会道德问题，这也许才正是孟子所谓"天下之言，不归杨则归墨"的原因。

对于人己、物我的问题，杨朱主张"为我""贵己""轻物重生"，墨子则主张"兼相爱，交相利"。孟子概括两家说："杨子取为我，拔一毛而利天下不为也。墨子兼爱，摩顶放踵，利天下为之。"（《孟子·尽心上》）但孟子不仅对杨朱的"为我"激烈批评，对墨子的"兼爱"也持否定态度，他说："杨氏为我，是无君也；墨氏兼爱，是无父也。无父无君，是禽兽也。"（《孟子·滕文公下》）

道家的形成和发展

道家是春秋战国时期最主要的学术流派之一，与儒家一样，也是先秦诸子百家中影响最为久远的学派。

道家以"道"为宇宙本原和根本法则，"道"是该学派最重要的命题和范畴，所以称为道家。

道家是先秦百家中发展最早的，约形成于春秋晚期。老子在其著作《老子》中阐述"道"本原论，标志着道家的诞生。

道家源出史官。《汉书·艺文志》云："道家者流，盖出于史官，历记成败存亡、祸福古今之道，然后知秉要执本，清虚以自守，卑弱以自持，此君人南面之术也。"

道家的其他代表人物有大约与老子同时的关尹、文子，以及后来的列御寇、庄子、彭蒙、田骈等，其中以庄子最为著名。道家著作除《老子》《庄子》外，还有《关尹子》和《文子》（今存者均为伪作）以及汉初的《淮南子》、晋人的《列子》等。

老子之后，道家主要沿两条路线继续发展，一条是“无为主义”的政治学，即盛行于战国中期和西汉初期的黄老学派，该派主张“无为而治”；另一条是“任自然”的人生哲学，主要是庄子继承老子形成的老庄学派。魏晋时期的玄学，亦是道家学说的发展。

道家思想及其影响

“道”是道家思想的核心，老、庄都把“道”视为宇宙的本原和根本法则，由此建立了道家的宇宙观。在认识论方面，道家认为世界不可知，因此主张弃圣绝智，具有明显的不可知论色彩。与此相联系的人生观，要求人清静无为、朴素自然，保持无知、无欲、无争的状态，因此不仅要“绝圣弃智”，而且要“绝仁弃义”“绝巧弃利”。道家最为人所熟知的是其社会政治思想，核心是“无为而治”，因此要“弃礼绝乐”，抛弃一切文明制度，实行愚民政策。与此相应，他们向往“小国寡民”的原始社会，过“鸡犬之声相闻”、“老死不相往来”的生活。

道家思想在我国源远流长、影响深远。在我国历史上，道家思想有时被一些非官方儒学的重要人物改造与继承，如汉代的扬雄、桓谭、王充等；有时为官方儒学所吸取，如宋明理学；而且曾经一度成为官方哲学或一个时代的统治思潮，如汉初的黄老之学和魏晋玄学。此外，道家思想还深深地影响了中国的道教与佛教两大宗教思想的发展。道教尊老子为太上老君，奉《道德经》为道教的基本经典，奉《庄子》为《南华真经》，并且用老庄的思想来论证道教的神仙学，建立了道教的宗教思想体系。汉代与魏晋时期的佛教，也往往援用道家的思想来解释印度的佛经。两晋时期的佛教般若学，则是佛玄结合的产物。

老子的生平与思想

老子（生卒未详），春秋时期著名思想家，道家学派创始人。姓李，名耳，字聃，一字伯阳，亦称老聃。生活在春秋后期，与孔子同时而略早。曾任周守藏室史，掌管王室图籍。传说孔子到周时，曾向他请教礼。后老子见周王朝日渐衰微，便跨牛西去，不知所终。相传经函谷关时，应关令尹喜之求，著书五千言，即《老子》。

《老子》一书集中反映了老子的思想。老子思想体系的核心是“道”。道为万物本原，无形无象，不同于具体事物。道是“常”，是不变的，具体事物则互相依存、互相联结，而且可以互相转化。老子否认认识来源于感觉经验，因此他反对启迪民智，所以要“绝圣弃智”“绝学无忧”。老子主张“无为”，强调“圣人之道，为而不争”，“以其不争，故天下莫能与之争”。基于此，老子向望往日“小国寡民”的社会，“邻国相望，鸡犬之声相闻，民至老死不相往来”。

老子思想是中国古代思想的重要遗产，它在哲学、政治、人生诸方面对后世产生了深远的影响，除对道教思想影响重大外，对法家、儒家等也产生了一定影响。

老子在东汉时被道教奉为始祖，名号“太上老君”，亦被尊称为“混元皇帝”，又是道教“三清”中的道德天尊。同时，老子也受到封建朝廷的尊奉，汉桓帝曾亲自祭祀老子，唐代尊封老子为太上玄元皇帝，宋代加封为太上老君混元上德皇帝。

庄子的生平与思想

庄子生卒不详，战国时期著名思想家，道家学派主要代表。名周，宋国蒙人。与梁惠王、齐宣王同时。

庄子一生穷困潦倒，居住贫民区，曾靠打草鞋为生。曾向监河侯借粟，遭拒；又穿布衣破鞋去见魏王，魏王问他为何如此潦倒，他说是穷而非潦倒。他说自己生不逢时，就像落在荆棘中的猿猴。曾在家乡做过漆园吏（管理漆园的小官），不久归隐。楚威王闻知其贤，欲厚币礼聘为相，不就。与名家的惠施常相往来，论辩学术。著有《庄子》。

《庄子》是庄周及其后学所著，成书于战国时期。《汉书·艺文志》著录52篇，今存33篇。全书分内、外、杂三部分，即内七篇，外十五篇，杂十一篇。一般认为，内篇思想、结构、文风比较一致，为庄子所著；外、杂二篇思想与内篇不尽一致，掺杂了庄子门人后学以及道家其他派别的作品，但其中某些篇章也反映了庄子的思想。另外，《庄子》中的一些篇章也很有文学性，形成了先秦散文汪洋恣肆的一派，其中的寓言具有创体与定名的开山之功。

庄子后来被道教奉为宗师。唐玄宗天宝初，诏封为“南华真人”，其著作《庄子》亦诏称《南华真经》。宋徽宗时，庄子又被封为“微妙元通真君”。

庄子的思想主要体现在《庄子》内七篇中，渊源于老子。

庄子与老子一样，奉“道”为宇宙的最高原理，认为天道自然无为。但庄子强调道“无所不在”，认为道充满天地、瞬息万变。在天人关系方面，庄子认为自然美好、人为不好，强调以自然反对人为。人与自然为一，任其自然，就会成为真正自由的“圣人”，而“圣人”则超脱是非、名利、生死，进入“天地与我并生，万物与我为一”的神秘境界。因此人要顺从自然的安排。这些思想有宿命论的色彩，又包含着顺应自然规律、人与自然和谐的科学思想。

庄子对现实十分悲观，消极厌世，对整个人生采取虚无主义的态度。他认为正是礼乐和仁义才给人们带来了竞争与苦难，他主张适应人的本性，弃礼乐、绝仁义，甚至连机械与工具都不要。他还认为以有限生命追求无限的知识是不可能的，“吾生也有涯，而知也无涯。以有涯随无涯，殆已”。

此外，庄子的美学思想也极具特色。其中最具影响的是《庄子·知北游》中的“天地有大美而不言”，以及《庄子·秋水》中的“鱼之乐”。

庄子思想对后世的影响深远而复杂。一方面，庄子的自然观、审美观等蕴含着进步因素，他的社会政治观的批判精神也具有积极的意义。另一方面，他的消极思想也被统治者用以麻痹人民，被失意知识分子引为处世哲学。

《庄子》内七篇的思想内容

《逍遥游》第一——借用大鹏与小鸠、大椿与朝菌的比喻，说明任何事物都不能超越自己的本性和客观环境；主张各任其性，各适其境，自足自乐，逍遥自在。

《齐物论》第二——以齐是非、齐彼此、齐物我、齐寿夭为主要内容，论证对任何事物的认识本无确定不变的是非标准，一切是非之争都是对道的全面性的歪曲和割裂，反对认识的片面性。

《养生主》第三——以庖丁解牛为喻，主张做事必须顺天理。天理就是自然之理，随顺天理就是随顺自然。如果能遵行这一原则，人就可以安时处顺，哀乐不入，就可以养生。

《人间世》第四——处世之道，贵在虚己无我；人如果能做到无我，外物就侵害不到他了。

《德充符》第五——列举兀者等的事迹，说明无我的人受人欢迎，而这正是道德修养比较完满充足的标志。

《大宗师》第六——以炉冶比喻天地造化，处于其间，听凭陶铸，就可以达到与自然合一的境界，忘仁忘义，忘记知识甚至生命。委心任运、听凭造化陶铸、忘却仁义等等，就是“无心”，而这正是人们要宗而师之的：“虽天地之大，万物之富，其所宗而师者，无心也。”

《应帝王》第七——处世应对的方法，最重要的是“无所容心”，能做到“无我”，就能因物付物，左右逢源。

《庄子》外篇、杂篇的大概内容

《庄子》外十五篇、杂十一篇，有体现庄子思想的作品，是庄子所著或其门人记其学说；同时，也杂有门人后学及道家其他派别的作品。

外篇里的《骈拇》《马蹄》《胠箧》《在宥》四篇，一般认为非庄子所作，著作年代较晚。《秋水》篇则被认为最能体现庄子思想，篇中借河伯与海若的对话说明万物的大小、贵贱、生死、是非都是相对的。因此，“以道观之，物无贵贱”。根据这个道理，应该一切任其自然，反对人为。

杂篇里的《让王》《盗跖》《说剑》《渔父》四篇，一般认为与庄子的思想抵触，出于后人之手。但杂篇中的《寓言》和《天下》两篇则反映了庄子的思想。《寓言》篇说明用寓言表述道理更易被人相信，肯定了《庄子》的表达手法；而《天下》篇则阐述了先秦各学派的思想及活动情况，并列举了重要的代表人物，是研究先秦思想的重要史料。

关尹及其《关尹子》

关尹是与老子同时代的道家人物。据《史记》等称，他是周王朝关卡的令尹，名叫喜。相传老子辞官过函谷关时，就是他挽留老子，求其将平生学说写成书，由此传下了《老子》。《庄子》中称他为“博大真人”，可见其学识、修养不凡。《汉书・艺文志》著录《关尹子》9篇，但今已失传；现在所传南宋时始出于永嘉孙定家，殆系伪托。

《关尹子》9 篇，即《一宇》《二柱》《三极》《四符》《五鉴》《六匕》《七釜》《八筹》《九药》，凡 171 章。该书取法佛家以及神仙、方技诸家，又多杂用儒家之言。主张“无我”，以清虚为贵。宗旨是“圆尔道，方尔德，平尔行，锐尔事”，勉励志道、立德、积行、遇事谨慎。

《关尹子》又名《关令子》，也被道家奉为经典，称为《文始经》或《文始真经》。

文子及其《文子》

文子是与老子同时代的道家人物，曾受业于老子。关于他的生平，有人说他名钘，有人说他姓辛，名钘，葵丘濮上（今河南兰考）人，字文子，号计然，曾做过范蠡的老师。《汉书·艺文志》著录有《文子》9 篇。

《文子》9 篇，实为汉人伪作，今传本为 12 篇。该书杂取儒、法、名、墨诸家之语，对《老子》进行注解；其中的精神旨趣则基本上是《老子》的，如“体道者不怒不喜，其坐无虑，寝而不梦，见物而名，事至而应”（《老子》有“载营魄抱一，专气致柔，涤除玄览”），“静则同，虚则通，至德无为，万物皆容”（《老子》有“道常无为而无不为，侯王若能守之，万物将自化”）。唐代柳宗元评价说：“旨意皆本老子；然考其书，盖驳书也。”

《文子》在后代也被道家奉为经典。唐代时，它与《老子》《庄子》并重；天宝元年，唐玄宗李隆基下诏改称《文子》为《通玄真经》。

鹖冠氏及其《鹖冠子》

鹖冠氏，战国时道家人物。据《汉书》及《风俗通义》记载，他是楚国贤人，居住在深山之中，以鹖鸟羽为冠，因此以“鹖冠”为姓氏，著有《鹖冠子》。曾做过赵国大将庞煖的老师。

《鹖冠子》今本3卷，分19篇，包括《博选》《著希》《夜行》《天则》《环流》《道端》《近迭》;《度万》《王鈇》《泰鸿》《泰录》;《世兵》《备知》《兵政》《学问》《世贤》《天权》《能天》《武灵王》。宋人陆佃曾为之作注，较近的注本有吴世拱《鹖冠子吴注》。

陆佃曾指出,《鹖冠子》“初本黄老，而末流迪于刑名”。《鹖冠子·学问》以道德、阴阳、法令、天官、神征、技艺、人情、机械、处兵为“九道”，可知作者以黄老刑名之学为本，兼及众家之说，体现了黄老之学的特点。因此，该书是研究黄老之学的重要资料。

另外,《鹖冠子》中也有论兵的篇什，诸如《世兵》《兵政》《武灵王》等，因此也有人将它归为兵家著作。

《列子》中的寓言

《列子》是托名列御寇所著的论集，道家经典之一。

列御寇，又称列子，古籍中又写作列圄寇、列圉寇。战国前期思想家，道家代表之一。郑国莆田（今河南郑州）人，与郑缪公同时。《庄子》中有一些关于他的传说，其学说也近于庄子。唐代天宝元年，唐玄宗诏号“冲虚真人”，所著《列子》为《冲虚真经》。

《列子》今本共8篇，分别为《天瑞》《仲尼》《汤问》《杨朱》《说符》《黄帝》《周穆王》《力命》。但这并非《汉书·艺文志》所著录的原书，可能是魏晋时人的作品。

《列子》的突出特点是记录了许多民间故事和寓言，共有一百余则，著名的如愚公移山、歧路亡羊、杞人忧天、纪昌学射等。这些故事有的是作者创作，有的则取材于其他著作，但经过加工润色，较原作有所提高。如“狙公赋茅”取材于《庄子·齐物论》，原本只有寥寥数句，而在《列子·黄帝》篇中已经成为篇幅不算短的完整寓言。

《列子》的寓言结构完整，形象鲜明，含义深刻，具有较高的文学价值。而且其中的一些篇章已经显示出从寓言演变为小说的趋势。如《汤问》篇，写扁鹊给鲁公扈、赵齐婴二人换心，故事完整，情节曲折，《聊斋志异》中的换心故事即以此为蓝本。

法家的大概情形

法家是战国时期的一个重要学术派别。它以法治为研究对象和思想核心。其思想先驱可追溯到春秋的管仲与子产，实际创始者是李悝、商鞅、慎到、申不害等，到战国末期由韩非集大成。

法家思想的产生与社会体系的发展密切相关。在奴隶社会中，礼是规范体系的主轴。春秋时期，周礼逐步失去威力。为此，奴隶主贵族改革家如管仲、子产等开始改革，颁布法律与刑书，革新田赋制度，成为法家学派的思想先驱。战国初期，适应经济、政治、思想领域全面变革奴隶制、建立封建制的需要，产生了新兴地主阶级的法家学派。这一学派的思想家都主张以法治国，但在理论上各有特色，在方策上亦各有区别，故又分为齐国法家和秦晋法家。

法家学派的思想核心是一断于法、以法治国，并围绕这一核心提出了一套防止剥削、实现均平的政策措施。法家的法治理论对春秋战国之际的封建化改革以及秦建立中央集权的封建国家起了重大的作用，并成为秦王朝的统治思想。到西汉以后，独立的法家学派逐渐消失，其法治思想被吸收到儒学的体系中，德刑并用，成为维护统治阶级专政的有力工具。

法家之祖李悝的生平思想

李悝（前 455—前 395），战国初期魏国政治家，法家创始人。又称“李克”。曾受业于子夏弟子曾申。做过中山相和上地守，又曾任魏文侯国相。

李悝的贡献，一是辅佐魏文侯使魏国走上国富兵强之路，一是编订了我国第一部较为完整的法典《法经》。李悝的著作，《汉书·艺文志》著录的有法家类《李子》32篇，还有列在儒家的《李克》7篇；兵家的《李子》10篇，也可能出自李悝之手。皆已不存，零简残篇见于《水经注》和《文选》等书。

李悝认为，“为国之道，食有劳而禄有功，使有能而赏必行，罚必当”，还要“夺淫民之禄，以来四方之士”。他提倡“尽地力之教”，主张大力发展农业生产，调整租谷，创“平粜法”，兼顾农人和市民的利益。由于李悝和子夏学派有一定的关系，所以他的有些作品不免带有几分儒家色彩，并曾被列入儒家。

《法经》是李悝总结春秋以来各诸侯国的法律编成的。全书共6篇，分别为《盗法》《贼法》《囚法》《捕法》《杂律》和《具法》。其主要内容是惩办盗贼，以保护地主阶级的人身和财产安全，体现了新兴地主阶级的意志和利益；它主张打破“刑不上大夫”的传统，体现了法家凡事“一断于法”的特点。它是我国第一部比较系统的成文法典，成为后来历代法典的蓝本。

商鞅的生平事迹

商鞅（约前390—前338），战国时期政治家、思想家，法家代表之一。原姓公孙，名鞅；卫国人，因此也叫卫鞅；因功受封商（今属陕西商洛）十五邑，故称商君或商鞅。

商鞅“少好刑名之学”，受李悝、吴起等人的影响很大。开始时任魏国国相公孙痤的家臣，公孙痤认为他“年少有奇才”对魏惠王说：

“君如不用，必杀之，毋令出境。”但魏惠王不听。后来因秦国诏令求贤，商鞅于是由魏入秦，游说秦孝公。开始讲“帝王之道”，未能投合；继而讲“霸道”和“强国之术”，深获赏识，遂受重用。

商鞅在秦国执政19年，先后两次实行变法，主张废井田、开阡陌，奖励耕战，取消分封制和世袭制，实行郡县制，统一法令等。秦孝公死后，商鞅遭到旧贵族诬陷，被秦惠王处以车裂之刑。

商鞅变法促使秦国奠定了富强的基础，进而翦灭六国，一统天下。商鞅的法治思想，也对后世产生了深远影响。

《商君书》的概况

《商君书》亦称《商书》《商子》。《四库全书总目提要》据《史记·商君列传》所载考订，该书并非商鞅原作，而是商鞅后学所辑录编定的；书中亦非全部是商鞅言论，也包括其后学的言论。《汉书·艺文志》著录29篇，今存24篇，为：更法、垦令、农战、去强、说民、算地、开塞、壹言、错法、战法、立本、兵守、靳令、修权、徕民、赏刑、画策、境内、弱民、外内、君臣、禁使、慎法、定分。

《商君书》记载了商鞅变法的某些史实和具体措施，反映了商鞅“废井田、开阡陌”、发展耕织、奖励军功、明定法令等变法主张，宣传了历史发展变化的观点。商鞅重法，书中对法的起源和作用亦有所论述。在历史观方面，商鞅指出历史发展是客观必然，因此要适时变革，不能死守古人的法度。此外，书中也体现了商鞅的军事思想。

申不害及其《申子》

申不害（约前385—前337），亦称申子。战国法家代表人物。郑国京（今河南荥阳东南）人。郑被韩灭亡后，任韩国相国15年，使其国治兵强。《史记·老子韩非列传》说他是“故郑之贱臣。学术以干韩昭侯，昭侯用为相。内修政教，外应诸侯，十五年。终申子之身，国治兵强，无侵韩者”。

申不害的思想本于黄老，而主张刑名，因此有人认为他的思想是由道入法。著有《申子》，原书 6 篇，大多失传，现在仅存《大体》1 篇和 6 节言论。

在法家中，申不害重“术”。他的“术”是在战国诸侯争霸、人才奔进的形势下，发展法家前辈管仲、李悝等人的观点而形成的。他认为“术”是君主的专有物，是驾驭驱使臣下的方法。为了防备大臣操纵权力、玩弄法柄，申不害建议最高统治者必须用术，君主应以“独视”“独听”“独断”的手段来实行统治。

慎到及其《慎子》

慎到（约前 396—约前 315），战国时法家代表人物。赵国邯郸（今属河北）人。早年曾“学黄老道德之术”。齐宣王时曾在稷下讲学，至齐湣王时离开，对法家思想在齐国的传播起过重大作用。

慎到的著作，《史记·孟子荀卿列传》说他著有《十二论》；《汉书·艺文志》法家类著录《慎子》42 篇，早佚。现仅存《慎子》7 篇，即《威德》《因循》《民杂》《德立》《君人》《知忠》《君臣》。

在法家中，慎到重“势”。他主张君主可以“抱法处势”，“无为而治天下”。他强调“法”必须和“势”相结合，把君主的权势看作施行法律的力量。他承认“法”也不是一成不变的，提出“守法而不变则衰”。

法家集大成者韩非

韩非（约前 280—前 233），战国时期思想家、政治家，法家学派的主要代表。韩国人，出身于贵族世家。曾与李斯同学于荀子门下，李斯自愧不如韩非。

韩非有口吃，不能说道，但善于著书。他见韩国削弱，多次上书韩王，主张变法图强，但未被采纳。于是“观往者得失之变”，著书立说，这就是流传至今的《韩非子》。

《韩非子》又叫《韩子》，是韩非的著作集。该书在韩非生前即已流传。全书55篇，其中著名篇章有《说难》《孤愤》《五蠹》《内外储说》《说林》《解老》《喻老》等。

除阐述韩非法、术、势相结合的法治理论外，《韩非子》还反映了韩非的其他思想观点。《解老》《喻老》两篇，用法家的观点解释《老子》，集中表述了韩非的哲学观点；《五蠹》把历史发展分为上古、中古、近古三个阶段，认为时代不断发展进步，社会生活和政治制度都要发生变化，复古的主张是行不通的；《显学》则记述了先秦儒、墨显学分化斗争的情况。

《韩非子》具有很高的文学性，说理精密，文笔犀利，议论透辟，推证事理，切中要害，是先秦散文的一座高峰。书中运用了许多寓言故事，既使说理论证生动透辟，也为后世留下了不少脍炙人口的成语典故。

韩非的著作传到秦国，秦王嬴政（后来的秦始皇）读了《孤愤》《五蠹》之后，大加赞赏，并感叹：“嗟乎！寡人得见此人与之游，死不恨矣！”秦王问李斯文章为谁所写，李斯说是韩非，于是秦王下令攻打韩国。韩王见形势紧迫，便派韩非出使秦国。秦王见到韩非，非常高兴，但却未加重用。后来韩非遭受李斯及姚贾陷害下狱，被迫服毒自杀。

韩非是秦晋法家思想的集大成者，他总结商鞅、申不害和慎到三家的思想，提出了一套法、术、势相结合的法治理论。认为君主应凭借权力、威势及一整套驾驭臣下的权术，保证法令的贯彻执行，以巩固其地位。韩非还继承了荀子的性恶说，主张治国以刑、赏为本。

法、术、势的内涵与影响

法、术、势是法家学派关于政治统治的术语：“法”指公开颁布的成文法律以及实施法制的刑罚制度；“术”是君主驾驭臣民，使之服从于统治的政治权术；“势”即权势，主要指君主的统治权力。

法家学派中对于三者各有侧重：商鞅重法，申不害重术，慎到重势，韩非则集其大成。

法家的法、术、势思想提供了一套完整而具体的政治统治理论，对历代君主等产生了重要影响。尽管某些封建统治者在公开场合对法家特别是对韩非的理论有所非议，但是，法、术、势的基本精神却始终为他们所信守。他们总是凭借法、术、势的种种手段来加强君主的权势和个人独裁，加强对民众的统治和对臣下的控制。

名家的概况

名家是战国时期的一个学术派别，也叫辩者。该学派主要探讨名实关系以及思维的形式、规律等，故称。代表人物有邓析、惠施、公孙龙等。

战国时期，许多学者致力于论辩中逻辑问题的研究，形成了名家学派。名家以擅长论辩著称，而且在论辩中注重分析名词与概念的同异，重视名与实的关系。在名家内部，由于观点不同，又形成若干派别，其中主要有以惠施为代表的“合同异”派和以公孙龙为代表的“离坚白”派。“合同异”派认为一切事物的差别，对立是相对的，强调差异之中有同一；“离坚白”派认为用眼只能看出石头的白色，用手只能触到石头的坚硬，因此世上只有白石和坚石，没有坚白石；强调一物之中的各种属性是互不相关的，否定了事物和概念之间的相互联系。到战国末期，后期墨家提出“坚白相盈”的命题，使两派的片面观点有所纠正。秦统一六国后，名辩思潮随之销匿。

名家学说对我国古代逻辑学和认识论的发展有一定贡献，尤其是对前者，提出了许多关于形名的逻辑理论，对我国逻辑传统的形成贡献重大。因此，清末西方形式逻辑学传入我国时，有人将其译为“名学”，尽管二者有较大不同。

名家之祖邓析

邓析（前545—前501），先秦名家的开创者。春秋末年郑国人，与子产同时，做过郑国的大夫。他的主要思想是“不法先王，不是礼义”（《荀子·非十二子》），反对不许民知争端以及禁止民有争心的礼治，主张刑名之治。相传子产治政时，邓析屡屡与之作对，以致郑国大乱，遂被子产杀害。《汉书·艺文志》把邓析列为名家第一，并著录其《邓析子》两篇，但其书已失传，一般认为今本《邓析子》为隋唐时抄缀的伪作。

现在所知邓析的生平和言论，见于《吕氏春秋·离谓》。邓析善于利用“刑名之辩”开展诉讼活动，并教人辩讼的技巧和议政的方法。比如子产禁止议论时政，他就教人们“县（悬）书（张贴公开信）”批评朝政，禁止“县书”时则写信“致书（送意见书）”，禁止“致书”则“传书”（把信夹在包裹里送出），因为新的方法有批评朝政之实却并不违犯已有的禁令（名）。这反映了邓析关于名必须具有确定性和名实必须一致的逻辑思想。但他的“两可说”“以是为非，以非为是”“是非无度”，必然陷入诡辩。

惠施的生平与思想

惠施（约前370—约前310），战国时期思想家，名家学派的主要代表。宋国人。主要活动于魏国，曾任魏相15年，并促成魏、齐二王会于徐州，互尊为王，开六国称王局面。魏惠王尊宠惠施，比之于管仲，且欲传以国位。后张仪来魏游说连横，惠施主张合纵，而群臣及魏王皆听信张仪，惠施被逐赴楚，张仪失宠后惠施重回魏国。

惠施博学善辩。离开魏国后，他曾回到家乡宋国，得以与庄子交游，并在濠上作鱼乐之辩。他死后，庄子曾慨叹道："自夫子之死也，吾无以为质矣，吾无与言之矣！"认为再无可以质疑、论辩之人。惠施著有《惠子》一篇，已不传；学说散见于《庄子》《荀子》等书。

惠施的主要思想体现在他有关名辩的言论中。他注重对客观世界的研究，"弱于德，强于物"，而且能"遍为万物说"。他的"历物十事"，注意到了万物的差异，强调这种差异的相对性，虽有辩证因素，但陷入了相对主义。他还提出"善譬"的推类方法，揭示了由已知到未知的推理过程。

公孙龙及其《公孙龙子》

公孙龙（生卒不详），复姓公孙，名龙，战国末年赵国人。曾在平原君赵胜家做门客。善于辩论，曾与儒家的孔穿、阴阳家的邹衍进行过辩论。撰有《公孙龙子》，原有14篇，今存6篇，即《白马论》《指物论》《通变论》《坚白论》《名实论》《迹府论》。

《公孙龙子》是先秦时期名家的重要著作，也是名家唯一传世的著作。该书反映了公孙龙的哲学观点和逻辑思想。其中《迹府》记载了公孙龙与孔穿有关"白马非马"等命题的辩论，指出了个别与一般的区别。《白马论》从内涵和外延上，着重论证了"白马"与"马"在所指内容和范围上的同一和差别，同时还揭示了种名和属名不能等同或混淆的正名思想。《名实论》提出了正名理论，强调"彼"之名必须专指彼之实，"此"之名必须专指此之实，初步阐述了任何一类事物都具有确定属性和属于确定范围的逻辑思想。《坚白论》系统地阐述了“离坚白”思想。《名实论》《指物论》和《坚白论》三篇反映了公孙龙的名实观。《通变论》既提出了“类”和“变”的思想，也提出了“二无一”“鸡三足”“青以白非黄”等论辩命题，反映了公孙龙及其他辩者的诡辩思想和分类思想。

尹文及其《尹文子》

尹文（生卒不详），战国时期思想家。据钱穆《先秦诸子系年》考，尹文为齐宣王时人，湣王时尚在。《说苑》载有尹文与齐宣王的问答，可知他是当时稷下的学者。《汉书·艺文志》将其归入名家，著录其《尹文子》一篇。但该书旧本已残，今本是唐以后编定的，经过了合并编次与补充改写。

今本《尹文子》分上、下篇，上篇是精要议论所萃，下篇杂集而成。该书的宗旨，在于“尊崇道德”，故谓道贵于儒墨名法，非法术权势所能比。但书中又说“道不足以治则用法，法不足以治则用术，术不足以治则用权，权不足以治则用势”，而且比较全面地阐述了法治的理念和方略，故有学者归其于法家。同时，书中又大谈刑名之学，所以《汉书·艺文志》又归其入名家。

总的来说，该书的学说出入黄老、申韩之间，主张接触万物要去除成见，对事物要综核名实；统治者应自处于虚静，禁攻寝兵、减省情欲。

纵横家的形成和发展

纵横家是战国时期的重要学术流派，代表人物为苏秦、张仪等。该派并不专宗一种主张或观点，而是根据实际情况忽而用儒、忽而用道，忽而说短、忽而说长，纵横取舍；战国晚期又有合纵（六国联合抗秦）、连横（秦联合别国以破坏合纵）的实践，故名“纵横家”。

纵横家出于古时的“行人”之官。所谓行人，就是受君主之命使于四方，以辞令维护关系或攫取利益的人。战国后期，群雄相争，除武力外，政治、外交斗争的作用日益突出，纵横家应运而生。在当时，纵横家具有极大的影响，苏秦、张仪皆是可以左右天下的人物，受到各国君主的重视。其后的纵横家人物有苏秦之弟苏代、苏厉等。随着战国纷争的结束，纵横家失去存在的土壤，随之消失。

苏秦、张仪都曾有著述，但均已不存；现存其言论疏策见于《战国策》《史记》，长沙马王堆汉墓出土帛书亦有《战国纵横家书》。但纵横家“权事制宜”，并无一定之说，所以并无独特思想传世。

阴阳家的形成和发展

阴阳家是春秋战国时期的一个学术派别。其学说以阴阳、五行为中心思想，因此也叫五行家、阴阳五行家。

相传阴阳家这一学派是由上古时期的天文家和占星家演变而来的。战国时期，阴阳五行学说盛极一时，据《汉书・艺文志》记载约有 68 家，著述 1300 余篇。其中一派以阴阳五行说为理论基础来解释季节变化和农作物生长的规律，他们以春夏秋冬四时配东西南北四方，认为春夏秋冬的变化是由五行（金、木、水、火、土）的盛衰决定的，代表文献有《礼记・月令》和《吕氏春秋・十二纪》。战国末期以邹衍为代表的另一派，则把阴阳家的“五行生胜”的原理，由自然界的四时变化、万物生息扩展到了人类社会，提出了“五德始终”、循环相生的观点。这种观点为现存或即将出现的封建王朝提供了理论基础。邹衍的另一个重要观点是“大九州”说：中国名为“赤县神州”，内有九州；而宇宙中像“赤县神州”这样的州共有九个，即共有九个大九州。

阴阳五行学说既有科学性，又有迷信成分。有关阴阳消长、五行相克的思想，具有朴素辩证法的因素；以阴阳五行来比附、隐喻社会人事，则有迷信成分。秦汉以后，王充等人把其中的科学成分发展成为唯物主义的天道自然观，而董仲舒等则把其中的迷信成分发展成为“天人感应”的神秘主义思想。

杂家的概况

杂家是战国时期的一个学术流派。这一学派实际上是后人把无法归类的诸子集合在一起，因兼收并蓄、宗旨不纯，故称。就其无统一宗旨而言，本不该称家；但为归类起见，视其为一家并名以“杂”，亦为适当。

杂家出于古时的“议官”。他们兼儒墨、合名法，杂采众家之长，阐明自己的观点，并为自己的政治理想和人生目标服务。也有学者指出，推其渊源，杂家出于道家，其学说以道家为本，兼采诸家。

杂家的代表人物有战国末的吕不韦和汉初的刘安，他们所著《吕氏春秋》《淮南子》是杂家代表作。《吕氏春秋》全书分为八览、六论、十二纪，共160篇，20余万言。该书以儒、道思想为主，兼及名、法、墨、农、阴阳诸家之言。由于出于众人之手，各记所见所闻，内容庞杂，故《汉书·艺文志》把它列入杂家类。形式上，该书体例统一，语言生动，常用寓言故事说理，富有较强的逻辑力量。其中的一些寓言，如刻舟求剑，至今脍炙人口，其哲理意义颇能给人以启迪。

《淮南子》被《汉书·艺文志》著录为杂家，孔、墨、申、韩之说间杂其中，尤以老子思想最为突出，因此有人认为其是汉初黄老思想的继续。最后一篇《要略》概括全书，对孔、墨、晏、申、商及纵横家等思想家或学派的产生和发展进行了概括，体现了作者熔铸百家的态度。

该书杂出众手，体例与《吕氏春秋》相近。材料来源庞杂，内容则多是这些旧材料的重新组合。书中保存了不少古代神话传说和史料，其中如女娲补天、后羿射日、嫦娥奔月、大禹治水等，或仅见于该书，或可与他书参证，比较珍贵。

此外《鬼谷子》《鹖冠子》有时也被归入杂家，《鬼谷子》因其兼道、兵、纵横诸家之说；《鹖冠子》则因其兼道家、兵家之说。

杂家无统一、独特的学说，作为“家”（学术流派）并无多少影响；但其代表人物和他们的著述，却各自产生了不小的影响。

兵家的概况

兵家是战国时期的一个学术流派，因专讲“武事”，故称。

兵家原出古司马之职，是“王官之武备”。就思想渊源而言，兵家实出于道家，因为道家最讲“沉机观变”，而兵家则讲究用谋出奇。此外，兵家的观风云气色又与术数相近，二者互相出入；而其权谋机变，又与纵横家相类。

《汉书·艺文志》兵家不入《诸子略》，而别立《兵书略》。《汉志》说，上古以木为弧矢，“以威天下”；其后则金为刃、革为甲，“以师克乱而济百姓”；到了春秋战国时期，“出奇设伏，变诈之兵并作”。《汉志》著录兵家53家、790篇，包括权谋、形势、阴阳三个方面，如《孙子兵法》《孙膑兵法》《吴子》《司马法》等。

兵家虽然随着战国时代的结束而不复存在，但兵学却在后世长足发展，出了许多兵学名家和兵学名著。历代著名军事家、谋略家大都曾谈兵论武，并有所著述（有一些是伪托），如曹操注《孙子》、诸葛亮著《心书》、戚继光著《练兵实纪》、蔡锷编《曾胡治兵语录》等。

孙武其人及兵书之首《孙子兵法》

孙武（生卒不详），春秋末期吴国将军，兵家代表人物。姓孙，名武，字长卿，齐国乐安（今山东惠民，一说博兴）人。祖先为陈国公子完，因内乱逃至齐国，后称田氏；祖父齐大夫田书伐莒（今山东莒县）有功，齐景公赐姓孙氏。后因齐国内乱，出奔吴国。

孙武的主要活动在吴国。到吴国后，经伍子胥推荐，孙武向吴王阖闾进呈所著兵法，被重用为将。吴、楚争夺霸权，长期战于江淮。孙武与伍子胥等辅助吴王制定并实施自强其力、待机而动、分兵轮番袭楚的方略，使楚疲于奔命，国力耗损。在渑池会盟中，吴国取代晋国成为霸主之一。吴国以一隅之地而称霸，孙武起了重要作用。相传孙武功成身退，隐居终老。

孙武被后人尊为“兵圣”，著有兵法十三篇，世称《孙子兵法》。

《孙子兵法》是世界上现存最古老的兵书，又称《孙子》《孙子兵书》《吴孙子兵法》《孙武兵法》或《孙武兵书》。

《孙子兵法》全书共 13 篇，5900 余字。大概内容如下：

《计》——讲庙算，即出兵前在庙堂上比较敌我的各种条件，预计战事胜负，制订作战计划，是全书的纲领。

《作战》——讲庙算后的战争动员。

《谋攻》——讲以智谋攻城，即采用各种手段迫使守敌投降。

《形》《势》——讲决定战争胜负的两类基本因素：“形”指具有客观、稳定、易见等性质的因素，如战斗力的强弱、战争的物质准备；“势”指主观、易变、带有偶然性的因素，如兵力的配置、士气的勇怯。

《虚实》——讲如何通过分散集结、包围迂回，造成预定会战地点上的我强敌劣，“以众击寡”，“避实而击虚”。

《军事》——讲如何“以迂为直”“以患为利”，夺取会战的先机之利。

《九变》——讲将军如何根据不同情况采取不同的战略战术。

《行军》——讲如何在行军中宿营和观察敌情。

《地形》——讲六种不同的作战地形及相应的战术要求。

《九地》——讲依“主客”形势和深入敌方的程度等划分的九种作战环境，以及相应的战术要求。

《火攻》——讲以火助攻。

《用间》——讲五种间谍的配合使用。

《孙子兵法》是对当时及前代军事思想和战争经验的总结，内容丰富，既包括有关战争的基本原则，也有具体的策略战术。全书叙述简洁，内容富于哲理性，对历代行师用兵、讲习武备影响至深，中外许多军事家奉之为圭臬，至今依然。由于其所论战略战术的普通适用性，今天它还被用于非军事领域如商战之中。

农家的概况

农家是战国时期的一个学术流派，九流十家之一。

据称农家出于古时的“农稷”之官（管理农业生产的官吏）。他们旨在播百谷、劝耕桑，以使人民丰衣足食。他们从事或研究的事情占了“八政”中的两政（食与货），这是他们的长处；但这一领域毕竟重实行，因而此派并无系统显赫的学说。而农家中的一部分学者，主张君民并耕，显然有悖当时的正统思想，故被斥为“鄙者”。

战国时期，农家的代表人物有许行，儒家的陈氏兄弟陈相、陈辛亦曾弃儒投农。

《汉书·艺文志》著录农家有9家、140篇，其中有《神农》20篇、《野老》17篇、《宰氏》17篇等（均已佚），以及《氾胜之书》18篇。此外，《管子》的《地员》，《吕氏春秋》的《上农》《任地》《辩土》《审时》，以及《荀子》，也记载了一些农家思想。

许行的生平与思想

许行（生卒不详），战国时期农学家，农家主要代表。楚国人，约与孟子同时。生平事迹在先秦史籍中少见记载，只有《孟子·滕文公》等有些记述。孟子在滕国时，许行偕弟子数十人也从楚国来到滕国，请求滕文公给块土地，从事耕种。滕文公允诺，于是许行与其门徒，身穿麻布衣服，靠打草鞋、编席子为生。

许行依托远古神农氏“教民而耕”之言，主张“种粟而后食”，“贤者与民并耕而食，饔飧（早晚饭）而治”，即无论贵贱，都要自己耕种、自己做饭。他还反对商人牟利，主张“市贾不二”，即买卖不二价。许行的这些要求“均平”合理、反对剥削压迫的观点，反映了当时农民阶级的思想意识。

许行的主张和行动，在当时颇有影响。追随他的门徒达数十人，儒家弟子陈相、陈辛兄弟也从宋国来到滕国，“见许行而大悦，尽弃其学而学焉”。许行无著作存世，《汉书·艺文志》著录的《神农》20 篇（已佚），近代有史学家认为是许行的著述。

《氾胜之书》的概况

《氾胜之书》是西汉晚期的一部重要农学著作。《汉书·艺文志》著录作“氾胜之十八篇”，《氾胜之书》是后世的通称。作者氾胜之，汉成帝时人，曾为议郎，在今陕西关中平原地区教民耕种，获得丰收。

该书是氾胜之对西汉黄河流域的农业生产经验和操作技术的总结，主要内容包括耕作的基本原则，播种日期的选择，种子处理，个别作物的栽培、收获、留种和贮藏技术，以及各种种植方法如区田法、溲种法、种瓜法、穗选法、桑苗截干法等。就现存文字来看，以对个别作物的栽培技术的记载较为详细，包括禾、黍、麦、稻、稗、大豆、小豆、枲、麻、瓜、瓠、芋、桑等 13 种。该书是我国现存最早的一部农书，不仅反映了当时的农业生产水平，也体现了一定的科学精神。

该书早佚，北魏贾思勰《齐民要术》多所征引，故有辑佚本。

小说家的概况

小说家是战国时期的一个学术流派，十家之一，不入九流。该派仅是一个著述的流派，并无独立系统的学术思想，但在后世则长足发展，广有影响。

小说家出于古时的“稗官”（给皇帝讲述街巷琐事的小官）。小说家的著作，是街谈巷语、道听途说者创作的。这些作品多是故事传说、遗闻轶事，而且大多有补于政教。因此，孔子说“虽小道，必有可观者焉”。但孔子又说：“致远恐泥，是以君子弗为也。”这是说如果失去了政教意义，只是搜奇猎艳、传奇语诞，就失去了意义，所以君子不为。

《汉书·艺文志》著录小说家 15 家、1380 篇。其中如《鬻子说》《伊尹说》《青史子》《虞初周说》等。虞初是西汉小说家，曾根据《周书》改写为《虞初周说》（亦称《周说》，已佚），被视为小说家的鼻祖。张衡《西京赋》云：“匪唯玩好，乃有袐书，小说九百，本自虞初。”

黄老之学的形成和发展

黄老之学是战国时期形成的一个思想流派，是道家学派的一个分支。它以黄帝、老子为祖师，所以称黄老之学或黄老学派。

战国中后期，一部分学者崇奉黄老，如田骈、接子、慎到、环渊等人“皆学黄老道德之术”，河上丈人、安期生、乐瑕公、乐臣公、善公等也都是黄老学者。到汉代初期，黄老之学达到鼎盛。当时，曹参、陈平、司马季主、王生、黄生等都信奉黄老之学，汉文帝、景帝、窦太后也都以黄老之学为治国的指导思想。

黄老之学本源于道，但又糅合了儒、法、名、墨、阴阳诸家的思想。在哲学上，黄老之学改造了《老子》的道，把“道”看作天地万物的总规律，这个“道”人人都用却又无法看到。在社会政治思想上，黄老学派融合了儒家礼义仁爱的思想、名家的刑名思想、法家的法治思想，主张“无为而治”。

黄老之学是在人们动极思静、乱极思安的情况下，应时而生、逢时而盛的。到汉武帝“独尊儒术”时，黄老之学退出了统治思想领域。不过，此后每个朝代初期战乱之后需要与民休养生息的时候，黄老之学就又会被提倡。此外，黄老之学后来还发展出了另一个方向，形成了以黄帝、老子为神仙的原始道教。

《春秋繁露》的概况

《春秋繁露》是汉代大儒董仲舒的著作。它原本是董氏讲解《春秋》诸篇中的一篇，原名为《蕃露》(古时“蕃”与“繁”通)。关于书名，有人认为“繁”是“多”的意思，“露”是“润”的意思。

《春秋繁露》是对《春秋》大义的引申与发挥。在该书中，董仲舒以《公羊传》为依据，以阴阳、五行为骨架，创立了以“天人合一”“天人感应”为核心的哲学—神学理论，论证了“天不变道亦不变”的形而上学思想，阐述了赤黑白三统循环的历史观，提出了“性三品”的人性论，宣扬了“三纲”“五常”的伦理思想。

《春秋繁露》建立了一套神秘的神学政治理论和伦理等级思想，这套思想理论后来一直在我国封建社会中占主导地位，为封建专制统治服务。但在论述具体时政时，董仲舒主张减轻对农民的剥削与压迫，节约民力，保证农时，都有相当的现实性。

扬雄的生平事迹

扬雄(前53—18)，汉代思想家、文学家。字子云，蜀郡成都

（今属四川）人。扬雄沉默好思，不善言辞，长于辞赋，与司马相如并称“扬马”。40 岁后始游京师，因《甘泉》《河东》《羽猎》《长扬》等赋而得到汉成帝的赏识，任以近臣之职。王莽篡位后，校书天禄阁，官至大夫。后受人牵累，惧株连，投阁自杀，未死。复召为大夫。贫病而卒。

扬雄晚年对赋有了新的认识，认为辞赋并不能发挥“讽谏”作用，作赋乃是“童子雕虫篆刻”，“壮夫不为”。于是转而撰写学术著作。主要著有《太玄》《法言》，以及我国第一部汉语方言专著《方言》等。

扬雄的学术著作和文学篇章，受到后世许多思想家、政治家的极力推崇。西汉末年，桓谭认为他超过了周秦诸子；唐代韩愈将扬雄同孟子、荀子相提并论，称赞他是“大醇而小疵”；北宋司马光、王安石对扬雄更加推崇，司马光称赞他为大儒，王安石称赞他为“先觉”。

《太玄》《法言》的概况

《太玄》和《法言》是汉代思想家扬雄的著作。两书分别模仿《周易》与《论语》而作。

《太玄》是反映扬雄哲学思想的著作。在该书中，扬雄建立了一个以“玄”为核心的世界，而“玄”又兼备阴阳，对立统一，可以相互转化、相互推移。事物的变化表现为因、革交替，“因”指继承，“革”指创新变革。

《法言》共 13 篇。在该书中，扬雄评议了诸子百家。他高度评价尧舜，推崇孔子，肯定他们为圣人。圣人是“日月”，诸子是“众星”；离开“五经”而好读“诸子”，就不能“识道”。他批评诸子，但对诸子的言论并不一概加以排斥，赞赏老子“言道德”、庄子“少欲”的主张，常以孟子自比。他既反对孟子的“性善说”，也反对荀子的“性恶说”，认为人性是“善恶混”；是善是恶，决定于“学”与“修”。因此，他重视道德修养，强调知识的作用。

《论衡》及王充的思想

《论衡》是汉代唯物主义哲学家王充的著作，也是他唯一存世的学术著作，反映了他的思想。

《论衡》历时30年成书，期间，王充闭门潜思，在户牖墙壁间分别放置笔墨简牍，随想随写，不拘章句，不附俗流。

《论衡》全书30卷，共85篇，今存84篇。书名《论衡》，取意“论之平”，旨在“铨轻重之言，立真伪之平”，即对古往今来的一切学说、思潮给予衡量，评论是非，铨定轻重；而其主要内容，“曰：‘疾虚妄’”。

《论衡》总结了前人特别是汉代自然科学的成就，继承古代唯物主义传统，批判“天人感应”论和谶纬之学，建立起了唯物主义哲学体系。在自然观方面，王充反对把天看作主宰，认为天是自然之天，天地间万物是由“元气”交感变化而产生的。万物的发生和发展都是一种“自然”“无为”的过程，并非神意的安排。在形神关系方面，王充提出“天下无独燃之火，世间安得有无体独知之精”的著名论断，说明物质先于精神，精神由物质派生，否定灵魂不死、人死为鬼。他驳斥谶纬家们的“灾异”“祥瑞”说，认为这些都不过是巧合，只有末世才会特别注意。在认识论方面，王充反对先验论，认为感觉经验是认识的源泉，认识要受事实的验证。在社会历史观方面，王充反对“君权神授”说和崇古非今，主张人为，提倡进化。

王充的思想在我国古代思想发展史上占有重要地位，尤其是他的无神论思想，推动了我国古代唯物主义和无神论的发展。由于对当时盛行的谶纬之学和儒家正统思想的批判，王充的思想在封建社会屡遭排斥，同时又一直受到进步思想家的重视和赞赏。

刘劭及其《人物志》

刘劭（生卒不详），三国魏思想家。字孔才，广平邯郸（今属河北）人。曾任散骑常侍，讲过经学，赐爵关内侯。他熟悉古代法律制度，曾与陈群等人制定《新律》18 篇。此外还著有《律略论》《法论》《乐论》等，均散佚；今存仅《人物志》，以及若干散篇。

刘劭的《人物志》是汉末魏初人物品评风潮的产物，书中对评论人物才性的原则和标准进行了比较广泛深入的讨论。刘劭认为，品评人物不仅应该听其言，而且应该观其行。由于每个人禀气不同，因而有不同的才性。他根据才性高下，把人物分成五等：圣人、德行（与“圣人”比，是“具体而微”）、偏材（有一方面特长）、依似（表面上有一方面特长，而实际上没有）、间杂（“无恒”的人）。用道家的“无名”解释儒家的“中庸”，表现出儒、道合流的倾向。

《人物志》论说才性问题，此后发展为关于“四本才性”的讨论；以“无名”解释“中庸”等，开以老庄思想解释儒家的先河。刘劭的这些思想是从汉代经学过渡到以王弼、何晏为代表的玄学思潮的重要环节。

玄学的概况

玄学是魏晋时期的一种学术思潮，因盛行于魏晋时期，故亦称“魏晋玄学”。“玄”的概念最早见于《老子》：“玄之又玄，众妙之门。”“玄”即“幽深”，玄学即探讨幽深玄远问题的学说。“玄学”一语最早见于《晋书 · 陆云传》：“云本无玄学，自此谈老殊进。”

玄学是在汉代儒学衰落的基础上产生的，是黄老之学演变发展的产物，直接源头则是汉末魏初的“清谈”（原指魏晋时期的某些士大夫崇尚虚无，空谈哲理，后泛指不切实际的谈论）。

玄学思想的骨架是老庄思想，但又糅合儒家经义。其主要研究对象是“三玄”（《老子》《庄子》《周易》）；中心论题是本末有无——宇宙最终存在的根据；目的在于解决名教与自然的关系问题，从而调和儒道。

玄学的代表人物有何晏、王弼、阮籍、嵇康、向秀、郭象等。

因对有无问题的主张不同，玄学又形成了贵无派和崇有派。贵无派以何晏、王弼为代表，该派主张“以无为本”，认为万有统一于一个共同的本体“道”或“无”，世界万物之所以能够存在，就是因为有这个本体，形形色色的宇宙万物都是这个本体的表现，即所谓“天地万物皆以无为为本”。崇有派以裴頠、郭象为代表，该派主张“自生而必体有”，反对贵无派“以无为本”的说法，认为“有”之所以发生，并非另外有一个东西使之成为“有”，而是万物“自生”“自有”，把宇宙的全体看成由万物自身所构成的，即所谓“始生者，自生也”，“总混群本，终极之道也”。

玄学的发展大体经历了四个阶段：正始玄学、竹林玄学、西晋玄学、东晋玄学。

正始玄学（约240—249），属玄学的开创阶段。代表人物是何晏、王弼。这时的玄学以老学为主。他们“以无为本”“以有为末”，“无”是绝对静止的，“有”千变万化而归于“虚静”；认为儒家的名教出于道家的自然，自然为本，名教为末，主张调和儒道两家的思想，崇尚无为而治。

竹林玄学（约255—262），代表人物是阮籍、嵇康。他们主张“越名教而任自然”、“非汤武而薄周孔”，认为名教破坏了自然，其思想具有强烈的反儒倾向。另外的代表向秀，则认为自然与名教并不矛盾，而且承认有一个“不生不死”的生物之本作为万有生生化化的根据，成为向崇有论过渡的中间环节。

西晋玄学（约 263—316），代表人物是裴頠、郭象。裴頠批评“越名教而任自然”的风气，重新肯定名教的作用；作《崇有论》，认为“至无者无以能生，故始生者自生也”，万物是“自生而必体有”。郭象进一步发展崇有论，提出“无不能生有”“物各自造而无所待焉”，并在“万物自生说”的基础上提出“独化”的概念，把崇有论推向了极端。

东晋玄学（约 317—420），代表人物是张湛。张湛综合崇有、贵无学说，把世界和人生视为无常，主张采取“肆情任性”的纵欲主义人生观。也有学者认为，东晋后期的玄佛合流为玄学的第四个阶段，称为佛教玄学。

玄学上承先秦两汉的道家思想，克服了汉代经学的弊病，开创了糅合儒道的新局面，对其后的佛学乃至宋明理学都产生了深远影响。

王弼的生平与思想

王弼（226—249），三国魏思想家，魏晋玄学的早期代表，玄学“贵无论”的创始人之一。字辅嗣，山阳高平（今山东金乡）人。出身名门，家富藏书。曾与当时的许多名士辩论各种问题，而且总是能驳倒对手。正始年间，与何晏、钟会等人交游，同开清谈之风，标志着玄学的创立。但王弼恃才傲物，在仕途上并无进展。后因病去世，年仅 24 岁。

王弼虽然短寿，但著述极丰。《隋书》、《唐书》相关之志著录王氏著作计有：《老子注》2 卷，《周易注》6 卷，《论语释疑》3 卷，《王弼集》5 卷，《周易大演论》1 卷，《老子指略》2 卷，以及《周易略例》1 卷等。其中有的已佚，存世为辑本。

诸书之中，《老子注》《周易注》等最能体现王弼思想。在《老子注》中，王弼提出了自己的根本观点，即“以无为本”“举本统末”，由此成为玄学“贵无论”代表之一。在《论语释疑》中，王弼认为名教与万物一样，同时指出名教是自然的必然表现，两者是本末体用的关系，是统一的。王弼的“易学”一反两汉象数之学，提倡领会玄学的义理之学。他提出“得意忘象”，与象数学“存象忘意”的解《易》方法相对立。

嵇康的生平与思想

嵇康（224—263，或223—262），魏晋时期思想家，竹林七贤之一。字叔夜。谯郡铚（今安徽宿州）人。曾任中散大夫，故世称“嵇中散”。好学博览，尤喜老庄之学。为人狂放不羁，反对司马氏提倡的虚伪的名教，终为司马昭杀害。

嵇康的思想，主要反映在他的九篇长篇论文中，包括《养生论》《声无哀乐论》《难自然好学论》等。在自然观上，嵇康是元气自然论者；在认识论上，他主张先求自然之理，反对只靠传闻和“古义”进行推理判断，也反对“以己为度”的主观臆断。在名实、形实关系上，他主张“因事与名，物有其号”，认为“形恃神以立，神须形以存”。

嵇康最著名的主张是“越名教而任自然”，强调名教与自然的对立。他认为，人的本性“好妄而恶危，好逸而恶劳”，向往“不逼”“不扰”的自然生活。儒家的经典、礼律不仅束缚人性，而且引导人们追名逐利，使人变得虚伪狡诈。因此，他主张“从欲”“全性”，恢复自然人性，排斥礼律。他羡慕古代自然无为的社会，认为那才是理想的社会。

郭象的生平与思想

郭象（约252—312），西晋玄学家。“少有才理，好老庄，能清言”。善辩，有声望，颇受清谈名士推崇。早年不受征召，闲居在家，“以文论自娱”；后“任职当权，熏灼内外”，遭到清谈名士的鄙视和非议。著有《庄子注》《论语体略》。

郭象对当时的两个论题都有自己的见解。他调和名教与自然的对立，认为名教完全合于人的自然本性，人本性的自然发挥也一定符合名教。同时，他认为“有为”与“无为”也非截然对立，“无为”并非“拱默乎山林之中”，而是“各用其性”“率性而动”。

在调和名教与自然的基础上，郭象还建立了一套即本即末、本末一体的“独化论”体系。这一思想的中心理论是“物各自生”“独化而足”，万事万物都是自然变化生成的，没有统一的根源或依据，相互间也不存在资助和转化关系，由此构成了一种独特的“崇有论”。

王通及其《文中子》

王通（584—617或618），隋代思想家。字仲淹，门人私谥“文中子”。绛州龙门（今山西稷山）人。幼年从父受业，后广学儒家经典。曾向隋文帝献《太平十二策》，文帝因公卿反对而未采用。后隐居河、汾之间，以著书讲学为业，自立门户。曾模拟“六经”，作《续书》《续诗》等，俱已不存。又仿《论语》，作《中说》，又名《文中子》。

王通提倡儒家，在《文中子》中反复论述兴六经、倡儒学的重要性。他以“申周公”、“绍宣尼”的儒宗自命，说：“如有用我者，吾其为周公所为乎！……千载而下，有申周公之事者，吾不得而见也；千载而下，有绍宣尼之业者，吾不得而让也。”他竭力赞颂孔子和儒家的纲常伦理：“大哉乎！君君臣臣，父父子子，兄兄弟弟，夫夫妇妇，夫子之力也。”他也赞赏“上无为，下自足”的道家观点。他还提出“三教于是乎可一”的主张，倡导儒、佛、道合一，以调和三者之间的矛盾。

韩愈的思想主张

韩愈（768—824），唐代文学家、思想家。收入《韩昌黎集》中的《原道》《原性》《原人》《与孟尚书书》《谏迎佛骨表》，是他政治思想和哲学理论的代表作。

韩愈在哲学上持天命论，但又很重视人的作用，把顺天安命的法天思想和居仁由义的济世思想结合起来。他宣扬“圣人立教”的观点，论述了儒家的道统；并竭力排斥佛、道，指斥它们破坏伦常关系，是国无宁日的祸根。他以“博爱”为“仁”，行为合乎社会等级为“义”，实行仁、义为“道”，内心具备仁、义为“德”；而“道”和“德”是没有确定内容的“虚位”，“仁”和“义”是有确定内容的“定名”，“道”和“德”绝不能离开“仁”和“义”。他继承孔子“惟上智与下愚不移”的观点和董仲舒的人性思想，把性与情分为上、中、下三品，提出了“性情三品说”。在教育方面，他肯定人非生而知之，提倡勤奋学习和独立思考；还说“弟子不必不如师，师不必贤于弟子”。

韩愈排斥佛道、尊崇儒学的思想，对后来宋明理学的形成有重大影响。

何谓道统

道统是儒家关于传道的系统，相关的学说称“道统说”。它由韩愈提出，朱熹加以发展。

唐代佛教盛行，韩愈为抬高儒家的正统地位，以便与佛教的“法统”传法系统抗衡，仿照佛教诸宗的法统，在《原道》中首先提出儒学之“道”的传授系统：“尧以是传之舜，舜以是传之禹，禹以是传之汤。汤以是传之文武周公，文武周公传之孔子，孔子传之孟轲。”韩愈自己则以孟子的继承者自居，宣称“使其道由愈而粗传，虽灭死万万无恨”，表示要像孟子辟杨、墨那样，肩负卫道重任，与佛老斗争。

宋代朱熹把韩愈的儒道传授系统思想概括为“道统”，但对承传者予以补充、修正：一是在孔孟之间加入子夏（传《大学》）、子思（传《中庸》），使孔子与孟子连接起来；二是孟子的继承者为程颢、程颐，所谓二程“实继孔孟不传之统”。朱熹又以自己为二程私淑弟子；而其门人黄榦则明确指出朱熹嗣二程嫡统，《宋史·道学传》也肯定了朱熹继承儒家道统的地位。

明代王阳明对儒家道统有自己的见解，即上继孟子的应该是宋代的陆九渊以及自己的“心学”一派。近代以来的一些儒学家也持这样的观点。

也有人将儒家道统进一步泛化，这样，汉代的扬雄、魏晋的王肃等人，也成为这一统系中的人物。

道统观念对维护儒家正统地位有着巨大作用，同时也受到了反道学思想家的猛烈抨击。

李翱及其《复性书》

李翱（772—841），唐代思想家、文学家。字习之，陇西狄道（今甘肃临洮）人。早年家贫，登进士第后，官至山南东道节度使。曾从韩愈学古文，是韩愈倡导复兴儒学运动的重要合作者。著作有《李文公集》，《复性书》载于其中。

《复性书》全文分上、中、下三篇。上篇论证“性”和“情”的关系，以及“性”和“情”在“圣人”和“百姓”间的区别，并自谓得到了儒家性命之道的真传；中篇用问答的形式，提出成为圣人的修养方法；下篇强调道德修养的必要性。

《复性书》是反佛的产物。李翱认为排佛只用粗暴手段收不到效果，而应当“以佛理论心”，以佛性的心理理论充实儒家的心性说，建立一套成圣人的理论。因此，他把《中庸》的性命学说和佛家的心性思想结合，形成了一套学说。他认为人性皆善，“百姓之性与圣人之性弗差”。但性善情恶，性往往被喜、怒、哀、惧、爱、恶、欲七情蒙蔽。只有除去情欲，善性才能恢复，进而超凡入圣。去情复性的方法，是教人“忘嗜欲”，排除物欲的干扰，加强内心修养，以达到所谓空寂安静的“至诚”境界。

“宋初三先生”及其思想

“宋初三先生”指北宋初年三位有影响的学者，即孙复、石介、胡瑗。

孙复（992—1057），字明复，晋州平阳（今山西临汾）人。幼年家贫，父早亡，但力学不辍，饱读六经，贯穿义理。四举进士失利，未能任官。32 岁后退居泰山，专心讲学授徒近 20 年。因长期居泰山讲学，人称“泰山先生”。精研《春秋》，著有《春秋尊王发微》12 卷，攘斥佛老，倡导尊王。

石介 (1005—1045)，字守道，兖州奉符（今山东泰安东南）人。曾居徂徕山下，人称“徂徕先生”。进士及第后，历任南京留守推官及国子监直讲、直集贤院等。撰有《读〈原道〉》、《尊韩》等文阐述道统，认为道成于孔子，继之者则是孟轲、扬雄、王通、韩愈。

胡瑗（993—1059），字翼之，泰州海陵（今江苏泰州）人。因居安定，世称“安定先生”。历任光禄寺丞、天章阁待制等，以太常博士致仕，归老于家。精通儒术，以“圣贤自期许”，讲“明体达用之学”。认为儒家的纲常名教是万世不变之“体”，诗书典籍是垂法后世之“文”；体、文付诸实际，可以达到民安国治之“用”。著有《周易口义》《洪范口义》《春秋口义》等。

宋初三先生继唐代韩愈以后，开始重新探讨儒家学说，树立儒家思想的权威。他们继承了韩愈的道统说，以儒家经典《周易》《春秋》为依据，提倡道德性命之学。他们“以仁义礼乐为学”，提倡文人写文章要弘扬仁义忠孝之道，从而形成一种风气，揭开了理学的序幕。

王安石的生平与思想

王安石（1021—1086），宋代政治家、思想家、文学家。字介甫，抚州临川（今江西临川）人，世称临川先生；又因封荆国公，故亦称王荆公。自幼天资颖慧，好读书。中进士后曾长期担任地方官，对世情了解较深，从而产生变法思想。仁宗时提出改革主张，未被采纳。神宗继位后，被任为宰相，主持变法，史称“熙宁变法”。此后一度罢相、复相。后因保守派反对及爱子王雱病故而请辞，去职后在江宁筑室于钟山半坡。神宗去世后，新法渐废，王安石在愤懑中去世。

王安石著有《易解》《淮南杂说》《周礼义》《论语解》《老子注》《字说》《洪范传》及《临川集》等，大多散佚，今存《临川集》100卷、《周礼义》辑本以及保存在彭耜《道德真经集注》中的《老子注》残篇。

王安石认为，天是没有意志与情感的，并不能对人的善恶行为作出反应。他强调天与人的区别，反对天人感应；但又主张不能不顾客观规律行动。他认为“天道尚变”，因而“必度其变”，对法度政令也应“时有损益”。他还认为，天命不足畏，祖宗不足法，流俗不足恤。

王安石的变法思想对宋代的政治、经济生活产生了深远影响。不过，王安石的思想以及为人极受时人诟病，身后毁多于誉，直到晚近才开始得到比较中肯的评价。

王安石还提倡荆公新学，这一学说，因王安石的封号而得名。所谓“新学”，指《三经新义》，即王安石自己所撰《周礼义》及其子王雱所撰的《诗义》《书义》。此外，王安石所撰解释经义的《字说》也是新学的基本著作。

荆公新学是王安石变法思想在学术领域的反映。新学以义理解经，改变了汉儒章句传注之学，富有革新精神。熙宁年间王安石执政，通过设“经义局”训释经义、颁《三经新义》于学校、以新经义取士等措施，使新学成为当时的统治思想。元祐时，荆公新学一度受到排挤，但在不久后的绍圣年间，又恢复了思想统治地位。

荆公新学“独行于世者六十年”，是北宋中后期有影响的思想学术派别，也标志着汉唐经学的真正结束和宋学的全面展开。

周敦颐及其《周子全书》

周敦颐（1017—1073），宋代思想家，理学创始人。字茂叔，原名敦实，因避宋英宗旧讳而改名敦颐。道州营道（今湖南道县）人。幼年丧父，由其舅父抚养、栽培。曾任州县官等职，均有治绩。从政之余，传道授业，二程曾听从父命前来周敦颐处受业。他喜爱庐山风景，在那里购地筑室，取故乡“濂溪”命名，故人称“濂溪先生”，其学派也被称为“濂学”。

著作主要有《太极图说》《通书》等，此外还有一些诗文，如散文名篇《爱莲说》等。明人编有《周元公集》《周子全书》。

《周子全书》是周敦颐的著作集。书中收入《太极图说》和《通书》以及其他诗文著作，而前两部著作一论天道、一论人事，堪称姊妹篇，全面反映了周敦颐奠定理学基础的思想。

《太极图说》是周敦颐为其《太极图》写的一篇说明文字，全文只有 249 字。此文认为“太极”是宇宙的本原，人与万物都是由阴阳二气和水火木金土五行相互作用而构成的。五行统一于阴阳，阴阳统一于太极，太极又叫无极。无极是指太极的无边无际，不可言说；万物产生后，变化无穷。在万物里，周敦颐突出人的价值和作用，认为人是最灵秀的；在人群里，又突出圣人的价值和作用，认为圣人是人的准则。这篇短文建立了周敦颐思想体系的基础，对后世影响很大。

《通书》的核心是“诚”。周敦颐认为，万物始于“诚”，圣人本于“诚”，伦理道德也以“诚”为本。他承认物欲会诱惑人性而产生恶，因此主张“主静”、“无欲”来修养道德，“自易其恶”，恢复善性。这种“存诚”“无欲”的人性论，对程朱理学的“存天理，灭人欲”思想产生了重要影响。

周敦颐的思想吸收佛、道学说，建立了比较完整的宇宙观，并与其认识论、人性论、思想方法以及伦理道德等共同组成了一个有机的体系，比以前的儒家学说更加精细而富有思辩色彩。他的思想为理学奠定了基础，在宋、元、明、清理学中占有重要地位。

周敦颐是公认的宋代理学开山鼻祖，濂、洛、关、闽四家中的濂学宗师。《宋史·道学传》称：“两汉而下，儒学几至大坏。千有余载，至宋中叶，周敦颐出于舂陵，乃得圣贤不传之学，作《太极图说》《通书》，推明阴阳五行之理，明于天而性于人者，了若指掌。”评价了其创立理学的贡献。

张载及其《张子全书》

张载（1020—1077），宋代思想家、理学家，理学支脉“关学”创始人。字子厚，大梁（今河南开封）人。侨寓凤翔郿县（今陕西眉县）横渠镇，并在此讲学，世称横渠先生。年轻时喜欢谈论军事，并写信进谒范仲淹，范“一见知其远器”。后与二程会面，切磋学问。举进士后曾任县令、州判等职，关心民生，注重教化。神宗时被荐任崇文院校书，因其弟激烈反对变法被贬，担心自己受牵连而辞职，回乡讲学、著书。在家乡时，曾与学生实验恢复井田制，未成。病逝后“贫无以敛，门人共买棺奉其丧还”。

张载的主要著作除《正蒙》《易说》两种外，尚有《西铭》《经学理窟》等。生前辑有《崇文集》十卷，已佚。明万历年间，沈自彰又汇编其著作为《张子全书》。

《张子全书》是张载的著作集。书中收入张载《正蒙》《易说》等著作，全面反映了他的宇宙观、认识论、社会伦理观等。

《正蒙》是张载最重要的著作。“蒙”是《周易》的一个卦名，“正蒙”意思是订正蒙昧不明。该书的宗旨，是用儒家思想批判佛、道思想。书中反映了张载气一元论的宇宙观，认为“太虚即气”，并由此出发，批驳道家宣扬“有生于无”、分开二者是不知“有无混一”的原理和佛家宣扬“一切唯心所造”是不知大自然的规律。在认识论方面，张载提出“见闻之知”与“德性之知”的区别，见闻之知由感觉经验得来，德性之知由修养获得。在社会伦理方面，提出“天地之性”与“气质之性”的区别，主张通过道德修养和认识能力的扩充来“尽性”。张载主张温和的社会变革，实行井田制，实现均平。张载还提出“民胞物与”思想，《西铭》说：“乾称父，坤称母……民，吾同胞；物，吾与也。”发挥了儒家的仁孝观念，将之推广于整个社会，主张人们应该彼此同情、相亲相爱。

张载的思想对后世颇有影响，他的气一元论哲学以及伦理思想的积极面为后世的罗钦顺、王廷相、王夫之、戴震等所继承和发挥；而他伦理思想的消极因素则为二程和朱熹所汲取，对程朱理学的伦理思想产生了重要影响。

张载是“宋五先生”（周、张、二程、朱）之一，南宋嘉定中赐谥“明公”，淳祐元年（1241）赐封郿伯，从祀孔庙；明嘉靖时改称“先儒张子”。他的“为天地立心，为生民立命，为去圣继绝学，为万世开太平”（“横渠四句”），一直是激励士人奋发有为的名言。

邵雍及其《皇极经世》

邵雍（1011—1077），宋代思想家、理学家。字尧夫，自号安乐先生、伊川翁。隐居苏门山百源之上，人称百源先生。范阳（今河北涿州）人。少年时勤奋好学，潜心学问。后来跟随李之才学习《周易》象数之学，深入探索，多有心得。晚年居住洛阳，与富弼、司马光、吕公著以及程颐、程颢、张载等交游；又受赠园宅，耕种自给，所居称为“安乐窝”。曾屡被荐官，均坚辞不受。死后追赠秘书省著作郎，赐谥康节。

邵雍以先天象数之学著名于世，发明“先天图”。其思想渊源于陈抟的道家思想，直接传授者即李之才。他在继承汉代象数易学基础上，对其进行精心改造和创新，使其进入一个新的阶段。他以象数、图式来解释、推演宇宙自然、历史人道，有其独特之处，为后来的理学所推崇。但他的易学偏离传统义理之学，因而也受到正统学者的攻击和鄙弃。

《皇极经世》是邵雍的著作，又名《皇极经世书》。“皇极”一词来自《尚书·洪范》，“皇极经世”意思是用最大的规范来经纬世事。邵雍在《皇极经世》中运用易理和易数推究宇宙起源、自然演化和社会历史变迁，构建了自己的宇宙观、认识论和历史观。

邵雍认为，宇宙的本原是太极，太极生出天地，天生于动，地生于静。他认为天地万物的生成变化是按照“先天象数”的图式展开的。他把这种“先天象数”归之于心，这心既是个人的心，也是宇宙的心。他提出“以物观物”，认为“以物观物”则明，“以我观物”则暗，反对认识客观事物时加入主观感情的成分。邵雍按照象数，把天地从始至终的过程区分为元、会、运、世，以此为宇宙历史的周期，一元十二会，一会三十运，一运十二世，一世三十年。一元实际上就是一年的放大（年十二月，月三十日，日十二时辰，一时辰三十时分），共十二万九千六百年。他认为世界历史就是以此为周期，由兴盛到衰亡，周而复始，循环不已。在一个周期内，历史是退化的，由尧至宋代，经历了“皇、帝、王、霸”四个阶段，一代不如一代。

邵雍的《皇极经世》是象数易学的代表作，历来评价不一。有学者认为它“只是京、焦（京房、焦延寿，汉代象数易学家）末流”，在《四库全书》中也不入经部易学类而入子部术数类。但历代传习不绝于世。

理学奠基人二程

二程指北宋思想家程颢、程颐兄弟，理学奠基人，程朱学派开创者。其思想对后世学者如陆九渊、王阳明、朱熹等均有深刻影响。

程颢（1032—1085），字伯淳，学者称明道先生。洛阳（今属河南）人。进士及第后曾任县令等职，有治绩，历官太子中允、监察御史里行等。他因反对王安石新法被贬，旧党当政后被司马光推荐为宗正寺丞，未能就任即病逝。后赐谥“纯公”，又封河南伯，从祀孔子庙庭。著作不多，见于《二程全书》的有《识仁篇》《定性书》等。

程颐（1033—1107），字正叔，学者称伊川先生，程颢之弟。年少时与兄同学于周敦颐。王安石当政时不被任用，与兄在洛阳讲学；司马光执政时被荐为崇政殿说书，参与修订国子监条规。在担任宋哲宗侍讲期间，敢于议论，声名日高，从游者日众。后因新党执政被贬，徽宗即位得赦。不久又受排斥，遂隐居龙门，遣散门徒。不久病逝于家。著作较多，有《程氏易传》《遗书》《经说》等，均辑入《二程全书》或《河南程氏遗书》。

程颢的思想主要散见于语录、诗文中。他提出“天者理也”的命题，视“理”为宇宙本原。天道通过阴阳二气化生万物，人得天地之正气，所以“人与天地一物也”。人要学道，就要认识到人与万物的关系，达到这种精神境界就是“仁者”，“仁者浑然与万物同体”。不分物我、没有内外，人心就不会为外物所动，从而进入圣域。“定性”就是“定心”，是求得理想人格的修养方法。而人心自有良知良能，所以可以凭直觉体会真理。

程颐与其兄同样以“理”为最高范畴，认为其是创造万物的本原。道即是理，是形而上的，阴阳之气是形而下的，形而上之“理”为形而下之“气”存在的根源。理与事物既联系又区别，理是“体”，事物是“用”。天地间只有一个理：“一物之理即万物之理”。“性即理也”，人的本性就是人所禀受的理。善与不善是根源于才的不同，才又由气而来；气有清浊不同，故才有善与不善。格物就是穷理，最终达到豁然贯通，就可以直接体悟天理。穷理的方法，包括读书、评论古今人物、应事接物等。知行关系应以知为本，先知后行。

二程都以“理”为哲学的最高范畴，由此而创建了理学，但他们的论述与倾向却各有侧重。程颢哲学的主要内容是关于道德修养，而程颐哲学则有更多的概念和命题；程颢是以心解理，开后来的陆王心学一派，程颐一般是把理与气相对来论述，开后来的朱学一派。

朱熹的生平与思想

朱熹（1130—1200），南宋思想家、教育家，程朱理学的代表。字元晦，后改仲晦；号晦庵，又号晦翁、遯翁。祖籍徽州婺源（今属江西），生于南剑州尤溪，并寓居建州的崇安和建阳两县（尤溪、崇安、建阳今皆属福建）。进士及第后，历仕高、孝、光、宁宗四朝，居官约 10 年，职务不高，有补救时弊之举，亦有抗金复仇之志。早年受业的两位老师分别好佛、道，朱熹亦出入佛、道之间。31 岁时正式拜程颐的三传弟子李侗为师，逐渐发现佛、道之学的破绽，遂专心儒学。曾与吕祖谦、陆九渊等论学鹅湖寺。曾主持建阳书院；后建白鹿洞书院，订立《学规》，讲学授徒；也曾在岳麓书院讲学。

朱熹一生从事教学、著述达40年，对经学、史学、文学、佛家、道家以及自然科学都有所涉猎，知识渊博，著述宏富。主要著作有：《四书集注》《四书或问》《太极图说解》《周易本义》《易学启蒙》《楚辞集注》《诗集传》《资治通鉴纲目》《宋名臣言行录》等；汇集为《朱子遗书》（收入16种著作，103卷）、《朱文公文集》（加《续集》《别集》，共121卷）。

朱熹的思想全面系统地体现在他的著作《朱子语类》中。

《朱子语类》亦名《朱子语类大全》，是朱熹与弟子问答的语录汇编。全书140卷，首先论理气、性理、鬼神等世界本原问题，以太极、理为天地之始；其次释心性情意、仁义礼智等伦理道德及人物性命之原；再次论知行、力行、读书、为学之方等认识方法。又分论四书、五经，并斥异端、排释老、明道统；最后是对宋代与前代君臣人物以及政治、经济、法律、科举等制度的评论。由于记录与搜求较详，《语类》不仅可以看到朱熹思想的精微极致之处，更可以窥见其思想观点不断发展的曲折层次。

朱熹思想的基础是儒学，尤其是周敦颐、张载、二程的理学，兼采释、道。核心范畴是“理”，或称“道”或“太极”；与“理”相依存又相互独立的是“气”。理在气先，但气由理派生出来之后就有了独立性。理是气与万物的本原，理与气合，构成万物与人。理形成人的性，性即理，有理的性叫“天命之性”；气构成人的形体，形与气杂的性叫“气质之性”。人与万物的差别，就在于禀气不一。

在认识论上，朱熹主张格物致知，强调穷理离不开格物，即物才能穷其理。因此，格物须花一番功夫，要博学之、审问之、慎思之、明辨之。他认为知就是知理，与之相对的行就按知得的理去践行。

在人性论上，朱熹认为“天命之性”是至善的、完美无缺的，“气质之性”则有善有不善，两者统一在人身上。与“天命之性”“气质之性”相对的概念是“道心”“人心”。“道心”出于天理或天命之本，表现为恻隐、羞恶、是非、辞让，都是善的；“人心”出于形气之私，指饥食渴饮之类。“道心”与“人心”既对立又关联，但二者有主有从，“人心”须听命于“道心”。天理表现为仁义礼智的德，体现为父子、夫妇、兄弟等伦常，是善的；但天理有时未纯，便要除去人欲，“遏人欲而存天理”。

朱熹思想在其在世时，曾屡遭排斥，被视为“伪学”。后来宋理宗赵昀认为它“有补治道”，加以推崇，并按祭祀孟子之礼来祭祀朱熹。元朝统一全国后，朱熹思想得以在北方传播，且诏定科举以《四书集注》作为官定参考书。朱元璋时，诏令科举以朱熹等“传注为宗”。此后，朱学一直作为正统的理学而成为官方哲学，几乎与封建社会相始终。此外，朱学在朝鲜、日本也曾一度盛行。

程朱理学的形成和发展

程朱理学是以宋代二程、朱熹为代表的学派，因其思想体系的核心是“理”，故称理学。该学派肇端于北宋的周敦颐，奠基于二程，完成于南宋的朱熹，是理学中最大的学派，影响极为深广。

程颢、程颐早年受业于周敦颐，接受其道德性命之学。他们又自家体贴出“天理”二字，认为“天下只是一个理”，就是君臣、父子、夫妇等人伦道德之理。他们以理为最高范畴，建立自己的思想体系。在理学的发展过程中，二程以洛阳为中心，形成了一个学派，即洛学。

朱熹曾跟随二程的再传弟子李侗问学。他不仅继承、发展了二程思想，而且集诸儒之大成，对北宋以来的理学思潮进行了一次全面总结，建立了一个宠大的理学体系。

朱熹殁后，由于其思想体系的内在矛盾和社会历史条件的变化，程朱学派在发展中发生分化。一部分人继承和发展了朱熹的心性学说，统理于心，把朱熹哲学发展为心学；一部分人批判朱熹的理学体系，改造其理气论和格物致知说，发展成以气为本的哲学。朱熹较有影响的弟子陈淳在其《北溪字义》中系统解释了朱熹哲学的重要范畴，发挥了理气论、心性学说和知行说。南宋末年，真德秀、魏了翁发展了朱熹的心性之学。元代的许衡和吴澄，调和朱、陆思想。明初的薛瑄、吴与弼及其弟子陈献章都重视道德践履，但从不同方面发展了朱熹哲学；罗钦顺批判地改造了朱熹理学，建立了以气为本的哲学，从朱学中分化出来。明清之际，王夫之等人全面地批判总结了朱熹哲学，陆世仪、张履祥等人批判改造了朱熹的心性说，李光地、陆陇其等人坚持正统理学，但无重要发展。之后，理学逐渐退出学术舞台。

程朱学派是中国封建社会后期最大的学术流派。从南宋后期起，它逐渐受到封建统治者的重视，历经元、明、清三代，一直居于思想界的统治地位，对政治、经济、文化发生过巨大的影响。

何谓道学

道学是理学的别称，因为探讨天道性命问题而得名。它产生于北宋，盛行于南宋与元明时代，清中后期逐渐衰落，但影响一直延续到近代。以二程和朱熹为主要代表，因此也专指程朱理学。

道学原本是汉唐经学的反动，舍弃文字训诂而探究天道性命。宋初的周敦颐、邵雍、张载、二程从不同方面探道宇宙人生的根本问题，创立了各自的学说，形成了不同的学派。他们都自称其道为“圣人之道”，其学为“圣人之学”，因此他们的学说也被称为“道学”。南宋初期，“道学”的名称颇为流行。后来，“理学”的称谓逐渐盛行。明代中期以后，有些学者批评道学家为“假道学”，“道学”开始含有贬义，而“理学”之称更加盛行起来。近代以来，“道学”概念基本上是以其贬义而使用的。

道学探讨的本来是天道性命问题，但后来逐渐集中于道德领域，而最核心的主张就是“存天理，灭人欲”，维护三纲五常。由于过分强调道德修养对宇宙人生的意义，又尚空谈而轻践履，遂流于空疏和伪善，从而走向没落。

何谓新儒学

新儒学是北宋出现的学术思潮，也就是理学或宋学。主旨是阐发儒家经典的义理，与汉唐儒学注重文字训诂相区别，故称。

新儒学肇始于宋初的范仲淹、欧阳修以及孙复、石介、胡瑗等，北宋中期由周敦颐、邵雍、张载、二程加以发展，南宋朱熹集其大成。他们以孔孟为宗，以《周易》《论语》《孟子》《大学》《中庸》等书为主要依据，抛弃烦琐的注疏之学，直接阐释经典中的义理，以抗衡隋唐以来以空无为本体，否定仁义礼智等伦理道德的佛、道学说，同时又批判地吸收了佛道思想和方法论。他们关心社会现实，提倡所谓“道德性命”之学。他们从本体论的高度来探讨宇宙与人生问题，因此新儒学并不是简单回归先秦儒家学说，而是有所提高。

新儒学虽然有廉、洛、关、闽等学派，但都讨论主客、理事、心性、体用关系以及修养方法，由此而形成一个学术流派。

近现代以来，在中西文明碰撞交融中产生的新的儒家学派，也称新儒学，又称新儒家。其中，狭义的新儒学，指梁漱溟、张君劢、熊十力等人所提倡的新儒学，广义的则指鸦片战争以来关于儒学变革的所有学说。

张栻的生平与思想

张栻（1133—1180），宋代理学家。字敬夫，号南轩。祖籍绵竹（今属四川），后迁居长沙（今属湖南）。南宋中兴名相张浚之子。以荫入仕，历任江陵知府、右文殿修撰等。主张修德立政，任贤养民，抗金复仇，收复中原。著有《论语解》《孟子解》《太极图说解义》《洙泗言仁》等。

张栻博学多识，学术上继承胡安国、胡宏的湖湘之学而有所发展。他认为，"理"是世界的本原，"天""性""命"名称虽异，而体则同为"理"。"理"借"气"而生万物，"有是理则有是事，有是物"。认识的目的是"穷理"，而"居敬"是穷理的基础，主张格物致知，知行互发。他赞扬周敦颐的主静，强调性命之说，认为"道学不明性命之说，莫知所宗"。他以"天理"为义，"人欲"为利，强调"学莫先于义利之辩"。在教育方面，他主张以"成就人才，以传道济民"为办学方针，反对学校以缀辑文辞为教，而应注重学生的操行培养。

张栻与朱熹、吕祖谦齐名，时称"东南三贤"。

吕祖谦的生平与思想

吕祖谦（1137—1181），宋代理学家。字伯恭，婺州金华（今属浙江）人。因其曾祖吕好问南宋初年曾封"东莱郡侯"，学者称其东莱先生。进士及第后，曾任国史院纂修官、实录院检讨官。著作甚多，主要有《东莱博议》《古周易》《书说》《春秋左氏传说》以及《丽泽论说集录》《历代制度详说》《吕氏家塾读诗记》等，有《东莱集》40卷传世。

吕祖谦学说以关、洛为宗，而旁稽载籍，兼总众说，自成学派。他力图调和朱熹与陆九渊在学术上的矛盾，并吸收永嘉、永康学派的经世致用之说，被朱熹视为“杂博”。他认为心就是天、就是神，宇宙万物及其变化不能存于心外；心的一念之发，可以流金铄石、奔雷走霆——这与陆九渊的“宇宙便是吾心，吾心便是宇宙”相似。同时他又讲“理之在天下，犹元气之在万物也”，这与朱熹的“天下只是一个理”相似。吕祖谦还主张均田恤劳，发展生产，宽厚民力，恢复国土。

吕祖谦与朱熹、张栻齐名，同被尊为“东南三贤”，“鼎立为世师”。他所创立的“婺学”，也是当时颇具影响的学派之一。

《近思录》的概况

《近思录》是宋代的一部理学入门书，由朱熹、吕祖谦合编。

南宋孝宗淳熙二年（1175），吕祖谦从浙江到福建与朱熹相会，两人在寒泉精舍一起读周敦颐、张载、二程的著作，深感其“广大闳博，若无津涯”，初学者不易把握要义，于是精选622条，辑成《近思录》，分14卷。《近思录》书名取“切问而近思”之意，朱、吕意在把它当作学习四子著作的阶梯，四子著作又为学习“六经”的阶梯。

《近思录》是依朱、吕两人的理学思想体系编排的，从宇宙生成的世界本体到孔颜乐处（周敦颐将孔子和颜回所追求的精神境界称为孔颜乐处）的圣人气象，循着格物穷理，存养而意诚，正心而迁善，修身而复礼，齐家而正伦理，以至治国平天下及古圣王的礼法制度，然后批异端而明圣贤道统，全面阐述了理学思想的主要内容。

《近思录》一书在理学史上具有重要地位，为确立儒家道统、传播理学思想起过重要作用。清人江永称：“凡义理根源，圣学体用，皆在此编。”“盖自孔曾思孟而后，仅见此书。”

陆九渊的生平与思想

陆九渊（1139—1193），宋代思想家、教育家，心学创始人。字子静，号存斋。抚州金溪县（今属江西）人。曾结庐讲学于信州贵溪象山，自称象山翁，学者称象山先生。与其兄陆九韶、陆九龄并称“江西三陆”。登进士第后，初任隆兴府靖安县主簿，历任建宁府崇安县主簿、国子正、敕令所删定官等。后在任知荆门军时病逝，谥号文安。有《象山先生集》《外集》《语录》，后辑成《陆九渊集》传世。

陆九渊曾在鹅湖寺与朱熹论学，所论多不相合。所学无师承，其思想均为自己研究、体会所出。陆九渊热心讲学授徒，“还乡，学者辐辏，每开讲席，户外屦满，耆老扶杖观听”，弟子遍布于江西、浙江两地，著名者有杨简、袁燮、舒璘、傅子云等。

陆九渊是陆王心学的创始人，其学说影响广远。明正德十六年（1521），家乡金溪在县城衙门前为其建“百世大儒”坊，楹刻“学苟知本六经皆注脚，事属分内千经有同心”联。

陆九渊政治上并不显要，学术上也无师承。他融合孟子“万物皆备于我”和“良知良能”说以及佛教禅宗“心生”“心灭”等论点，以“发明本心”为主旨，提出“心即理”说，独自建立起了所谓“心学”。他断言天理、人理、物理都在“吾心”之中，心是客观世界的本源、唯一的实在，“宇宙便是吾心，吾心即是宇宙”。他认为心与理完全合一，“人皆有是心，心皆具是理”。人心会被物欲蒙蔽，致使天理不明，因此人们首先应该“明理”。但“明理”用不着探求外物，甚至连读书都是多余的，因为读书只在于印证“此心之良，人所固有”“六经皆我注脚”。在反省内求（“切己自反”）的时候，要用“易简”“直捷”的方法，要用“剥落”或“减担”的功夫。克制了物欲，才能“存心”“养心”，进而达到“放心”。他说：“古人教人，不过存心、养心、求放心。”在伦理思想上，他用心学来论证封建纲常的合理性，认为人的本心就是仁义礼智之心，就是善；而同时，伦理纲常根源于人心、充满天地之间，而且亘古不变。

陆九渊的“心学”创建后，一度成为与朱熹理学并立的有影响的学派。陆九渊的学说后来由明代王守仁（王阳明）继承和发展，称为陆王心学。

陆王心学的形成和发展

陆王心学是宋明时期以陆九渊、王守仁为代表的学术流派。因其思想体系的核心是“心”，故称陆王心学。

南宋时，正当朱熹把“理”奉为最高哲学范畴的时候，陆九渊倡言“心即理”，针对朱熹等人的“理”在人心之外、“即物”才可“穷理”的理论，提出“发明本心”“求其放心”的“易简”“直捷”的主张，从而成为与朱熹一派理学相持对立的一家，被称为“心学”。陆九渊弟子很多，其中杨简还将“心即理”进一步发展成为“万物唯我”的唯我主义。宋代以后，由于程朱理学成为官方统治思想，陆学影响不如朱学大。

到明代中期，王守仁以陆学传人自任，宣扬心学，并提出“心外无物”“心外无理”的命题，提倡“致良知”的方法，认为“良知”就是“天理”。明代后期，王学大盛，出现了众多流派，其中以王艮为代表的泰州学派和李贽等人影响较大。

陆王心学对抗理学、冲击圣贤的做法及其高扬心性的思想，具有思想解放的积极因素，在后世产生了巨大影响，流行数百年，直到近世还为革新派人士所青睐。但发展到后来，理论上走向了空谈心性，实践上则任性废学，导致没落。明清之际的学者批判心学，别开新径，陆王心学遂退出学术舞台。

王守仁的生平与思想

王守仁（1472—1529），明代思想家、教育家，心学代表人物。

初名云，字伯安，号阳明，世称阳明先生。浙江余姚人。少时一度热心骑射，继而又研习兵法。早年曾拜访程朱学者，遍读朱熹著作。21岁时中举，28岁时中进士，授刑部主事。后因上疏援救言官遭到权奸刘瑾陷害，被贬贵州龙场驿（今贵州修文）驿臣。刘瑾伏诛后，王守仁历任庐陵知县、江西巡抚、两广总督等职，两次平定农民起义，并平定宸濠之乱。身前封新建伯，卒赐谥文成，又追封为侯。

王守仁被贬时，在修文阳明洞领悟心性之学，世称“龙场悟道”。此后，先后修建濂溪书院、稽山书院、阳明书院和南宁书院，讲学授徒，刻印书籍，从事著述。著作有《传习录》《大学问》等，辑成《王文成公全书》（亦称《阳明全书》）38卷。

王守仁是陆王心学之集大成者，且能统军征战，一生事功赫赫有名，是史上罕见的全能大儒，故人称“真三不朽”。身后被奉祀孔庙东庑。

王守仁的思想在许多重要观点上都与朱熹对立，他发展了陆九渊的学说，提出了“致良知”的理论体系，世称阳明心学。在宇宙观上，王守仁提出“心外无物，心外无理”的命题，认为身之主宰便是心，心之本体便是理，心外无理；心之所发便是意，意之所发便是物，心外无物。心的“灵明”就是天地万物的主宰，而人心的灵明就是良知。因此良知即是天理，是造化的“精灵”，是天地万物发育的“天渊”、存在的“太虚”。在认识论上，他认为人们先天固有的良知就是知识的源泉和判断是非、善恶的标准，人的认识只需求诸内心而不应求诸外物。在知行问题上，他反对将知行分成两截，认为知和行是一个问题的两面。他提出知行合一，既强调道德自觉，也强调道德实践。

王守仁的思想冲击了圣贤偶像，克服了程朱理学烦琐和僵化的流弊，简化了儒家的思想道德，使人人可行。这种思想流行达150年之久，其中促进思想解放的因素为近代康、梁等吸收，并传入日本，对明治维新起了一定作用。但由他的心学引起的空谈心性之风的流行，也影响了明中叶以后学术的发展和社会的进步。

阳明学派的形成和发展

阳明学派是明代中叶以王阳明（王守仁）思想为宗旨的学术流派。王阳明在从政期间，始终从事讲学活动。他在几乎所有的任职地兴办了书院，主持讲学；也应邀在附近的书院讲学。同时，其弟子也陆续刊刻他的语录、书信与文稿。王阳明去世后，其弟子在全国各地建立书院 70 余所，举办讲学会，宣传他的学说，从而形成阳明学派。

阳明学派讲论王氏心学，在反对偶像、反对教条以及提倡返求诸心、自我做主方面，所有成员是一致的。但由于王阳明致良知理论体系自身的内在矛盾，弟子后学理解不同，乃至辩诘争论，进而走向分裂，形成了阳明心学大旗下的不同支派，包括王畿为首的“良知现成”派，王艮为首的“良知日用”派，聂豹等为首的“良知归寂”派，邹守益为首的“良知主敬”派，欧阳德为首的“良知修正”派。

在阳明学派中，二王的两派影响最大。这两派对阳明之学多所发挥，但却逐渐与佛家结合，流于空疏。有些阳明弟子更是任性废学，一切解脱。这些消极因素，最终导致了阳明学派的衰落。

李贽的生平与思想

李贽（1527—1602），明代思想家、文学家。原名林载贽，中举后改姓李，又因避明穆宗朱载垕讳而改名贽。字宏甫，号卓吾、笃吾，别号温陵居士。福建泉州晋江人。早年随父读书，后因谋生辍学。中举后历官县教谕、国子监博士、礼部司务等职。期间与王守仁弟子王畿及泰州学派的罗汝芳相识，并师事泰州学派创始人王艮之子王襞。致仕后专事著述。晚年生活无定，转徙湖广、山西、北京。

李贽公开以“异端”自居，毕生以反对礼教、抨击道学为己任，言行上多有“狂诞不经”之处。他53岁时曾任云南姚安知府，因像和尚一样光头履职而被上官“勒令解任”，愤而去职。在湖北黄安耿定理家“天窝书院”讲学时，他“日引士人讲学，杂以妇女”，颇为引人注目。寄居芝佛院时，当地士绅怂恿民众烧毁了该院，并驱逐75岁高龄的李贽出境。随后他住在通州好友马经纶家，当地官员闻讯上书万历皇帝，声称通州距京城仅40里，若李氏一旦进入都门，将惑乱人心，后果严重。万历帝亲拟圣旨，缉拿李氏，以“敢倡乱道，惑世诬民”下狱。不久，李贽在狱中自杀。

著作有《焚书》《续焚书》《藏书》《续藏书》及《李温陵集》等。此外，他曾评点过《水浒传》《西厢记》《浣纱记》等。

《焚书》及《续焚书》是李贽最重要的著作，集中反映了李贽批判传统、倡导“童心”的“异端”思想。因为李贽深知自己的观点不为统治者所容，书出则必被焚禁，故名。

《焚书》共6卷，包括书信、杂述、史论、诗歌等。第一次刊行后遭禁毁，现在流传的《焚书》是后人重新编辑刊行的。《续焚书》共5卷，是李贽去世后由其门人汪本钶编辑的，内容不及《焚书》重要。

《焚书》《续焚书》的锋芒直指中国数千年来一直占统治地位的儒家传统说教，向束缚人们思想的程朱理学提出大胆怀疑和公开批判。书中反对把孔子当作偶像崇拜，指出“孔夫子亦庸众人类”，“六经、《语》《孟》乃道学之口实，假人之渊薮”，并非“万世之至论”。李贽提出天理、人欲并无区别的见解，主张“穿衣吃饭，即是人伦物理”，而且“趋利避害，人人同心”，“虽大圣人不能无势利之心”；那些假道学不过是些“口谈道德而心存高官”，“被服儒雅，行若狗彘”的伪君子。他提倡“童心说”，认为人人都有“绝假纯真，最初一念之本心”，但因闻见道理入于耳目而失去；童心一失，则一切皆假。他主张男女平等，大胆肯定了历史上的卓文君；并且极端地认为“天下尽道之交”，把人与人之间的关系视为交换关系。在文学体式中，他重视小说、戏曲，称《西厢记》《水浒传》为“古今至文”，把它们和六经、《语》、《孟》并提。

李贽的思想反映了当时处于萌芽状态的资本主义因素，具有一定的进步性。但他的这种思想被封建统治阶级视为洪水猛兽，称为“异端之尤”“非圣非法”，严加封杀。李贽的思想在当时即颇有影响，晚明文坛的袁氏三兄弟袁宗道、袁宏道、袁中道就曾受其影响。他的书虽经禁毁，却仍流行不绝。他的思想启迪了20世纪“五四”时期吴虞等进步思想家。

黄宗羲的生平与思想

黄宗羲（1610—1695），明清之际思想家、学术史家。字太冲，号南雷、梨洲，别号梨洲老人、梨洲山人，学者称梨洲先生。浙江余姚黄竹浦人。其父黄尊素在明天启间因与阉党斗争，被捕死于诏狱。崇祯元年阉党遭禁后，黄宗羲赴京诉冤，以铁锥击伤仇人宦官许显纯。后在南京反对阮大铖被捕，清兵攻陷南京后逃出。曾响应熊霖集合家人弟子数人抗清，号称“黄氏世忠营”。抗清失败后感到复明无望，遂隐居家乡，不就征召，著述终身。

黄宗羲学问渊博，极富藏书。他喜借书、抄书，曾借抄于范钦“天一阁”、徐乾学“传是楼”、钱谦益“绛云楼”、祁承㸁“澹生堂”、钮纬“世学楼”等。每外出回归，常带一书童携书同返，访求足迹遍及江南。在家乡南雷建书楼“续钞堂”，藏书达7万卷之多。

黄宗羲一生著述涉及经学、史学、地理、律历以及诗文杂著等，达50余种、300余卷，主要有《易学象数论》、《明儒学案》、《宋元学案》（合著）、《明夷待访录》、《今水经》、《大统历推法》等。黄宗羲生前曾自己整理编定《南雷文案》，又删订为《南雷文定》《南雷文约》。最能反映其思想的是《明夷待访录》；而《明儒学案》《宋元学案》则开创了中国史著的新体裁“学案体”。

黄宗羲与顾炎武、王夫之并称明末清初三大思想家，亦有“中国思想启蒙之父”之誉。

在《明夷待访录》中，黄宗羲尖锐抨击了封建君主专制制度，指出“天下之大害者，君而已矣”（《原君》）。他认为，上古之时，天下人民是主，君是客；封建专制制度下则相反，反客为主，君主以一人之私而“屠毒天下之肝脑，离散天下之子女，以博我一人之产业”，这样的君有不如无。在《原臣中》，他又指出：“天下之治乱，不在一姓之兴亡，而在万民之忧乐”，认为君主应该以“天下万民为事”。在《原法》中，他区别了“天下之法”与“一家之法”，认为“三代以上之法”是为天下而立的，“三代以下之法”只是为君主“一己而立”，呼吁废除“一家之法”，恢复“天下之法”。这些思想，反映了黄宗羲国家学说中的民主倾向。在此基础上，黄宗羲以托古改制的手法，提出了一系列有关学术、政治、经济、军事、法律等方面的改革主张。他提倡学以致用，主张实行民主、法治，要求均产、平税，还倡导统一货币，提出工商皆本的反传统思想。

《明夷待访录》反映了商品经济发展的时代要求和近代民主启蒙思想的萌芽，一向颇受进步学者注目。该书在反对封建统治的进步运动中曾经发生过重要的作用，同时也遭到清王朝及其卫道者们的敌视和攻击。

顾炎武的生平与思想

顾炎武（1613—1682），明末清初思想家、学问家。原名绛，字忠清；明亡，因钦慕文天祥学生王炎午为人，改名炎武，字宁人，号亭林；亦自署蒋山佣。学者称亭林先生。吴郡昆山（今属江苏）人。

出身江东望族，14岁入乡学，19岁加入复社，从此绝意科举，专务经世致用之学。曾两次参加武装抗清，失败后遍游华北，终身不仕。晚年定居陕西华阴，终老于山西曲沃。

顾炎武学识渊博，在经学、史学、音韵学及诗文创作上都有较深造诣。自27岁起弃绝科举后，他遍览历代史乘、郡县志书，以及文集、章奏之类，辑录其中有关农田、水利、矿产、交通等记载，兼以地理沿革的材料，开始撰述《天下郡国利病书》和《肇域志》。《日知录》是其集30余年之功著成。一生著述极丰。此外主要有《左传杜解补正》《五经同异》《石经考》《亭林诗文集》等。

顾炎武是清代学术的开山之祖。他所倡导的学术旨趣和创立的学术范式，引起了同时和后来学者的普遍共鸣，对乾嘉学派乃至整个清代学术产生过深刻影响。

顾炎武的哲学思想基本上是倾向于唯物主义的，他认为宇宙本原是气，“盈天地间皆气也”。在认识论上，他注意到了理性与感性知识之间的关系，认为“形而上者谓之道，形而下者谓之器”，“非器则道无所寓”。《日知录》更为突出地反映了顾炎武的学术思想。他继承明末学者反理学的思潮，不仅反对陆王心学，也与程朱理学迥异其趣。他摈弃“性与天道”的空谈，提倡“博学于文”“行己有耻”的为学之道。他主张经世致用，并终生笃行，以“国家治乱之原，生民根本之计”为怀，大声疾呼“保天下者，匹夫之贱有责焉耳矣”。

顾炎武经世致用的学术旨趣、朴实考据的治学方法，以及他在诸多领域的学术成就，开启了清代朴学的先路，促成了乾嘉汉学的鼎盛，对清代学术文化的多方面成就产生了影响。

王夫之的生平与思想

王夫之（1619—1692），明末清初思想家、学问家。字而农，号薑斋，中年别号卖薑翁、一壶（瓠）道人；晚年隐居湘西石船山麓，自署船山老农、船山遗老、船山病叟等，学者称船山先生。湖南衡阳人。自幼熟读经史，14岁入县学。明亡清兵南下时曾举兵抗击，兵败后投奔广东肇庆南明永历政权。后因弹劾权奸几遭不测，被迫反里。后曾转徙、往来于湘江之间，并在衡阳金兰乡和湘西船山隐居，课徒授业，潜心著述，至死不仕清廷。

王夫之学识极其渊博，经学、小学、史学、文学、诸子百家、名物训诂、典章制度等领域无不造诣精深，天文、历数、医理、兵法乃至星象、卜筮等亦旁涉兼及。著述极为丰富，主要著作有《周易外传》《周易内传》《尚书引义》《张子正蒙注》《读四书大全说》《诗广传》《思问录》《老子衍》《庄子通》《春秋世论》《读通鉴论》《宋论》《永历实录》《箨史》，清末民初两次汇刊《船山遗书》，凡70种，324卷。

王夫之学识渊博、著述极丰，在许多领域都有贡献，其思想也呈现出极大的丰富性。

在哲学本体论上，王夫之继承张载的“气化”论，提出“虚空即气，气则动者也”，认为气是宇宙本体，虚实、有无等都是“气”的聚散、往来、屈伸的运动形态。在理气关系上，他认为“理依于气”；在道器关系问题上，他认为“道者器之道”，“无其器则无其道”“尽器则道在其中”。

在认识论上，王夫之发展了佛家哲学的“能、所”范畴，认为主观认识由客观对象的引发而产生，客观是第一性的，主观是客观的副本。他主张知行合一，“知行相资以为用”，同时强调行的主导地位：“行可兼知，而知不可兼行。”

在历史观和社会政治方面，王夫之驳斥“泥古薄今”的观点，认为“所贵乎史者，述往以为来者师也”；提出“理势相成”，认为历史不得不然的发展趋势就是“理”；又提出“即民见天”，认为“举天而属之民”。

在伦理观上，王夫之反对宋代理学“存天理，灭人欲”的主张，认为“私欲之中，天理所寓”，“有欲斯有理”，强调“以理导欲”“以义制利”。

在文学创作上，王夫之认为作家最重要的是要“内极才情，外周物理”，应该“含情而能达，会景而生心，体物而得神”。在文与质、意与势、真与假、空与实、形与神，以及“兴、观、群、怨”等诸多问题上，他对传统美学思想都有新的发挥和阐述。

王夫之与顾炎武、黄宗羲并称清初三大家，他的思想是17世纪中国时代精神的精华，对后世产生过很大影响。谭嗣同认为他是500年来真正通天人之故者，章太炎也说他是清代“兴起顽懦”、“成光复之绩”的唯一一家。

戴震的生平与思想

戴震（1723—1777），清代思想家、学问家。字东原，休宁隆阜（今属安徽屯溪）人。早年师从著名学者江永问学，打下坚实基础。家贫，以教书为业。后携所著书北上京城，被纪昀、王鸣盛、钱大昕、朱筠等赞为天下奇才，声名大著。中举后屡次参加会试均落第，后被赐同进士出身，授翰林院庶吉士。曾入四库全书馆任纂修官，校订历算、地理等书。

《戴氏遗书》是戴震著作集，收入戴震最主要的著作，包括最能反映其思想的《原善》、《孟子字义疏证》。

《原善》是比较纯粹的哲学著作，共3卷。书中认为，“道”的实体就是阴阳，阴阳生生不息而有条理，这就是“道”。在认识论上，认为认识来源于感官对外物的接触，然后由“心”上升到规律性的认识，“耳、目、鼻、口之官接于物，而心通其则”。此外，《原善》还控诉了

"在位者"的贪暴。

《孟子字义疏证》共3卷，初稿题为《绪言》，修正稿名《孟子私淑录》，定稿为《孟子字义疏证》。在该书中，戴震通过解释《孟子》中的"理""天道""性""才""道""仁义礼智""诚""权"等重要哲学范畴，阐发自己的思想。除阐述哲学观点外，该书侧重批判程朱理学关于理、欲问题的观点。程朱理学提出"存天理，灭人欲"的命题；《疏证》则力证天理与人欲是统一的，"理存乎欲"，不能用所谓天理去禁锢人们的正常欲望。戴震尖锐指出，程朱理学所谓的"理"，不过是尊者、贵者、长者用以欺骗和镇压卑者、贱者、幼者的工具，残酷至极。因此，他主张"体民之情，遂民之欲""以情洁情"，使天下的物质生活欲求"无不得其平"。

戴震既是乾嘉考据学久负盛名的"皖派宗师"，又是儒学内部最早批判"以理杀人"的思想家。戴震的思想、尤其是社会伦理思想，客观上反映了当时市民阶层的平等要求，包含着启蒙思想的因素，在近代反封建斗争中产生过巨大影响。戴震本人也被梁启超、胡适称为中国近代"科学界的先驱者"。

《定庵遗著》中龚自珍的思想

《定庵遗著》是晚清思想家、文学家龚自珍的著作集，其中一些文章，尤其是研究"公羊学"的著述，较为集中地反映了他的思想。

龚自珍的思想比较复杂，充满矛盾。他的思想的精华，表现在社会历史领域。他肯定《周易》的穷变通久论和《公羊传》的"三世"变易观，认为社会历史是循着据乱世—升平世—太平世，或者治世—衰世—乱世的轨道不断变化的；认为自己所处时代表面上是"盛世"，实则处于大乱将至的"衰世"，整个社会呈现出一幅"日之将夕，悲风骤至"的可怕景象。因此他希望风雷骤至，打破沉暗局面。他劝告统治者主动进行改革，在经济上重新分配土地，解决过分集中的问题，缓和阶级矛盾；政治上改革弊政，以利于发挥官吏的积极性。

龚自珍以“开风气”自任，对近代改革派思想家影响较大。梁启超说：“晚清思想之解放，自珍确与有功焉。光绪间所谓新学家者，大率人人皆经过崇拜龚氏之一时期。”

魏源的生平与思想

魏源（1794—1857），近代思想家、学问家。原名远达，字默深，湖南邵阳人。早年潜心王阳明心学，后师从经学家刘逢禄学习《公羊春秋》。曾代江苏布政使贺长龄编辑《皇朝经世文编》，注重经世致用。进士及第后曾任知县、知州。曾积极参赞军务，抗击英国侵略军。晚年时，先居兴化（今属江苏）整理著述，继居杭州“寄僧舍”，潜心佛学。

魏源著述较多，除《默觚》外，经学著作有《诗古微》《书古微》《公羊古微》《两汉今古文家法考》等，史学有《圣武记》《海国图志》《元史新编》等，先秦诸子学著作有《孔子年表》《孟子年表》《老子本义》《墨子注》《孙子集注》《吴子注》等，文学有《古微堂诗文集》等。

《默觚》是近代思想家魏源的著作，它与《海国图志》《圣武记》等反映了魏源的哲学思想，尤其是经世致用、变革图强的思想。“默”字取自魏源字“默深”，“觚”是古代木简。该书分《学篇》和《治篇》两个部分。书中认为，人的知识是通过习行取得的。任何事物都包含着矛盾，而且矛盾的两个方面可以互相转化，从而引起事物的运动、变化、发展、气化。书中指出：三代以上，天皆不同今日之天，地皆不同今日之地，人皆不同今日之人，物皆不同今日之物。因此，“变古愈尽，便民愈甚”。这是魏源主张改革的主要理论依据。但是他又认为，封建社会的“道”是永远不变的。

魏源的思想更在于经世致用方面。他编纂《皇朝经世文编》的时候，就对海运、水利诸政多所建言。他撰成《圣武记》，试图以清初以来的武功之盛激励民气、重振国威，并提出一些强国的具体建议。他编成《海国图志》，率先介绍西方各国历史地理情况，主张学习西方先进的科学技术，提出了“师夷长技以制夷”的主张，成为中国近代向西方寻求救国真理的先行者之一。

何谓类书

类书是我国古代辑录各种门类或某一门类资料的工具性书籍，大体相当于现代的百科全书。它一般按一定的方法编排，便于查检、征引以及其他用途，具有突出的工具性质。

最早的正规类书，是三国时代魏文帝曹丕在延康元年（220）命王象等人编纂的《皇览》，分40余部，每部数十篇，共800余万字。现存最早的类书是唐代虞世南在隋时任秘书郎所编的《北堂书钞》，分80部、801类。此外唐代的类书还有《艺文类聚》《初学记》等。宋代是类书大发展的时代，数量与种类远盛于唐，著名的有所谓“宋四大书”——《太平御览》《太平广记》《册府元龟》《文苑英华》。明清两代类书的特点是规模宏大，其中最著名的两部是《永乐大典》和《古今图书集成》，为我国古代类书之最。我国古代类书从三国至清末，见于记载的约有600余种，现存的在300种以上。

类书的编纂目的，一方面是备封建帝王及贵族子弟临事检索、熟悉典故，比如《太平御览》书名就点明是供御览的，而《初学记》则是当时钦命为皇室子弟编写的；另一方面是供文人士子诗文写作、科举考试之用。类书的作用也正在于此。此外，因为类书杂采众书而来，所以保存了许多已经失传的古籍。如据统计，《太平御览》所引录之书，其中十之八九已经失传；清人从《永乐大典》辑出的书，多达500种。由此可见，类书对保存古代文化典籍具有重要作用，对今天的国学学习、研究也有参考价值。

《北堂书钞》的概况

《北堂书钞》是我国现存最早的一部类书，唐初虞世南撰。

虞世南（558—638），唐代大臣、书法家。字伯施，越州余姚（今属浙江）人。曾在隋时任秘书郎，该书即其任职期间抄成。“北堂”是秘书省的后堂。

该书在两《唐书》中著录173卷，分80部、801类。原书已佚，现存为明万历刻本，共160卷，分帝王、后妃、政术、刑法、封爵、设官、礼仪、艺文、乐、武功、衣冠、仪饰、服饰、舟、车、酒食、天、岁时、地等19部，部下分类，共852类。每类先摘录群书字句，再注出书名和列出原文，但不完全注明出处。

该书对于搜集古书佚文、校勘古书文字起了一定的作用。由于成书较早，征引的都是隋和隋以前的古书，材料颇为宝贵。清人严可均辑《全上古三代秦汉三国六朝文》的不少资料来自该书，鲁迅的《古小说钩沉》也利用过此书。

《艺文类聚》的概况

《艺文类聚》是唐代大型类书，欧阳询等奉诏编纂。

欧阳询（557—641），唐代大臣、书法家。字信本，潭州临湘（今湖南长沙）人。曾任弘文馆学士等。奉唐高祖李渊之命领修《艺文类聚》，参加者还有裴矩、令狐德棻等十余人。武德七年（624）成书。由于所引资料主要是文学作品，故名《艺文类聚》。

该书共100卷，约百余万字。全书分天、岁时、帝王、后妃、治政、刑法、衣冠、仪式、宝玉、百谷、鸟、兽、祥瑞、灾异等46部，每部又分子目，共727目。每一子目下，先事后文，事的部分摘取各书中有关资料，文的部分则整篇引用诗文，引文大致按时序排列。共引用书籍 1400 多种，内容包括政治、文艺、自然知识等各个方面。

《艺文类聚》把事与文合编在一起，“事居于前，文列于后”，体例上是一种创新。引文注明出处，引诗文注明时代、作者和标题，且整篇引用诗文，不仅便于查检，也保存了大量文学资料。该书在今天仍是古籍整理和文史研究必不可少的类书。

《太平御览》的概况

《太平御览》是一部综合性类书，北宋四书之一。李昉等奉诏编纂。成书于太宗太平兴国年间。

李昉（925—996），字明远，深州饶阳（今属河北）人。五代时曾任职后晋、后汉、后周三朝；至宋先官中书舍人，太宗时两任中书侍郎平章事（宰相），监修国史。宋四书中，有三部是他主持编纂的。

《太平御览》是现存当时最大的类书，共 1000 卷，分 55 部，5426 类，总字数近 480 万。它纂集宏富，充分利用了皇家藏书，且多用前代类书为蓝本修订增删。引用前代及当时的图书及各种体裁文章达 2579 种，所引用五代以前的文献、古籍十之八九今已失传，赖此书可以找到些残篇断简。由于该书所据为宋代以前古本，故对现存先秦、汉、唐经史典籍，多能勘正其脱漏错讹。作为按部依类检索古代资料的类书，该书有很高的史料价值。但在编纂方面，该书体例时有失当，类目亦有重复，引用书名往往错乱。

《册府元龟》的概况

《册府元龟》是记载历代君臣事迹的官修大型史学类书，北宋四书之一，王钦若等编修，成书于大中祥府六年（1013）。书名为宋真宗赵恒诏题，“册府”是帝王藏书的地方，“元龟”是大龟，古代用以占卜国家大事；书名之意，即指此书可作帝王治国理政的借鉴。

《册府元龟》总计1000卷，共分31部，计有帝王、闰位、僭伪、列国君、储宫、宗室、外戚、宰辅、将帅、台省、邦计、宪官、谏诤、词臣、国史、掌礼、学校、刑法、卿监、环卫、铨选、贡举、奉使、内臣、牧守、令长、宫臣、幕府、陪臣、总录、外臣等。部有总序，言其经制；部下分门，全书共1104门；门有小序，述其指归。所录材料按编年、纪传结合的方式编排。

该书具有重要的史料价值，保存了宋以前的大量资料。其中唐、五代史事部分，是《册府元龟》的精华所在，不少史料为该书所仅见，即使与正史重复者，亦有校勘价值。由于该书征引繁富，也成为后世文人学士运用典故引据考证的重要参考资料。

《永乐大典》的概况

《永乐大典》是我国古代规模最大的一部写本类书，也是至今为世界所公认的一部大型百科全书。全书共22877卷，11095册，总字数达3.7亿。

永乐元年（1403）七月，明成祖朱棣下令编纂大型类书，宗旨是要把天下古今典籍熔于一书之中。翰林侍读学士解缙被指定为总裁官，组织多达147人的队伍编纂，于次年十月编成进呈，朱棣赐名《文献大成》。不久，朱棣发现该书内容多有缺略，失于简单，下令重修，五年（1407）十一月编纂完成，朱棣赐名《永乐大典》，并亲自作序。

《永乐大典》依照明太祖朱元璋颁行的《洪武正韵》的韵目，采用按韵收字、用字系事的体例，采收上自先秦、下至明初的8000余种典籍。举凡天文、地理、人伦、国统、道德、政治制度、名物、见闻以及日月、星辰、风雨、霜雪、山海、江河等均随字收载，分门别类。所收书籍一字不改，整部、整篇或整段照录，故使许多古代文献得以保存。清乾隆时开四库全书馆时，共从《永乐大典》中辑出古书 388 种，其中不乏价值很高的典籍。

《永乐大典》编成后只抄了一部，本打算刻板印行，因工程量太大未果。明世宗嘉靖末年，又重录一部。正本到明末已下落不明，副本在清代也不断缺失，到光绪时仅存 800 余册。八国联军侵入北京时，又有所焚毁，幸存者多被帝国主义者劫去，散藏于世界各地。新中国成立后，国家曾多方搜集 400 余册，入藏北京图书馆。

《古今图书集成》的概况

《古今图书集成》是我国现存规模最大、体例最为完备的古代类书。修成于雍正年间，标明由康熙皇帝钦定、户部尚书蒋廷锡等校定，实际上是由陈梦雷编纂的。

《古今图书集成》共 1 万卷，目录 40 卷，约 1.6 亿字。它综合了清代所能见到的有关古籍的资料，按类编排，分为历象、方舆、明伦、博物、理学、经济等 6 个汇编，每编之下又分成若干典，共 32 典（历象编有乾象、岁功、历法、庶征四典；方舆编有坤舆、职方、山川、边裔四典；明伦编有皇极、宫闱、官常、家范、交谊、氏族、人事、闺媛八典；博物编有艺术、神异、禽虫、草木四典；理学编有经籍、学行、文学、字学四典；经济编有选举、铨衡、食货、礼仪、乐律、戎政、祥刑、考工八典）。典下再分部，共 6109 部；每部按汇考、总论、图表、列传、艺文、选句、纪事、杂录、外编的顺序，辑录古籍，整部、整篇、整段抄入，很少改动。引证详注出处，便于查对原书。该书编成后在雍正年间铜活字印行 64 部，此后又多次印行。

《古今图书集成》体例完备，分类精当，径录原书，注明出处，很为实用，多受人重视。清末康有为评价此书为“清代第一大书，一切做学问之人不可缺少的工具书”；英国科技史家李约瑟博士谈到编写

《中国科学技术史》时也说："我们经常查阅的最大的百科全书是《古今图书集成》……这真是一件无上珍贵的礼物。"

何谓丛书

丛书是汇辑许多种书而成的书。"丛"即"汇聚""聚集"的意思，丛书即"丛聚之书"。

丛书又有"丛刻""丛刊""丛稿""文库"等称谓，而每套丛书又必须有自己的名字。丛书名可以明确标示"丛书"字样，如《四部丛刊》；也可以不明确标示，如《四部备要》。

丛书一般至少要汇辑两种图书，超大型的丛书则有汇辑数千种之多的。丛书中所包含的单种图书旧称"子目"，它必须具有图书的相对完整性。

我国的丛书始于宋代，宋嘉泰年间俞鼎孙、俞经所编的《儒学警悟》被称为第一部汇辑的丛书。咸淳九年（1273）左圭编刊的《百川学海》被视为第一部刊刻的丛书。

明清以来，我国丛书编刊长足发展，数量之多、种类之繁相当突出，如《四库全书》《丛书集成初编》等。

丛书一般有综合性的和分类性的两种。综合性的各科图书均收，如《万有文库》文理各科均收；分类性的则只收某学科或某类性质相近的书，如《艺林名著丛刊》只收书画方面的图书。

丛书对保存、传播图书有一定的作用，尤其是分类性丛书，由于特色突出，很受读者喜爱。

《四库全书》的概况

《四库全书》是现存最大的古代丛书，它收书3500余种，约79300卷，36000册，6700余函，229万页，9.97亿字。

清代乾隆年间，国力达到鼎盛，乾隆皇帝为显示文治武功，也为加强思想控制，于乾隆三十七年（1772）下诏采访遗书。次年，清廷在北京成立“四库全书馆”，以皇六子永瑢等26人为正副总裁，纪昀、陆锡熊、孙士毅为总纂官，陆费墀为总校官，领导纂修官、分校官、监选官等共306人，抄写人1500多人。除大学士纪昀外，当时的不少饱学之士都参与了该书的编纂工作，如经学大师戴震、王念孙以及史学大师邵晋涵等。全书费时10年修成，乾隆四十六年（1781）抄成第一部写本。

《四库全书》采自《永乐大典》辑佚本、内府藏各省采进本、藏书家进献本等，其征采、编纂凝聚了一代学者的学识和智慧，对清以前的历代典籍进行了系统整理和全面总结，对我国古典文献的保存和流传起到了积极作用。但《四库全书》的编修也有很大负面效应，由于清廷奉行文化专制政策，编纂过程中有许多书籍被禁毁、抽毁和删改，给古代典籍带来了又一场浩劫。

《四部丛刊》和《四部备要》的特点

《四部丛刊》和《四部备要》是民国时期的两部大型丛书，分别由商务印书馆和中华书局刊行，各有特点。

《四部丛刊》由张元济主编，先后出版三编，收书约470种。这种丛书的特点，一是实用，多收常用书；二是版本精良，从涵芬楼和私家藏书中选择宋元旧刻、明清精刻、抄本、校本和稿本影印，具有较高文献价值。作为近现代最大的影印古典文献丛书，《四部丛刊》影响很大，至今仍在发挥作用。但由于过分强求稀见版本，而舍弃了较好的常见版本。

《四库备要》前后出版五集，收书336种，共11305卷，线装2500册。由于版本上无法超过《丛刊》，故另辟蹊径，选择研究所需常备古籍刊印，多选带注的版本，甚至包括清代学者整理过的本子。另外，收录了《丛刊》较少收录的表谱、词曲，可补《丛刊》的不足。中华书局还编印有《四部备要书目提要》，对《备要》所收各书解题，对了解古籍很有帮助。

集　部

“集（书）”的概念

“集”的原始意义，是指许多鸟停息在树上。《说文解字》解释为：“集，群鸟在木上也。”

这个字的字形原本有两个：

> “雧”，是指三隹在木上。隹，指短尾的鸟；三，概指其数之多。
>
> “雥”，指三只隹集合在一起。

搁过地点不论，两个字形都有集合的意义。

“集”字的引申义，也有两个方面值得注意：

> 解作“杂”，《孟子》：“是集义所生者。”赵岐注曰：“集，杂也。”
>
> 解作“合”，《史记》：“天下云集响应。”《索隐》曰：“集，合也。”

这就是说，“集”兼有“会聚”与“杂合”的意义。

“集”作为书籍，正具备上述意义，即杂集各种学术或各种文体而成。

历史上有“文集”的称谓，在“集”前冠“文”，并不意味着集中所收是我们今天所说的散文，而是包括所有的辞赋文章，在古代严格区分“文集”“诗集”的情况并不多见。

“集”多是单篇诗文的结集，也有把可以或业已单行的著作乃至子书纳入集中的，尤其是个人著作全集，一般是其人所有著作都收入其中。

“集”因辑入个人作品与多人作品的不同，又区分为别集和总集。别集汇聚个人作品，一般众体皆收，只要是某人作品，不管体裁如何，均收罗无遗；但也有单收某一体裁的，如宋人别集中就有许多是词集，如《东坡乐府》《漱玉词》。总集有的兼收各体，如《文选》诗文兼收；有的则只收一类作品，如《唐宋八大家文钞》。

“集”也指四部中的“集”部。

集部沿革的大概情形

集部是古代图书四部分类法中的一个部类，习惯上也称“丁部”。

集部书在四部中出现得并不算晚，如战国时的《楚辞》，但以“集”来归纳这些书则是四部中最晚的。

西汉——刘歆厘定“七略”，其中有“辑略”，可以看作集部之始。《汉书·艺文志》曰：“刘歆总群书而奏其《七略》，故有《辑略》……”颜师古注曰：“‘辑’与‘集’同，谓诸书之总要。”

魏晋南北朝——开始有人题其著作为“集”，最早的是张融的《玉海集》。荀勖的《中经》有四部之分，其中丁部归入诗、赋和图赞、汲冢之书，比较杂；王俭的《七志》以诗、赋为《文翰志》，比较纯粹，但分类比四部多。阮孝绪的《七录》，虽然也分七类，但其中经典、纪传、子兵、文集四类，已经和后来的四部无多区别。

隋——《隋书·经籍志》首列“集部”，下分三类：楚辞类、别集类、总集类，后附道经和佛经两类。

此后，唐宋以下诸史中，“艺文”或“经籍”志所列集部的分类，都以《隋书》为本，无多出入。

清——《四库全书总目》分集部为五类。

集部各类的大体情况

《四库全书总目》集部分五类，大体情况如下：

一、楚辞类:《楚辞》是集部产生年代最早的作品，而且又不好归入别的类中，故别为一类，列于最前。

二、别集类：个人著作集，如《孔北海集》《魏武帝集》。四部之中，别集最为庞杂。

三、总集类：诸人作品的合编。如《玉台新咏》《文选》等。

四、诗文评类：评诗衡文的著作，兴起于齐梁之间，如钟嵘《诗品》、刘勰《文心雕龙》等。后世十分突出的一类著作“诗话”，即属此类。

五、词、曲类：词、曲向来被认为在文章技艺间是下品，故不受重视。但总归为一代文学，又有许多作者、著作，故别为一类。

以上各类中，楚辞类最少，别集类最多，故其下又按时代分别为几段，但已不属于分类。

楚辞的概况

楚辞是战国时期兴起于楚国的一种诗歌样式。后来发展为一种文体，称“楚辞体”，也称“骚体”。

“楚辞”一名最早见于西汉前期（《史记·酷吏列传》：“庄助使人言买臣，买臣以楚辞与助俱幸……”），汉代人称之为“辞”或“辞赋”。又因屈原《离骚》是楚辞最具代表性的作品，所以后人也以“骚”来称楚辞。从汉代开始，楚辞又成为屈原、宋玉等人作品的总集名。

楚辞渊源于江淮流域楚地人用方音、土语所唱的歌谣，如古籍所载的《楚人歌》《越人歌》《阳春》《白雪》等即为代表。它不是四言体，形式、风格都与中原地区的民歌不同，在隔句末尾都用语气助词“兮”字。到战国中期，屈原作品的出现最终使楚辞成为一种文学样式。

楚辞的主要作者是屈原，此外还有宋玉、唐勒、景差，但唐、景的作品没有流传下来。西汉末，刘向辑录屈原、宋玉以及汉代人模仿楚辞的作品，书名题作《楚辞》。东汉王逸又有所增益，分章加注成《楚辞章句》，也即楚辞传世之本。

宋人黄伯思曾概括楚辞的特征说：“盖屈宋诸骚，皆书楚语，作楚声，纪楚地，名楚物，故可谓之‘楚辞’。”（《校定楚辞序》）《楚辞》中屈、宋作品所涉及的历史传说、神话故事、风俗习尚以及艺术手法、抒情风格，都具有鲜明的楚文化色彩。

楚辞对其后的赋体、骈文、五七言诗的形成，都产生了深远影响。《诗》《骚》并称，是中国古典诗歌的两大源头。

屈原及其著述

屈原（约前340—约前278），名平，字原，丹阳秭归（今属湖北）人。战国时楚国政治家、诗人，楚辞的创立者和代表作者。楚国宗室贵族，世代担任楚国显要职位。

屈原学识渊博，明于治乱，长于辞令。任楚怀王三闾大夫、左徒，颇受信任，对内与怀王商议国事，制定政策，发布号令；对外则接待宾客，参加合纵派与秦国斗争，两度出使齐国。欲辅佐怀王实行变法，改革楚国政治，富国强兵，却遭到旧贵族集团强烈反对，纷纷加以中伤，终因上官大夫谗毁而被怀王贬黜。后怀王受张仪欺骗，绝齐亲秦，结果两败于秦，便派屈原出使齐国。屈原归来后，劝怀王联齐抗秦，杀掉张仪，怀王不听。公元前299年秦国邀怀王会盟，屈原阻谏未成，结果怀王入秦被扣不返。

约在怀王末年，屈原被流放于汉北地区。顷襄王时，因令尹子兰、上官大夫的毁谤，屈原又一次被长期流放于江南地区。他在沅、湘一带辗转流离，达九年之久。在流放中，他始终不忘国事，但对于国家、宗族之事却无可奈何。眼见楚国日趋危亡，他终日悲叹，抑郁悲愤，写下了许多著名诗篇，最后自沉汨罗江而死。

关于屈原的作品，历代各家有不同观点。刘向刘歆父子、《汉书·艺文志》以及王逸都认为有 25 篇，即《离骚》《天问》《远游》《卜居》《渔父》各 1 篇。《九章》9 篇，《九歌》11 篇，司马迁《史记》说还有《招魂》1 篇，有学者认为《大招》也是屈原作品。但也有人怀疑《远游》《卜居》《渔父》以及《九章》中的若干篇章如《惜往日》《悲回风》，并非出自屈原手笔。

大体说来，《离骚》《天问》《九歌》可以作为屈原作品三种类型的代表。《九章》《远游》《卜居》《渔父》内容和风格与《离骚》同属一类，大都有事可据，有义可陈，亦是屈原作品。

《离骚》的概况

《离骚》是屈原的代表作，又是中国古代最长的抒情诗（共 373 句，2400 多字）。司马迁称“其文约，其辞微，其志洁，其行廉。……推此志也，虽与日月争光可也”（《史记·屈原贾生列传》）。

《离骚》又称《离骚赋》、《骚》等。对篇名的含义，司马迁释为“离忧”，班固释为“遭忧”，王逸释为“别愁”，也有人释为“牢骚”或“劳商”（楚国古曲名）。

《离骚》的前半部分叙述屈原的身世、抱负、辅佐楚王改革弊政的斗争以及境遇，表明决不同流合污的政治态度和“九死未悔”的坚定信念。后半部分先写女媭劝告、陈词重华，总结历史上兴亡盛衰的经验教训，肯定了自己的政治主张；进而写幻境，神游天地，上下求索，结果欲见天帝而不得，欲求美女而无获；接着写请灵氛占卜、巫咸降神以决去留，决定听从灵氛劝告，去国远游，但在乘龙西游之中看见楚国故土，终不忍离开，决心以死来殉自己的理想。全诗对楚国的腐败政治和黑暗势力作了无情的揭露和斥责，充分表现了诗人追求理想、热爱国家、嫉恶如仇的精神和修身洁行、坚贞不屈的节操。

《离骚》在中国文学史上第一次出现了富有个性特点的抒情主人公形象，标志着抒情诗进入了新的境界。它想象丰富，大量运用、自由驱使各种神话传说，把现实、历史、神话交织在一起，极具浪漫主义色彩。诗中大量运用“香草美人”的比兴手法，把《诗经》中单纯、片段的比兴发展成为连贯、系统、整体的比兴，使之具有了整体上的象征性质。语言上突破了《诗经》以四言为主的格局，每句五、六、七、八、九字不等，间或有三字和十字句，通篇隔句句尾用“兮”字，为骚体文学的兴起奠定了基础；大量使用方言词汇、双声叠韵词和虚词，带有浓厚的南国情调和地方色彩。

《离骚》高度的艺术成就与丰富深刻的思想内容完美结合，使它成为中国文学史上光照千古的绝唱，对后世影响深远。

《九歌》的概况

《九歌》是屈原根据南楚民间祭神乐歌加工改写而创作的一组娱神的祭歌，共 11 篇。“九歌”本是传说中的古乐章的名称，屈原借用为篇名；其中的“九”字，是个虚数。

《九歌》的 11 篇分别是：《东皇太一》《云中君》《湘君》《湘夫人》《大司命》《少司命》《东君》《河伯》《山鬼》《国殇》《礼魂》。除最后一篇《礼魂》是送神曲，为各篇所通用外，其余 10 篇各祭一神。

《九歌》所祭可分为三类，有天神：东皇太一（天神之尊者）、云中君（云神）、大司命（主寿命之神）、少司命（主子嗣之神）、东君

（太阳神）；地祇：湘君和湘夫人（湘水神）、河伯（河神）、山鬼（山神）；人鬼：国殇（阵亡将士之魂）。其中除“东皇太一”为至尊神、“国殇”为烈士而均为男性外，其余都是配偶神，即东君（男）与云中君（女）、大司命与少司命、湘君与湘夫人、河伯与山鬼。《九歌》重在抒写神的恋情，多有男女相悦之辞，因此它是祭歌外衣之下的抒情诗，呈现出深邃、婉丽的情调，独具魅力。

《天问》的概况

《天问》是屈原内容最为丰富的作品。关于篇名，有人认为天尊不可问，所以不作“问天”而作“天问”；有人认为天统摄万物，所以关于万事万物的问题可以统称为“天问”。

《天问》的创作，王逸《楚辞章句》说是屈原被放逐之后，忧心愁惨，彷徨山泽，在楚国先王之庙及公卿祠堂里看到壁画上的天地、山川、神灵、古人、怪物等故事，于是题词发问，作成此篇。但此说不一定可靠。

《天问》全诗共 374 句，连续提出 172 个问题，涉及哲学、政治、伦理观念等。前半部分问有关天地自然及神话传说之事，涉及宇宙形成、天地开辟、日月运行、山川河流等各个方面；后半部分问有关人世历史及传说之事，从大禹一直问到楚国君主，涉及众多历史人物及史实。全诗表现了屈原渊博的学识、深沉的思考、丰富的想象，反映了他大胆的怀疑、批判和探索精神。

《天问》结构宏伟，气势磅礴，奇气逼人；句式以四言为主，间以杂言，参差错落而有风致。它对于研究当时的社会历史和文化有重要价值。

《卜居》《渔父》《远游》等篇的概况

《卜居》写屈原被放逐，“三年不得复见”，为此心烦意乱，请太卜郑詹尹决疑。屈原先提出一连串世道不清、是非颠倒的疑问，表示只能“用君之心，行君之意”。实际上却并非真的写问卜决疑之事，不过借以渲泻愤世嫉俗之意罢了。全篇用问答体，呈现散文化；形象鲜明，对比强烈，充满激愤之情。

《渔父》写屈原在流放中与一位渔父的问答之辞，表现了渔父的“与世推移”、随波逐流和屈原的决不向世俗妥协、不向邪恶低头两种思想认识的尖锐对立。采用对话体，取散文形式而又部分押韵，文字空灵轻妙，堪称散文诗的佳作。

《远游》写屈原不容于世而离群远游，描写了神游上天、浮游八极的情景。表现手法与《离骚》相似，但其出世思想却与《离骚》的入世思想相反。

《招魂》和《大招》的内容，都是劝魂魄归来，不要乱跑，对居止、饮食、游戏、陈设的描写华美、铺张，想象奇诡。

宋玉及其辞赋

宋玉（生卒不详），战国后期楚国辞赋家。《史记·屈原贾生列传》载：“屈原既死之后，楚有宋玉、唐勒、景差之徒者，皆好辞而以赋见称；然皆祖屈原之从容辞令，终莫敢直谏。”《韩诗外传》说“宋玉因其友见楚襄王”，刘向《新序》也说他“因其友以见于楚襄王”，习凿齿《襄阳耆旧传》记载宋玉为“楚之鄢人也，故宜城有宋玉冢。始事屈原，原既放逐，求事楚友景差”。大体可知宋玉生在屈原之后，出身寒微，仕途不得志。

《汉书·艺文志》著录宋玉作品 16 篇，今所传宋玉的作品无异议的只有《九辩》1 篇。此外，《风赋》《高唐赋》《神女赋》《登徒子好色赋》也多被人认为是宋玉所作。

《九辩》是一首自叙性的长篇抒情诗，借悲秋来抒写贫士的不平之情，记述了作者忠而有才，但怀才不遇、受人排挤、穷困落魄的经历，一定程度上揭露了黑暗的现实，但追求真理、坚持抗争的精神远逊于《离骚》。该诗借景抒情，情景交融，句法多变，语言优美，感情真挚动人。诗中有关秋景的描绘历来脍炙人口，对后世文学中的“悲秋”传统有深远影响。

《高唐赋》《神女赋》《登徒子好色赋》描写女性的神情、体貌，想象丰富，长于铺陈，但多佚荡的情思而乏讽谕之意，为后世宫体、艳情诗的发端，对于后世辞赋也有一定影响。

宋玉在楚辞与汉赋之间，承前启后，在文学史上常“屈宋”并称，但其成就远不如屈原。

赋的形成和发展

赋是我国古代的一种文体。其名称最早见于战国后期荀况的《赋篇》。但作为文学体制则可以追溯到楚辞。

“赋”最早的含义是“诵说”，后来发展出“铺陈”的意思。作为文体，屈原等人创作的楚辞与赋关系密切，汉人编辑其作品时即称“屈原赋”，后世也多辞赋并称。

赋的特点是“铺采摛文，体物写志”（刘勰《文心雕龙 · 诠赋》）；“诗缘情而绮靡，赋体物而浏亮”（陆机《文赋》）。概括来说，赋注重铺陈与形容，讲究辞采、韵律，词藻华美，色彩绚丽。

赋体大致经历了骚赋、汉赋、骈赋、律赋、文赋几个阶段。

自汉以后，各代均有文人创作赋，但唐以后的赋多为文赋。

骚赋、汉赋、骈赋、律赋、文赋

骚赋、汉赋、骈赋、律赋、文赋，是赋的不同发展阶段所体现出来的不同类型，各有其特点。

骚赋指屈原、宋玉为代表的楚辞以及后世模仿楚辞的作品。特点是抒情浓郁，意象奇瑰，声调绵邈。

汉赋主要指汉代流行的大赋。特点是篇幅较长，结体严密，气象壮阔，文辞赡富，风格肃穆典重。

骈赋也叫俳赋，是汉赋变体，流行于两晋南北朝。特点是骈四俪六，全篇均由四言和六言的对仗组成，句式整齐；辞藻雅丽，声色缤纷；两句一韵，依章节内容换韵；逐渐讲求平仄，富有音乐美；篇幅较短。

律赋盛行于唐代，是科举考试的科目，也叫帖子赋。这种赋比骈赋更注重对仗与声律的工整严密，全篇字句数和韵式也有严格限制。

文赋是赋体骈俪化的反拨。在唐宋古文运动的影响下，一部分赋返归散文，被称为文赋。特点是不讲对偶、音律、藻采、典故，章法开放流畅，句式错落多变，押韵比较自由。

赋体正宗：汉大赋

赋是汉代最流行的文体。在两汉 400 年间，许多文人都致力于赋体写作，盛极一时。后世常把赋看成是汉代文学的代表，称为“汉赋”；而汉代盛行的“汉大赋”，则被视为赋体的正宗。

汉大赋是文学体裁发展的必然结果，也与当时国土辽阔、国势强盛的国情，帝王及臣僚们喜欢雄宏伟大的好尚有关。

汉大赋由枚乘《七发》开其端，代表作家有司马相如、东方朔、扬雄、班固等。代表作品如司马相如的《子虚》《上林》二赋，扬雄的《甘泉》《河东》《羽猎》《长杨》四赋，以及张衡的《二京赋》等。

汉大赋内容大多描写汉帝国威震四邦的国势，新兴都邑的繁荣，水陆产品的丰饶，宫室园囿的富丽，以及皇室贵族田猎、歌舞的壮丽场面等。

汉大赋的艺术特点是：体制宏大，结构严谨，章法上多采用问难对答的形式；句式参差错落，韵文中夹杂散文；语言富赡瑰丽，好用典故与难字；气象壮阔，表现出堂皇肃穆、庄严典重的风格。

汉赋在丰富文学作品的词汇，锻炼语言辞句、描写技巧方面成就颇高，对于建安以后的诗文影响深远。但也存在“假象过大，则与类相远；逸辞过壮，则与事相违；辩言过理，则与义相失；丽靡过美，则与情相悖”（挚虞《文章流别论》）的缺陷。

贾谊及其著述

贾谊（前 200—前 168），西汉文学家、政治家。洛阳人。因做过长沙王太傅，故世称贾太傅。早年以博学能文闻名于郡中，后被荐任博士，掌文献典籍。受到汉文帝重视后，外任太中大夫，朝廷法令、规章制度多由其主持进行。因部分朝臣不满、散布谣言而被文帝疏远，离开都城任长沙王太傅。四年后回都城任梁怀王太傅，屡次上疏言事而不被采纳。后梁怀王堕马而死，贾谊以未能尽太傅之责而悲泣自咎，不久去世。有《贾长沙集》传世。

贾谊的著作，《汉书·艺文志》著录有文 58 篇，赋 7 篇。其文主要是政论文和奏疏，前者有《过秦论》，后者有《陈政事疏》（又名《治安策》）。这些文章颇有战国纵横家的风格，纵横捭阖，或铺张渲染，或肆笔情感，说理透辟，议论尖锐，行文畅达，文气充沛，极富感染力。

贾谊辞赋传世很少，代表作为《鵩鸟赋》《吊屈原赋》。前者采用主客问答方式抒写怀才不遇的愤懑，形式上显示出骚体赋过渡到汉赋的端倪。后者写于赴长沙过湘江时，抒发对屈原的同情并寄寓自己的身世之感。

枚乘及其《七发》

枚乘（？—前140），西汉辞赋家。字叔，淮阴（今属江苏）人。因劝吴王刘濞而知名，“七国之乱”后被拜为弘农都尉，称病离职，做了梁孝王刘武的文学侍从。汉武帝时慕名安车蒲轮迎接，因年老而死于途中。《汉书·艺文志》著录其作品有赋9篇，今存3篇；此外今尚存文2篇。

枚乘的代表作是《七发》。赋中假设楚太子有病，吴客前来探望，互相问答，构成七大段文字。吴客认为楚太子之病在于贪欲过度、享乐无时，非药石可奏效，而举音乐、饮食、乘车、游宴、田猎、观涛六事的乐趣，逐步诱导楚太子改变生活方式；最后向其引见“方术之士”，“论天下之精微，理万物之是非”，太子霍然而愈。作品具有明显的讽谏意义。

《七发》以铺张、夸饰的手法描绘事物，穷形尽相，语汇丰富，辞藻华美；结构宏阔，构思巧妙；行文流畅，富于气势。该赋标志着散体大赋的正式形成。后来沿袭该赋结构形制的作品很多，如傅毅《七激》、张衡《七辩》、王粲《七释》、曹植《七启》、陆机《七徵》、张协《七命》等。赋史上，这些作品成为一种专体，称为“七体”。

司马相如及其辞赋

司马相如（前179—前117），西汉辞赋家。字长卿，蜀郡成都（今属四川）人。少好读书击剑，景帝时为武骑常侍。后为梁孝王门客，与邹阳、枚乘等交游，著《子虚赋》。梁孝王死后归蜀，琴挑临邛富商卓王孙寡女卓文君，二人私奔后卖酒为生。汉武帝即位后，读《子虚赋》，甚为赏识，因得召见。又作《上林赋》以献，武帝大喜，拜为郎。曾两次奉命出使西南，后拜孝文园令，继而病免至终。其文章辞赋，明人张溥辑为《司马文园集》。

司马相如的辞赋成就较高，《汉书·艺文志》著录29篇，今存《子虚赋》《上林赋》《大人赋》《长门赋》《美人赋》《哀秦二世赋》6篇。《子虚赋》《上林赋》是其代表作，《史记》将其合为一篇，称为《天子游猎赋》。两赋假设楚国子虚、齐国乌有先生各以本国山川湖泽之广、物产珍宝之丰、国王田猎之盛互相夸耀辩难，歌颂了大一统王朝无可比拟的气魄与声威，同时又委婉劝谏统治者不要过分奢侈。两赋结构宏伟，词汇丰富，气势充沛，确立了汉赋"劝百讽一"的赋颂传统和铺张扬厉的大赋体制，成为后世模仿的样板。

司马相如出使西南时所写的《谕巴蜀檄》《难蜀父老》两文，议论纵横，说理透彻，独具文采，对后世政论和告谕文体影响深远。另有《上书谏猎》《封禅文》。诗歌现存《琴歌》和《郊祀诗》两首。

扬雄及其著述

扬雄（前53—18），西汉辞赋家、哲学家。字子云，蜀郡成都（今属四川）人。曾官大夫。王莽时，刘歆之子刘歆上符命，王莽大怒。扬雄担心受牵连，自杀未遂。后称病去职，贫病而卒。

扬雄作赋以司马相如为榜样，其《甘泉》《羽猎》二赋就是模仿相如《子虚》《上林》而作，后世有"扬马"之称。二赋内容为铺写天子祭祀之隆、苑囿之大、田猎之盛，结尾兼寓讽谏之意。《解嘲》《逐贫》《酒箴》诸赋自述情怀，别具一格；其中后两篇一为小赋，一为咏物赋，构思新颖有趣。此外，扬雄还仿效屈原楚辞，写有《反离骚》《广骚》和《畔牢愁》等作品。

扬雄散文亦有一定成就，《谏不受单于朝书》即为优秀的政论文。其《法言》模仿《论语》，语约义丰，对唐代古文运动产生过积极影响。

张衡及其著述

张衡（78—139），东汉科学家、文学家。字平子，南阳西鄂（今河南南阳北）人。17岁即游学三辅，后入京师，就教于太学，贯通五经六艺。淡于功名，公府屡召不就。后曾任南阳主簿、太史令、侍中、河间相等职。任河间相时颇有政声，后人称为“张河间”。

张衡博学多能，精通天文、历算，著有《灵宪》《算罔论》《浑天仪图注》等科学著作，并发明了举世闻名的浑天仪、地动仪。他反对当时流行的谶纬迷信，曾上《请禁绝图谶疏》。他的文学作品主要是辞赋和诗歌。明人辑有《张河间集》。

张衡辞赋现存的有《西京赋》《东京赋》《思玄赋》《归田赋》《髑髅赋》等。其中《西京赋》《东京赋》合称《二京赋》，历10年始成，是东汉后期最著名的大赋。赋的主旨是讽刺、规谏统治阶级，劝他们不要太过奢侈淫佚。赋中对都市商贾、侠士、辩士的活动以及杂技和百戏的演出有所描写，栩栩如生。《归田赋》是优秀的抒情小赋，语言清新，情味悠长，骈偶化倾向明显，对魏晋抒情赋的发展有重要影响。

张衡的诗歌成就也很突出。《四愁诗》是其代表作，以情诗形式寄托政治怀抱和失意的忧愁，兴寄幽深。

汉乐府的概况

乐府本是汉代掌管音乐的官署，因其专事搜集、整理民歌俗曲，故这些作品亦被称为乐府（诗）。乐府诗在两汉最为繁荣，故又有“汉乐府”之称。

今存汉乐府之中，最有价值的作品是50余首民歌以及少量有名或佚名文人的诗歌。后一类作品如无名氏文人写的古诗，还有李延年的

《北方有佳人》、辛延年的《羽林郎》、宋子侯的《董娇娆》等。

汉乐府民歌的题材十分广泛，有揭露和讽刺统治者的，如《鸡鸣》《相逢行》；有表达人民悲惨生活和抗争情绪的，如《妇病行》《孤儿行》；有反映战争给人民带来的痛苦的，如《战城南》《十五从军行》；有表现妇女机智美丽和执着追求的，如《陌上桑》《孔雀东南飞》；有描写游子和思妇的，如《艳歌行》《饮马长城窟行》。

汉乐府民歌大多写实，以事为主，即事见义；充分运用比兴手法，委婉曲折，含蓄有味；五言为主，兼有七言、杂言，句式灵活；语言具有生活气息，通俗易懂，又能朗朗上口。

《孔雀东南飞》的内容与艺术特色

《孔雀东南飞》是汉乐府民歌中的长篇叙事诗。大约创作于东汉献帝建安年间。最早见于《玉台新咏》，题为《古诗为焦仲卿妻作》。《乐府诗集》载入《杂曲歌辞》，题为《焦仲卿妻》。近人多取首句拟题，称《孔雀东南飞》。

该诗写庐江府吏焦仲卿同刘兰芝是一对恩爱夫妻，但焦母认为自家是高门大家，歧视兰芝，逼迫仲卿出妻。兰芝被遣回娘家后，在兄长逼迫下答应再嫁太守公子，却在新婚之夜投水自尽，以身殉情，仲卿也自缢身亡。最后“两家求合葬”，墓地树上一对鸳鸯鸟夜夜相向而鸣。该诗有力控诉了封建礼教、封建家长制和门第观念的罪恶，寄托了青年男女要求婚姻、爱情幸福的美好愿望，具有高度的思想意义。

艺术上，全诗故事完整，情节动人，冲突强烈，有很强的戏剧性；善于通过个性化的对话和人物行动的描写刻画人物形象；又善于运用铺陈、比兴等手法烘托渲染；语言精练通俗，生动活泼。

该诗是汉乐府最高成就的代表，历代传诵不衰，“五四”时期还被改编成各种剧本搬上舞台。

曹操及其《魏武帝集》

《魏武帝集》是曹操作品集，以尊号名，共收诗文约 150 篇。

曹操（155—220），汉魏间政治家、军事家、文学家。字孟德，小字阿瞒，沛国谯（今安徽亳州）人。自幼机警有智谋，20 岁即举孝廉。曾参与镇压黄巾起义，后起兵讨董卓，迎汉献帝刘协迁都许昌，挟天子以令诸侯，统一北方。后进位丞相及大将军，封魏王。死后其子曹丕称帝，追尊为武帝。曹操工诗能文，书法、音乐方面都有较高修养，又精通兵法。有《魏武帝集》及《孙子注》传世。

曹操的文学成就主要在于诗歌。《魏武帝集》收录诗歌不足 20 首，全部是乐府诗体。按内容可分三类：一是关涉时事的，反映汉末战乱和人民的苦难生活，被誉为“汉末实录”（钟惺《古诗归》），代表作有《薤露行》《蒿里行》《苦寒行》《步出夏门行》等；二是表述理想的，代表作有《对酒》《度关山》《短歌行》等；三是游仙诗，代表作有《秋胡行》等。曹操诗歌继承《诗经》、楚辞和汉乐府民歌的优良传统，又加以创造，常以旧题表现新内容，气魄宏伟，慷慨悲凉，代表了“建安风骨”的特色，推动了五言诗的发展。

《魏武帝集》中的散文多是应用性文字，可分为表、令、书三类。代表作有《让县自明本志令》《与王修书》《请追增郭嘉封邑表》等。

曹植及其《曹子建集》

曹植（192—232），三国魏文学家。字子建，沛国谯（今安徽亳州）人，曹操第三子，曹丕同母弟。曾封陈王，死后谥“思”，世称“陈思”或“陈思王”。自幼聪慧，深得曹操宠爱，曾欲立为太子，后失宠。曹丕称帝后，曹植备受猜忌与迫害，屡遭贬爵、迁封，后忧郁而死。

曹植志向高远，希望在政治上有所作为；且自视甚高，也不乏卓见。他思想驳杂，杂糅儒道、阴阳，法家也有涉猎。勤于著述，诗、赋、各体散文，不论数量质量，都冠绝当时。

曹植与父亲曹操、兄长曹丕并称“三曹”，但文学成就高出父兄。他是建安文学的集大成者，对后世影响很大。南朝诗人谢灵运曾说：“天下才共一石，子建独得八斗。”明末清初诗人冯班亦云：“千古诗人，唯子美可配陈思王。”清代诗人王士祯论汉魏以来两千年间诗家堪称“仙才”者，曹植、李白、苏轼三人而已。

《曹子建集》（亦曾著录为《陈思王集》）共 10 卷，收录了曹植的诗文辞赋约 210 余篇。

《曹子建集》收录较完整的诗歌有 80 余首，一半以上为乐府诗体。以曹丕即位分为前后两期。前期诗歌分两类：一是描写他作为公子的游宴生活，内容空虚浮泛，如《斗鸡》《公宴》等；二是立足时代，反映社会的乱离，抒发建功立业的雄心，代表作有《送应氏》《名都篇》《白马篇》等。后期诗歌抒写遭受猜忌与迫害的痛苦和哀怨，表现不甘弃置、用世立功的愿望，代表作有《赠白马王彪》《七哀诗》《怨歌行》等。还有一些游仙诗，多借以发泄现实生活的苦闷，寄寓对自由生活的向往。曹植的诗以五言为主，形成了“骨气奇高，辞采华茂”（钟嵘《诗品》）的独特诗风，全面代表了建安时代诗歌创作的成就，对后世文学尤其是五言诗的发展影响甚大，曹植因此被视为五言诗的一代宗匠。

《曹子建集》收赋 40 余篇，分为纪事、述志、咏物三类。这些赋取材广泛，形制短小，感情强烈，其中《洛神赋》《鹞雀赋》成就较高，历代传诵，颇有影响。

《曹子建集》收录散文近百篇，包括颂赞、铭诔、碑文、哀辞、章表、令、书、序、论、杂说等多种体裁。语言华美、流畅，代表作有《与杨德祖书》《求自试表》《藉田说》等。

建安七子

建安七子指东汉末建安年间的七位文学家：孔融、陈琳、王粲、徐幹、阮瑀、应玚、刘桢。又因七人同居邺中，故亦称“邺中七子”。曹丕在《典论·论文》中最早提出七子之说，将七人并举，称赞他们“斯七子者，于学无所遗，于辞无所假，咸以自骋骥騄于千里，仰齐足而并驰”。

建安七子才华横溢，以诗文显赫当世，对于造成当时云蒸霞蔚的文学盛观，对于“建安风骨”的形成和促成五言诗体的确立，都作出了很大贡献。这七人大体代表了建安时期除曹氏父子外的优秀文学家。

建安七子的诗歌以五言诗为主，优秀之作皆情采飞扬，变化多致，在五言诗发展史上占有重要地位。辞赋多为抒情小赋，内容广泛，题材日常化，常直接描写政治事件，反映社会现实。散文形式上逐步骈化，多用典故，对偶整饬，在汉末到西晋的散文骈文化过程中起着过渡作用。

何谓“建安风骨”

“建安风骨”指汉末建安时期文学创作，尤其是诗歌创作所形成的一种特色，这种特色表现在思想内容和艺术表现两个方面：关心现实和民生，内容充实；情辞悲凉慷慨，格调刚健，遒劲有力。代表作家为三曹、七子以及缪袭、吴质、杨修、蔡琰等。

建安文学繁荣和“建安风骨”的形成与曹氏父子有关。刘勰《文心雕龙·时序》中说：“自献帝播迁，文学蓬转，建安之末，区宇方辑，魏武以相王之尊，雅爱诗章；文帝以副君之重，妙善辞赋；陈思以公子之豪，下笔琳琅，并体貌英逸，故俊才云蒸。”曹氏父子不仅在创作上作出表率，成为建安作家集团的核心，也为众多作家提供了物质条件和创作氛围。

“建安风骨”历来为后世作家和文学理论家所推重，常被当作进步文学的一面旗帜，用来作为反对靡弱诗风的武器，影响十分深远。

王粲及其著述

王粲（177—217），汉末文学家，“建安七子”之一。字仲宣，山阳高平（今山东邹城）人。少时得到蔡邕的赏识，被称为“有异才”。17岁时因战乱避难荆州，依附荆州牧刘表，历16年而不得重用。后归附曹操，任丞相掾，赐爵关内侯，又转迁军谋祭酒。位至魏国侍中，后世因称“王侍中”。

王粲精于数学、棋艺，熟悉前代典章礼仪，尤以诗赋见长。在建安七子中，其文学成就最高，被刘勰称为“七子之冠冕”（《文心雕龙·才略》）。明人张溥辑有《王侍中集》1卷，收入《汉魏六朝百三家集》。

王粲诗今存20余首，有四言、五言两种体裁。四言诗大多作于前期，多抒发悲苦情怀，如《思亲诗》。五言诗成就较高，《七哀诗》3首、《从军诗》5首为代表作。《七哀诗》第一首描写关中战乱给国家、人民带来的灾难，是对时代惨剧的真实写照。

王粲赋今存20余篇，多为骚体，形制短小。其中，《登楼赋》是我国古代抒情小赋的名篇，抒写怀乡之情与怀才不遇的沉痛，简洁明快，不同于汉大赋的雕琢堆砌和铺张扬厉。

竹林七贤

竹林七贤指魏晋间的嵇康、阮籍、山涛、向秀、阮咸、王戎、刘伶七位名士。《魏氏春秋》说，此七人“相与友善，游于竹林，号为七贤”（《三国志·魏书·嵇康传》裴松之注引）。他们是曹魏正始年间文坛的代表作家，在当时有较大影响。

竹林七贤虽七人并提，但思想倾向不同：嵇康、阮籍、刘伶、阮咸始终服膺老庄，越名教而任自然；山涛、王戎则好老庄而杂以儒术；向秀则主张名教与自然合一。

七人在政治倾向上也有较大不同：嵇康、阮籍、刘伶等曾仕魏，对以晋代魏的司马氏集团持不合作态度；向秀在嵇康被害后被迫出仕；阮咸、山涛、王戎则投靠司马氏，历任高官。

七人的文学成就也差距极大，其中阮籍的五言诗、嵇康的散文在文学史上都占有重要地位；向秀的作品今存唯《思旧赋》一篇，亦称名作。

阮籍及其著述

阮籍（210—263），三国魏思想家、文学家。“竹林七贤”之一，与嵇康齐名。字嗣宗，陈留尉氏（今属河南）人。建安七子之一阮瑀的儿子。在魏时曾任步兵校尉，世称阮步兵。魏高贵乡公时封关内侯，任散骑侍郎。入晋后接受司马氏授予的官职，历任散骑常侍、步兵校尉等职。

阮籍本有济世之志，政治上倾向于曹魏，对司马氏高压政治不满，但明哲保身，纵酒佯狂，口不臧否人物。他不拘礼节，曾以白眼对待拘守礼俗之士。他寄情老庄，是魏晋玄学的重要人物，但对儒学也不一概排斥。《大人先生传》《通老论》《达庄论》等文，反映了他的哲学思想。

《隋书·经籍志》著录阮籍有集13卷，已佚。明人张溥辑《阮步兵集》，另一种明刻本则称《阮嗣宗集》。诗文均辑入。

阮籍诗、文、赋皆有成就，尤以诗著。

阮籍的诗歌主要是五言《咏怀诗》82 首，另有四言《咏怀诗》若干。这些诗包括了阮籍一生不同时期的作品，总题为“咏怀”，全都是咏怀抒情之作。内容可概括为两个方面：一是自述生平经历及志向，二是表现惧祸忧生心情。这些诗揭露了封建统治阶级内部的种种罪恶和黑暗，抨击了虚伪的礼教，抒写了正直之士在当时恐怖政治统治下壮志难酬的苦闷，充满了愤世嫉俗之情。但由于历史和时代的局限，诗中也掺杂着消极遁世的颓废思想。诗风浑朴、含蓄；才藻艳逸，引人联想。但由于诗人畏祸而大量运用比兴、寄托与象征等手法，致使诗旨遥深，隐晦曲折，令人费解。

阮籍今存赋 6 篇，散文 9 篇。其赋或咏物、或述志，篇幅短小，代表作有《清思赋》《首阳山赋》等。散文代表作为《大人先生传》，采用辩难方式，阐发了越名教而任自然的旨趣，时见对偶文句，铺排较多，音节整齐，以思想锋芒锐利名世。

左思及其著述

左思（约 250—约 305），西晋文学家。字太冲，齐国临淄（今山东淄博）人。出身儒学世家，发愤勤学。貌丑少言，不喜交游。后因其妹左棻以才名被选入宫，遂移居京师，任秘书郎中。曾为权贵贾谧讲《汉书》，贾谧被诛后隐退，专意典籍。晚年迁居冀州，后病逝。左思诗、赋皆能，后人辑有《左太冲集》。

左思赋今存两篇，为《三都赋》和《白发赋》。《三都赋》构思十年，体制宏大，事类广博，文采富丽。此赋一经问世，便受到许多名士的重视，皇甫谧作序，张载、刘逵作注，张华称赞，以致“豪贵之家，竞相传写，洛阳为之纸贵”。

左思诗现存 14 首，为《咏史》8 首、《招隐》2 首、《悼离赠妹》2 首、

《杂诗》1首、《娇女诗》1首。其中《咏史》8首为其代表作，诗歌打破旧时咏史诗一诗咏一事的窠臼，将史实错综融会，连类引喻、前后呼应，较为完整地反映了作者一生的思想历程。风格遒劲雄健，虽然抒发内心的郁闷苦恼，但并无沮丧颓废的情绪，大有建安文学慷慨任气之风，形成了“左思风力”（钟嵘《诗品》语）。另外，《娇女诗》感情真挚，形象传达了对小女儿的疼爱之情。《招隐》中的“非必丝与竹，山水有清音”是广为传诵的名句。

陶渊明及其《陶渊明集》

陶渊明（约365—427），东晋文学家。字元亮，一说名潜，字渊明。唐人避唐高祖李渊讳，曾称陶泉明。自号五柳先生，卒后友人私谥靖节征士（《陶征士诔》）。浔阳柴桑（今江西九江）人。曾任江州祭酒，但由于忍受不了俗吏事务，不久便自动辞归，躬耕自给。以后又屡官屡辞。晋安帝义熙元年（405），出仕彭泽令，仅80余日，因不愿为五斗米折腰而去职。从此远离官场，长归田园，至死未仕。陶渊明工诗能文，尤以诗著。

陶渊明是田园诗的开创者，在诗坛拥有崇高地位。朱光潜认为：可以和他比拟的，前只有屈原，后只有杜甫。他的散文也深受后世文人推崇，欧阳修甚至认为“两晋无文章，幸独有此篇（指《归去来兮辞》）耳”。

陶渊明作品有《陶渊明集》（亦称《靖节先生集》《陶潜集》）10卷传世。

《陶渊明集》收录诗文辞赋等作品共142篇，以诗歌为主。

陶诗以五言诗为佳，可大略分为两大类：一类是继承汉魏传统的咏怀诗；一类是几乎很少先例的田园诗。其咏怀诗内容丰富，有中年游宦在外的行旅诗，有晚年归田以后写的《杂诗》《饮酒》《咏贫士》

等抒情言志之作。其田园诗包括中年出仕时期的《怀古田舍》《劝农》，以及晚年归田时期的《归园田居》《桃花源诗》等。

陶诗艺术成就很高，继承了汉魏以来五言古诗的艺术传统，以质朴、精练的语言和“白描”手法，形成淡远淳厚的意境，具有平淡自然、韵味隽永的独特风格。陶诗开我国山水田园诗的先河，对唐以后的诗歌创作影响极大。

陶渊明的散文、辞赋也很出色，其中不乏名篇佳作，如《桃花源记》《归去来兮辞》《闲情赋》《五柳先生传》等，文约意丰，飘逸出尘，一直为人们所传诵。

谢灵运及其《谢康乐集》

谢灵运（385—433），南朝宋诗人。陈郡阳夏（今河南太康）人，世居会稽始宁（今浙江上虞）。东晋名将谢玄之孙，袭封康乐公，世称“谢康乐”。幼时寄养于外，族人因名为“客儿”，世又称“谢客”。入宋降爵为侯，曾任永嘉太守，因政治上不得意而恣意游山玩水。后为临川内史，因被诬谋反流放广州，被杀。有《谢康乐集》传世。

谢灵运诗大都描写永嘉、会稽等地的山水名胜与自然风景，如《登池上楼》《过白岸亭》《游南亭》《石门岩上宿》等。有些诗表达了对时政不满、渴望归隐的思想。谢诗扭转玄诗诗风，开拓了诗歌的表现领域，开创了山水诗派。其诗刻画景物清新细致，景中寓情，注重声色渲染，时人誉为“如初发芙蓉，自然可爱”（鲍照）。唐代的李、杜、王、孟、韦、柳诸大家，都曾从谢诗中吸取过营养。

鲍照及其《鲍参军集》

鲍照（？—466），南朝宋文学家。字明远，东海（今山东郯城北）人。出身贫寒。20 多岁时，献诗临川王刘义庆，得到赏识。后为临海王刘子项刑狱参军，世称“鲍参军”。刘子项谋反失败，鲍照为乱兵所杀。

鲍照诗、文、赋皆有成就，尤以诗著称，与谢灵运、颜延之合称“元嘉三大家”。南齐永明年间文惠太子萧长懋命虞炎编次有《鲍参军集》，共 10 卷：赋 2 卷，诗 6 卷，文 2 卷。通行本为明张溥辑本。

鲍照诗可分为四类。第一类表现寒门对世族门阀统治的不满，乐府诗比重较大，这类诗以《拟行路难》18 首以及《梅花落》为代表作。第二类反映现实，揭露统治者的腐朽和横征暴敛，如《代出自蓟北门行》《代白头吟》等。第三类是写景诗，描写道路艰险、旅途苦辛，名作有《行京口至竹里》《望孤石》等。第四类是与友人赠答的诗，《赠故人马子乔》《赠傅都曹别》为其中佼佼者。

鲍照的辞赋以《芜城赋》为代表作。该赋借汉代刘濞叛乱的故事以喻当今，将广陵城昔盛今衰作强烈对比，很有特色。《舞鹤赋》《野鹅赋》巧妙使用比兴手法，也为后人称道。鲍照文多为骈文，如《登大雷岸与妹书》。

谢朓及其《谢宣城集》

谢朓（464—499），南朝齐诗人。字玄晖，陈郡阳夏（今河南太康）人。与谢灵运同族，故亦称“小谢”。家世显贵，少时好学。曾任宣城太守，故世称“谢宣城”。官至尚书吏部郎。曾参与竟陵王萧子良西邸的文学活动，是“竟陵八友”之一，与“八友”之一沈约共创永明体。后为人构陷，下狱而死。《隋书·经籍志》著录《谢朓集》12 卷，《谢朓逸集》1 卷，均佚。明人收集遗佚，重新编定为《谢宣城集》。

谢朓早年诗歌多为游宴应酬之作，也有一些咏物、闺情等诗，如《咏风》等。后来大量创作山水诗，描写山水景色和生活感受，如《晚登三山还望京邑》《游东田》等。有些诗也反映了一定的社会现实，如

《赋贫民田》等。其山水诗情景交融，对仗工整，音韵谐调，在声律、对仗和写景状物的技巧方面，对唐诗影响极大。“谢朓之诗，已有全篇似唐人者”（严羽《沧浪诗话》）。

谢朓诗名重当世、影响深远。梁武帝萧衍曾说：“三日不读谢诗，便觉口臭。”大司马刘孝绰也很推崇，“常以谢诗置几案间，动静辄讽味”（《颜氏家训·文章》）。杜甫说“谢朓每诗篇堪诵”（《寄岑嘉州》）。李白更是经常提起谢朓，有“我吟谢朓诗上语，朔风飒飒吹飞雨”（《酬殷明佐见赠五云裘歌》）等句，以至清人王士祯《论诗绝句》说李白“一生低首谢宣城”。

庾信及其《庾子山集》

庾信（513—581），南北朝时期文学家。字子山，南阳新野（今属河南）人。初仕梁，侯景之乱后出使西魏，其间梁亡，因此被留在西魏。此后历仕西魏、北周，官至骠骑大将军、开府仪同三司，世称“庾开府”。庾信自幼聪敏，博览经史，善诗赋、骈文。有《庾子山集》行世。

《庾子山集》原集20卷，已佚。今存16卷，凡赋1卷，乐府1卷，诗4卷，歌辞1卷，文9卷。梁时，庾信写了许多宫体诗，与徐陵齐名，世称“徐庾体”，多轻靡浮艳之辞。仕西魏后，诗风为之一新，雄劲苍凉，沉郁老成。诗歌代表作《拟咏怀》27首，慨叹身世，抒发对故国的怀念。也有一些赠别友人的小诗，写得亲切动人，如《寄徐陵》等。

庾信辞赋代表作《哀江南赋》，反映了梁朝兴亡的历史，也追叙了个人的家世，情感真挚，后世广为流传。其他抒情小赋也有名篇，如《小园赋》《枯树赋》等。庾信也是南北朝的骈文大家，讲究对仗、善于用典。其《哀江南赋序》为历代传诵。

古体诗、新体诗、近体诗

古体诗与近体诗是我国古典诗歌相对而言的两种体式，以诗作在句数、字数、对仗、平仄、用韵方面是否有严格规定而区别。在这两种诗体之间，还存在着一种过渡性的诗体——新体诗。

古体诗也称古诗、古风，句数不限，字数上有四言、五言、六言、七言以及杂言；不求对仗、平仄，用韵自由，多为隔句用韵。

新体诗指南朝齐永明年间沈约、谢朓等人把汉语的四声与对偶相结合而形成的一种诗体，是格律诗产生的开端，至唐代沈佺期、宋之问时始定型。

近体诗是唐代形成的格律诗体，也称今体诗。它由新体诗发展而来。近体诗的句数、字数、对仗、平仄及用韵都有严格的规定。主要类别有律诗与绝句，多为五言、七言，间有六言。绝句每首四句，律诗一般每首八句，十句以上的称为排律或长律；也有六句三韵的律诗，称为三韵律诗或小律。

何谓“四唐诗”

关于唐代诗歌，有学者称其四个发展阶段为“四唐诗”，即初唐诗、盛唐诗、中唐诗、晚唐诗。无论题材还是风格、成就，四个阶段都各具特色。

初唐诗——初唐太宗时，诗歌基本上是宫体应制诗，只有魏徵、王绩、王梵志别有新意。至初唐四杰，推动诗歌“由宫廷走到市井”、“从台阁移至江山与塞漠”，开启了一代新风。其后陈子昂提倡“汉魏风骨”，主张抵制齐梁以来的浮靡习气，创作实践也颇有实绩。同时，沈佺期、宋之问等一批御用文人，所作则多半是奉和应制、点缀升平之作。

盛唐诗——唐代至玄宗开元、天宝年间达于鼎盛，这开拓了诗人的胸怀和诗歌的意境，名家辈出，名作迭现，唐诗也同臻鼎盛。盛唐诗题材广阔、内容丰富。边塞诗和田园诗是重要方面，前者代表诗人如高适、岑参、李颀、王昌龄等，后者代表诗人如王维、孟浩然、储光羲、常建等。李白和杜甫标志着盛唐诗歌的最高成就，李诗天马行空、飘逸不群，达到了我国古典诗歌浪漫主义的巅峰；杜诗以诗作史、沉郁闳深，达到了我国古典诗歌现实主义的极致。此外的诗人如张说、张九龄、张若虚、王翰、王湾、王之涣、崔颢等，虽造诣深浅不同，但亦均卓然成家。元结诗反映民生疾苦，词意深挚，曾为杜甫激赏。

中唐诗——唐玄宗末年发生的安史之乱导致了唐王朝的衰落，诗坛也同样颇不景气。诗人有“大历十才子”，多应酬之作，诗风秀雅；卢纶、李益的边塞诗雄浑苍凉，可算盛唐余响；韦应物的山水田园诗有王孟之风，乐府歌行又接近杜甫、元结；此外，顾况、戴叔伦诸家反映民生疾苦，成为杜甫到元白的桥梁。永贞革新、元和削藩之后，唐王朝出现中兴气象，诗坛重现活跃，白居易、元稹、李绅、张籍、王建提倡新乐府，抒写现实，元白还发展了叙事诗技巧。同时，韩愈、孟郊、李贺、贾岛标新立异，开宗立派。此外卓然名家的是柳宗元和刘禹锡，题材和风格都别有特色。

晚唐诗——元和中兴后，唐王朝渐趋衰落，诗歌中的感伤颓废和藻饰繁缛风气渐浓。杜牧、李商隐是此期名家，诗中充满伤时忧国情调，情味隽永，李则更为突出，实为唐诗殿军。此外的诗人如温庭筠、许浑、张祜、韩偓、聂夷中、皮日休、陆龟蒙、杜荀鹤、罗隐、韦庄，大多学习前人而远不能企及，但为唐末的现实和人心留下了真实写照。

初唐四杰

“初唐四杰”是初唐诗人王勃、杨炯、卢照邻、骆宾王的并称。

《旧唐书·杨炯传》:“炯与王勃、卢照邻、骆宾王以文词齐名，海内称为王、杨、卢、骆，亦号为四杰。”

“四杰”的生活遭遇大致相同，“年少才高，位小名大，行为相当浪漫，遭遇尤为悲惨”(闻一多语)。

“四杰”对初唐诗坛蔓延的齐梁余风深感不满，努力开拓诗歌表现题材，感情充沛，风格质朴，对唐代诗风的转变起了先驱作用。杜甫称赞道:“王杨卢骆当时体，轻薄为文哂未休。尔曹身与名俱灭，不废江河万古流。”(《戏为六绝句》)

“四杰”齐名，原是诗文并称的，尤指骈文和赋。他们的骈文抒情、说理、叙事兼有，寓有一种清新俊逸的气息，明显区别于六朝后期一味追求形式之美的文风。

“四杰”的名次，向来记载不一。如上引杜甫诗，另本即作“杨王卢骆”。张说《赠太尉裴公神道碑》则称“骆卢王杨”。

关于四人风格及高下，陆时雍《诗镜总论》说:“王勃高华，杨炯雄厚，照邻清藻，宾王坦易，子安(王勃)其最杰乎?”

王勃及其著述

王勃(约650—约676)，初唐诗人。字子安，绛州龙门(今山西河津)人，隋末硕儒王通(号文中子)之孙。6岁善文辞，因才华早露，被人赞为“神童”。16岁应举及第，授朝散郎。沛王李贤闻其名，召为王府修撰。时诸王斗鸡，王勃因作《檄英王鸡》，触怒高宗，被逐出王府。后任虢州参军，因擅杀官奴犯死罪，遇赦获免。后渡海省亲，因溺水受惊而死。

王勃对诗歌题材的开拓与五律的形成都有所贡献。论诗不满当时上官体“争构纤微，竞为雕刻”“骨气都尽，刚健不闻”的诗风，常常“思革其弊，用光志业”(杨炯《王勃集序》)。作诗突破当时文坛盛行的宫体诗束缚，风格清新明朗。明人胡应麟对其诗评价很高："（五律）兴象婉然，气骨苍然，实首启盛（唐）、中（唐）妙境。五言绝亦舒写悲凉，洗削流调。究其才力，自是唐人开山祖。"（《诗薮·内编》卷四）

王勃诗今存80多首，多为五言律诗和绝句，其中写离别怀乡之作较为著名。《杜少府之任蜀州》为唐人送别诗名作，《山中》《羁春》《春游》等抒发了怀乡之情。王勃的古诗仅有十多首，有的反映都市繁华生活，讽刺贵族豪门，如《临高台》；有的描写妇女对征夫的思念，如《采莲曲》。

王勃亦擅长骈文，代表作《滕王阁序》在唐代就已家喻户晓，被认为是"当垂不朽"的"天才"之作；其中"落霞与孤鹜齐飞，秋水共长天一色"一联，脍炙人口，广为传诵。

杨炯及其《盈川集》

杨炯（650—约693），初唐诗人。弘农华阴（今属陕西）人。幼时聪敏，10岁举神童。27岁应制举及第，授校书郎，累迁詹事司直。武后时曾参与徐敬业起兵，出为梓州司法参军。后为婺州盈川令，世称"杨盈川"。有《盈川集》传世。

《盈川集》共10卷，收赋8篇，诗34首，杂文39篇。所收诗作一般以边塞征战、唱和、纪游为题材。其中叙写边塞生活的五律诗成就突出，如《战城南》《从军行》等篇都写得气势轩昂，风格豪健。其他题材的作品却未能尽脱绮艳文风。所收散文多赋、序、表、志等。《王勃集序》一文，对王勃改革当时淫靡文风的理论和实践给予了较高评价，反映了"四杰"改革唐初文风的要求。"四杰"中，他的诗数量最少，成就也略小些。

卢照邻及其《幽忧子集》

卢照邻（生卒不详），初唐诗人。字升之，号幽忧子，幽州范阳（今河北涿州）人。年少时即博学能文。曾任小吏，秩满后漫游蜀中。后寓居洛阳。身患风疾，又服丹中毒，手足残废，再加政治失意，自投颍水而死。有《幽忧子集》传世。

《幽忧子集》共7卷，是卢照邻诗文的合集。所收诗题材广泛，以行旅、赠答、送别之作为多，如《大剑送别刘右史》。其他诗有的描写都市生活，如《长安古意》《行路难》；有的以边塞生活为题材，如《关山月》《战城南》；有的抒写思乡怀人、田园生活，如《江中望月》《山庄休沐》。

卢诗以七言歌行最为擅长，意境清迥，以韵致取胜。明人胡震亨评价说："领韵疏拔，时有一往任笔，不拘整对之意。"（《唐音癸签》）其代表作《长安古意》在初唐长篇歌行中成就突出。

骆宾王及其《骆宾王文集》

骆宾王（生卒不详），初唐诗人。婺州义乌（今属浙江）人。7岁能诗，被誉为神童。早年生活贫困落拓，曾从军西域、入幕蜀军。后任武功、长安两县主簿，入朝为侍御史，不久获罪入狱。遇赦得释后，贬为临海县丞，世称"骆临海"。睿宗光宅元年（684），随徐敬业在扬州起兵反对武则天，作《代李敬业传檄天下文》（即《讨武曌檄》），兵败后不知所终。有《骆宾王文集》行世。

《骆宾王文集》共10卷，其中赋1卷，诗4卷，表、启各1卷，杂著3卷。

骆宾王擅长七言歌行，往往言辞整齐，音节和谐，抒情叙事，间见层出。名作《帝京篇》与卢照邻《长安古意》相近，但篇幅更长，铺排更甚，当时被称为绝唱。也精于五言诗，五律、五绝中不乏佳作。《在狱咏蝉》，借蝉自喻，托物寄兴，是脍炙人口的名篇。

骆宾王还善作骈文，说理、叙事、抒情皆运笔自如。《讨武曌檄》采用了抑彼扬己的手法，笔端饱含感情，结尾“请看今日之域中，竟是谁家之天下！”气势充沛，很有战斗力和号召力。据载，武后初读时只是嘻笑，读到“一抔之土未干，六尺之孤安在”时，瞿然为之动容，问：“谁为之？”或以宾王对，后曰：“宰相安得失此人！”（《新唐书》本传）可见其文笔之犀利有力。

陈子昂及其《陈伯玉集》

陈子昂（661—702），唐代诗人。字伯玉，梓州射洪（今属四川）人。自幼聪颖，少而任侠，年十七八尚不知书。后因击剑伤人，始弃武从文，慨然立志，发愤读书。24岁时举进士，历官武则天朝麟台正字、右拾遗，世称“陈拾遗”。曾于西北居延海、张掖河一带从军，又从武攸宜征契丹。后因父亲年老而解官还乡，受权臣武三思指使爪牙诬陷，下狱忧愤而死。

陈子昂为人直言敢谏，所陈多切时弊。如在《上蜀川安危事》的奏疏中，深切同情蜀川人民“逃亡”、“失业”，愤慨指责“官人贪暴”“侵渔”百姓。《资治通鉴》引用其奏疏、政论有四五处之多。王夫之《读通鉴论》认为他“非但文士之选”，且是“大臣”之材。这种政治热情，也正是陈子昂从事诗歌革新的动力。

陈子昂工诗擅文。在诗歌创作上，他反对唐初诗歌沿习六朝内容空虚、偏重形式的柔靡诗风，标举汉魏风骨，强调比兴寄托，要求诗歌有政治倾向、思想感情及现实内容。有《陈伯玉集》传世。

《陈伯玉集》初为陈子昂好友卢藏用所辑，已不传。现存《陈伯玉集》为明人重编，共10卷，其中赋、诗2卷，文8卷。

陈子昂存诗100多首，《感遇》诗38首、《蓟丘览古赠卢居士藏用》7首和《登幽州台歌》是其代表作。这些诗或感怀身世，抒发怀才不遇的悲哀；或指斥时弊，反映时政黑暗；或反映边塞战士和人民的苦难。风格刚健质朴，一扫六朝纤柔风习。如《登幽州台歌》，直吐胸臆，气势磅礴，传诵千古。

陈子昂是唐诗革新的先驱者，宋人刘克庄对此作过高度评价："唐初王、杨、沈、宋擅名，然不脱齐梁之体；独陈拾遗首倡高雅冲淡之音，一扫六代之纤弱，趋于黄初、建安矣。"（《后村诗话》）陈诗对整个唐代诗歌创作影响深远，备受李白、杜甫、白居易等推崇。

张若虚及其《春江花月夜》

张若虚（生卒不详），盛唐诗人。扬州（今属江苏）人。曾任兖州兵曹。中宗神龙中，与贺知章、邢巨、包融俱以文才横溢而闻名京师。工诗，与贺知章、张旭、包融齐名，号"吴中四士"。

张若虚诗作大都已散佚，《全唐诗》仅录存2首。一首《代答闺梦还》，风格近于齐梁体；另一首是其传世名作《春江花月夜》。《春江花月夜》沿用乐府旧题，细腻地描绘了春江月夜的美景，抒发了富有哲理的人生感慨，表达了缠绵悱恻的离情别绪。语言清新优美，音韵婉转悠扬，澄澈空明，清丽自然。

《春江花月夜》在后世被广为传诵，并获得了至高声誉：清末王闿运推其为"孤篇压全唐"之作，闻一多誉其为"诗中的诗，顶峰上的顶峰"（《宫体诗的自赎》）。像这样"孤篇横绝，竟为大家"，在诗史上绝无仅有。

田园诗的特点及发展概况

田园诗也称山水田园诗，指以田园生活、乡村景致以及山水风光为描写对象的诗歌。

东晋诗人陶渊明是第一个将田园生活引进诗歌的人，是田园诗派的创始人。此后，南朝又涌现出了谢灵运、谢朓等田园诗人。唐代诗人王维、孟浩然的田园诗在前人基础上有新的发展，形成了田园诗派。宋代诗人杨万里、范成大，也是田园诗的杰出代表。此后各代均有田园诗杰作面世。

田园诗在内容上描绘田园生活、乡村景致、山水风光，往往流露出对田园生活的留恋和对大自然秀丽风光的热爱以及闲适生活的情趣，也表现出厌恶官场、逃避现实的情绪。田园诗具有平淡自然、意境深远、语句凝练、形象生动等艺术特点。代表作当推陶渊明《归园田居》五首，王维的《赠裴十迪》、《渭川田家》，孟浩然的《过故人庄》等。

孟浩然及其诗作

孟浩然（689—740），盛唐诗人。襄州襄阳（今属湖北）人，世称“孟襄阳”。早年隐居鹿门山。40岁时到长安应进士举不第，失意而归；其间曾赋诗太学、名动公卿，并与张九龄、王维交游。张九龄为荆州长史时，招至幕府，但不久归里。后漫游吴越，穷极山水，以排遣仕途失意。因纵情宴饮，食鲜疾发而亡。一生未仕，人称“孟山人”。有《孟浩然集》传世。

孟浩然洁身自好，不事逢迎，其耿介性格和高尚情操，为时人和后人所倾慕。李白称赞他“红颜弃轩冕，白首卧松云”“高山安可仰，徒此揖清芬”（《赠孟浩然》）。王维曾画孟浩然像于郢州一亭，题“浩然亭”，后人因崇敬他，不愿直呼其名，改称“孟亭”。可见人们对他的崇敬。

孟浩然一生经历比较简单，所以诗歌题材范围较为狭窄。《孟浩然集》收诗263首（其中有少量他人作品），大体可以归为两类，一类是抒写隐居之闲适和羁旅之愁思，如《万山潭作》《宿建德江》等；另一类是描绘山水景物和田园风光，如《春晓》《过故人庄》《济江问舟子》等。

孟浩然的诗歌以山水田园诗的成就为最高。他是唐代第一个大量写山水田园的诗人，与王维齐名，并称“王孟”。孟浩然继踵陶渊明、谢灵运、谢朓，开盛唐山水田园诗风气之先，对当时和后世诗人有很大影响。其诗风格清淡简朴，意境清远，自然浑成，杜甫称其“清诗句句尽堪传”（《解闷》）。但内容单薄，不免窘于篇幅，所以苏轼说他“韵高而才短，如造内法酒手而无材料”（陈师道《后山诗话》引）。

“七绝圣手”王昌龄

王昌龄（约698—约756），盛唐诗人。字少伯，京兆长安（今陕西西安）人。青年时期，曾多次出入边塞。开元十五年（727）进士，任秘书省校书郎。又曾任江宁县丞、龙标县尉，世称“王江宁”或“王龙标”。最终弃官隐居江夏。安史之乱中，为亳州刺史所杀。有《王昌龄集》传世。

王昌龄擅长五古和绝句，尤以七绝成就最高，代表性作品如《从军行》七首、《出塞》二首，均为传诵之作。故人称“七绝圣手”，堪与李白媲美。明人王世贞说：“七言绝句，王江陵（宁）与李白争胜毫厘，俱是神品。”（《艺苑卮言》）有人还对李白、王昌龄七绝比较一番，胡应麟则在比较中盛赞二人：“李作故极自然，王亦和婉中浑成，尽谢炉锤之迹。王作故极自在，李亦飘翔中闲雅，绝无叫噪之风：故难优劣。”（《诗薮》）

王维及其诗作

王维（约701—761），盛唐诗人、画家。字摩诘。因曾任尚书右丞，世称“王右丞”。原籍太原祁县（今属山西），生于蒲州（今山西永济）。少时天资聪颖，九岁能文，十七岁时吟成《九月九日忆山东兄弟》，脍炙人口。开元九年（721）进士，任大乐丞，后被贬为济州司仓参军。张九龄执政时，历任右拾遗等职。

安史之乱爆发后，唐玄宗“幸蜀”，王维扈从不及，为叛军所俘。安禄山素知其才，迎置洛阳，拘于普施寺中，强授伪给事中。肃宗返回长安，王维因受伪职而被定罪。后因被拘时有诗明志及其弟以己官为兄赎罪，被宥免贬职，不久数度左迁。

张九龄罢相后，王维开始沉湎于佛教，在终南山下的蓝田购置辋川别业，亦官亦隐。与友人裴迪“浮舟往来，弹琴赋诗，啸咏终日”。又将诸友田园雅集之诗搜集成编，号《辋川集》。

王维多才多艺，不仅能诗善画，而且精通音乐，擅长书法。相传他曾在公主府以一曲“声调哀切”的《郁轮袍》，博得“满座动容”。他开创了水墨山水画派，被称为“南宗画之祖”，传世画作有《辋川图》《雪溪图》等，苏轼称“诗中有画，画中有诗”。

王维以诗名家，其诗思想内容丰富，从题材上可划分为四类：

一是游侠诗和边塞诗，表现诗人年轻时的意气风发、慷慨激昂。其中游侠诗代表作有《夷门歌》和《少年行》（四首），边塞诗代表作有《从军行》《使至塞上》《出塞作》等。

二是政治诗，抨击权贵，揭露黑暗。代表作有《济上四贤咏》《寓言二首》，赞扬贤才，揭露贵族子弟“斗鸡平乐馆，射雉上林园”的奢侈生活。

三是山水田园诗，描写旅游和隐居生活，表现自然风光。这类诗数量多，艺术成就高，代表作有《青溪》《鹿柴》《鸟鸣涧》等。

四是抒情诗，倾诉相思、闺怨、乡愁、离绪。其中思乡代表作是《九月九日忆山东兄弟》，相思代表作为《相思》。这类诗真挚动人，流传颇广。

另外，王维还有一些应制、唱和诗以及宣扬佛理的作品，多为陈词套语，比较肤浅。

王维诗“诗中有画”

王维是一位有着多种艺术修养的诗人，绘画功力尤为深湛。苏轼曾说：“味摩诘之诗，诗中有画；观摩诘之画，画中有诗。”（《东坡题跋·书摩诘蓝田烟雨图》）而王维的“诗中有画”，又主要体现在其山水田园诗中。

王维对于自然美具有敏锐独特、细致入微的感受，他笔下的山水景物往往略事渲染，即表现出深邃悠远的意境。他的诗取景状物极有画意，描摹也疏密有致、浓淡相宜，尤其善于细致传神地表现自然界声光、色彩的变化、交融。这让他的诗“看”上去就像一幅幅山水景物画。《青溪》的“声喧乱石中，色静深松里”，《韦侍郎山居》的“闲花满岩谷，瀑水映杉松”，《辋川闲居赠裴秀才迪》的“渡头余落日，墟里上孤烟”，以及《鹿柴》《辛夷坞》《山居秋暝》《终南山》《渭川田家》的全篇，乃至边塞诗《使至塞上》的“大漠孤烟直，长河落日圆”，无不如此。

王维的山水田园诗在盛唐独树一帜，成为山水田园诗派的代表人物，在陶谢之后使山水田园诗达到了新的高峰，在当时及后世都有重大影响。

王维“诗佛”之称

王维素有“诗佛”之称，一如李白称“诗仙”、杜甫称“诗圣”。

这一称谓一定程度上反映了王维的人生经历、生活态度和诗歌风格。

王维原本信佛，中年后日益消沉，遂半官半隐，佛教信仰日益发展，寄情山水，沉湎佛理。而他的名、字，也是源于钦佩佛门人物维摩诘。他的这种经历和倾向，自然会反映到诗歌创作中来。

王维的生活态度、精神状态，也颇与佛禅相近。他消极处世，不关心社会现实，喜好远离尘嚣，闲静萧散。他的生活态度近似于佛门，他的精神状态甚至显示出禅学寂灭的倾向。《饭覆釜山僧》中的“一悟寂为乐，此生闲有余”二句，正是这种生活态度和精神状态的写照。

王维诗中，有间接显露佛禅意境的，以山水田园诗为代表。明代胡应麟说他的五绝“入禅宗”，说他的《鸟鸣涧》《辛夷坞》两诗，“读之身世两忘，万念皆寂”（《诗薮》）。有的诗则更是直接宣扬佛理，如《登辨觉寺》等。

贺知章及其诗作

贺知章（659—744），盛唐诗人。字季真，越州永兴（今浙江萧山）人。证圣元年（695）进士，初授国子四门博士，又迁太常博士。玄宗开元年间，累迁至太子宾客、秘书监。天宝初，上疏请为道士，求还乡里，归乡不久去世。《全唐诗》存诗 1 卷，《全唐文》存文 2 篇。

贺知章性情旷达，谈笑诙谐，为人不拘礼法。晚年尤为放诞，尝遨嬉里巷，自号“四明狂客”“秘书外监”，人称“诗狂”。好饮酒，工书法，尤善草隶，与李白、张旭等人一见如故，交情甚好，时称“饮中八仙”。

贺知章诗今存 19 题 20 首，多为祭神乐章和应制诗。长于绝句，抒情写景之作清新通俗，善于造意，自成一格。所作七言绝句《回乡偶书》《咏柳》等，都语言平白，形象鲜明，至今为人传诵，可谓妇孺皆知。

边塞诗的特点及创作概况

边塞诗指以边塞生活为题材的诗歌，形成于盛唐时期，代表人物为高适、岑参。此外，盛唐王之涣、王翰、王昌龄、崔颢、李颀，中唐卢纶、李益等，亦均为边塞诗名家。

边塞诗的作者大都具有边塞生活的经历，如高适曾弃官投奔河西节度使哥舒翰，任掌书记；岑参曾两度从军，为安西节度使府掌书记及安西北庭节度判官。

边塞诗在内容上常常描写军旅生活和边塞风光，表达慷慨从戎、不畏艰苦、抗敌御侮的爱国思想，抒发驰骋沙场、建功立业的壮志豪情。岑参《轮台歌奉送封大夫出师西征》、高适《燕歌行》等，都是边塞诗的名篇。此外，有些边塞诗反映征夫思妇的幽怨，有些也反映了唐代内部的各种矛盾。

边塞诗大都气势奔放、情辞慷慨，苍凉悲壮。如高适的代表作《燕歌行》，把大漠风光与艰苦的战争交融在一起，既激昂奔放，又苍凉悲壮。

高适及其《高常侍集》

高适（约 700—765），盛唐诗人。字达夫，渤海蓨（今河北景县）人。早年家贫，客游梁、宋间，落拓不得志。50 岁时才开始为官，历任侍御史、谏议大夫及淮南、四川节度使等，官终散骑常侍，封勃海县侯，世称“高常侍”。有《高常侍集》行世。

《高常侍集》10 卷，其中诗 8 卷，文 2 卷。高诗内容丰富：描写边塞风光、戍边将士生活，如《燕歌行》《蓟门行五首》《塞上》《塞下曲》等，这类诗作最为著名；忧时伤乱、指斥时弊，如《行路难二首》《古歌行》；慨叹身世、抒写朋友情谊，如《人日寄杜二拾遗》《别韦参军》《封丘作》等；咏史、写景，如《宋中十首》《赴彭州山行之作》等。

高诗感情真挚、语言质朴，风格雄浑，豪放悲壮。“诗多胸臆语，兼有气骨，故朝野通赏其文。”（殷璠《河岳英灵集》）以诗体而论，高适诗古体胜于近体，尤为擅长七言歌行体。

岑参及其《岑嘉州诗集》

岑参（约715—770），盛唐诗人。荆州江陵（今属湖北）人，祖籍南阳（今属河南）。少年发愤，遍读经史。天宝三载（744）进士，授兵曹参军，曾两度从军。经杜甫等人推荐，任右补阙，官至嘉州刺史，世称“岑嘉州”。后罢官，客死成都旅舍。有《岑嘉州诗集》传世。

岑参早期诗多为写景、述怀及赠答之作，如《暮秋山行》等。入戎幕后，转为描写边塞风光和军旅生活，所作边塞诗描绘边地壮阔、奇丽的自然景象，反映了将士们建功立业的壮志豪情，歌颂保家卫国的正义战争，如《走马川行奉送封大夫出师西征》《白雪歌送武判官归京》《轮台歌》等。也有一些反映边塞风习、怀乡思亲的诗作，如《逢入京使》。晚期诗篇中，时时反映出壮志未酬的消沉及归隐思想。

岑参擅长七言歌行，作品想象丰富，气势磅礴，具有新奇瑰丽、挺拔沉雄的风格。殷璠称其诗“语奇体峻，意亦造奇”（《河岳英灵集》）。

李白及其诗作

李白（701—762），盛唐诗人。字太白，号青莲居士。祖籍陇西成纪（今甘肃秦安），先世因罪迁于中亚碎叶（今吉尔吉斯斯坦境内），出生于此，五岁时随父迁至绵州昌隆青莲乡（今四川江油青莲镇）。青少年时期在家博览群书，25 岁后离家漫游。天宝元年（742）来到京城长安，经人推荐，被唐玄宗召为待诏翰林。由于豪宕不羁、傲视群伦，被谗遭疏，离京开始第二次漫游。后在洛阳与杜甫、高适相识，并成为好友。

“安史之乱”爆发后，李白应邀加入永王李璘幕府，卷入皇室内部权力之争，以从璘罪被判长流夜郎（在今贵州），途中因大赦获释，时年 59 岁。此后漂泊东南一带，依族叔当涂（今属安徽）县令李阳冰。61 岁时，听闻太尉李光弼率军讨伐安史叛军，启程前往李麾下请缨，无奈半道病还，第二年病逝。

李白才情高逸，诗风豪放，是屈原之后中国最为杰出的浪漫主义诗人。杜甫称其诗“笔落惊风雨，诗成泣鬼神”（《寄李十二白二十韵》）。他与杜甫并称“李杜”，代表了唐代诗歌的最高成就，韩愈称“李杜文章在，光焰万丈长”（《调张籍》）。

李白作品最早由李阳冰编成《草堂集》10 卷，早佚。北宋宋敏求增补为30卷，题《李太白文集》，即后世通行本。该集收诗约1000首，文赋碑铭约 60 余篇。

李白诗内容丰富多彩，有的抒发雄心壮志，借草木欣欣向荣抒发自己建功立业的愿望，有的揭露和鞭挞社会丑恶，有的感叹怀才不遇，有的还表达了对劳动人民生活的关心与同情，如《丁都护歌》《战城南》等篇。此外，李白诗作中还有不少描绘自然风景的诗篇，蜀道的“百步九折萦岩峦”、庐山的“回崖沓嶂凌苍苍”、瀑布的“飞流直下三千尺”，体现了千姿百态的自然美。

在体裁方面，李白各体均宜，尤其擅长形式比较自由的古风和排律，使这两种体裁的创作达到了顶峰。李白也喜欢短小精悍的绝句，写下了不少至今传诵的篇章。此外，李白还写有不少词作，也取得了较高的成就。

李白“诗仙”之誉

李白之诗境新语奇、雄宕奔放，达到了古典诗歌浪漫主义的高峰，素有“诗仙”之称。这主要在于其诗创造出的神奇莫测的艺术境界，也与诗人的精神气质有关。

李白诗歌的想象丰富而奇特。他的“狂风吹我心，西挂咸阳树”“我寄愁心与明月，随风直到夜郎西”，都以奇特想象表达了对长安和诗友的怀念。他的一些诗往往通过幻想的方式来表情达意，如《古风》（西上莲花山）和《月下独酌》。在七言歌行中，李白丰富奇特的想象力表现得最为突出。

李白诗歌想象的丰富奇特，与他善于利用神话传说题材有关。《蜀道难》《梦游天姥吟留别》，都运用了神话传说，借以构造出色彩缤纷、惊心动魄的境界，被人评为“变幻错综”“奇之又奇”。

李白诗歌的夸张十分大胆，与生动的比喻配合，惊世骇俗。“白发三千丈，缘愁似个长”“长风几万里，吹度玉门关”，都以直接夸张表现自己的情感或平凡的事物。而“抽刀断水水更流，举杯消愁愁更愁”写忧思深广，“吟诗作赋北窗里，万言不值一杯水”写怀才不遇，“桃花潭水深千尺，不及汪伦送我情”写深厚友谊，“燕山雪花大如席，片片吹落轩辕台”写平凡事物，都比喻而兼夸张，既神奇，又贴切。

李白本人性情豪宕、言行不羁，去就随心所欲，出处傲视群伦，其气质和行为超越常人，往往给人以飘然出尘之感。这种个人形象，与他被称为“诗仙”不无关系。贺知章在见其人、读其诗之后，就慨叹说：“子，谪仙人也！”

杜甫及其诗作

杜甫（712—770），盛唐诗人。字子美，祖籍襄阳（今属湖北），生于河南巩县（今河南巩义）一个世代“奉儒守官”的家庭，是唐初著名诗人杜审言之孙。自幼好学，7岁吟诗。青年时期两次漫游，遍历吴越与齐赵。其间与李白相遇洛阳，相携畅游齐鲁。天宝六载（747）于长安应试，因李林甫作梗落第，此后在长安潦倒约10年，住在城南少陵附近，自称“少陵野老”，世称“杜少陵”。

安史之乱初，杜甫逃奔肃宗行在凤翔，受任左拾遗，但因直言进谏触怒权贵，不久遭贬。后弃官入蜀，筑草堂于成都浣花溪畔定居。在成都时曾入友人严武幕府，并被荐为检校工部员外郎，故世称“杜工部”。严武去世后，携家至夔州（今四川奉节）白帝城居住。两年后，离开夔州，辗转流离于江陵、衡阳一带。大历五年（770），因贫病交加，死于湘江舟中。有《杜工部集》行世。

《杜工部集》一名《杜少陵集》，共20卷，其中18卷收录杜诗约1400多首，此外，2卷别录赋笔杂著30余篇。

杜甫早年的作品主要表现理想抱负，“会当凌绝顶，一览众山小”（《望岳》），体现了建功立业的豪迈气概；“致君尧舜上，再使风俗淳”，则表达了高远的政治理想。随着阅世渐深，反映民生疾苦和政治动乱、揭露统治者的丑恶行径成为杜诗最主要的主题。《兵车行》、《丽人行》、“三吏”、“三别”等都是此类不朽名篇。杜诗还表现了对家人、朋友的思念与关怀，如思念妻子的《月夜》，思念弟弟的《月夜忆舍弟》，而怀念朋友的诗作以忆李白为多。此外，杜甫也有一些吟赏自然、情调闲适的诗，多作于草堂时期，如《春夜喜雨》、《绝句》（迟日江山丽）等。

杜甫总结和发扬了我国古典诗歌的现实主义优良传统，并把它推向了最高峰。杜甫诗中大多含有深沉的忧思，同时又蕴含着深沉厚积的感情力量，形成了沉郁顿挫的风格。在语言艺术上，杜诗分外精警凝练。杜甫精于各种诗体，均臻化境。其中律诗不仅数量上占杜诗的一半以上，而且取得了很高的成就，既扩大了律诗的表现范围，又极尽变化。杜甫五古诗的成就也十分突出，如《羌村》《赠卫八处士》《茅屋为秋风所破歌》等名篇。杜甫的绝句大多写于流徙西南后，即景抒情，论诗怀友，吸取民歌精华，但成就为古体诗和律诗所掩。

杜甫是中国诗歌史上最为杰出的现实主义诗人。其诗贴近现实，沉郁顿挫，精警凝练，影响极为深广。苏轼视杜诗为“集大成”之作，称“杜子美诗，格力天纵，奄有汉、魏、晋、宋以来风流”（《书唐氏六家书后》）。近代学者洪业认为，杜甫是“中国唯一影响随着时间不断增长的诗人”。

杜甫“诗圣”之名

唐代诗坛，李杜并称，李白称“诗仙”，杜甫称“诗圣”。应该说，“诗圣”是诗坛最高的称誉。杜甫获“诗圣”之称，主要在于以下几方面。

首先，杜甫把写诗视作终生的事业，认为“诗是吾家事”（《宗武生日》）。他 7 岁学诗，直到死亡前夕，从未停止过创作。他在诗歌创作中态度严肃，最下功夫，“新诗改罢自长吟”（《解闷十二首》之七）、“语不惊人死不休”（《江上值水如海势聊短述》）。

其次，杜甫在内容上大大开拓了诗歌的领域，尤其是以时事入诗，空前绝后。他的诗歌反映生活、揭露黑暗、为民呼吁，立场持正，思想也比较正统。这些，都符合传统“诗教”的宗旨和士人阶层的理想标准。

再次，杜甫能驾驭诗的各种体式，不仅各有名篇，而且还推动了其新的发展。杜甫是古典诗歌艺术的集大成者，在这一点上无人能出其右。尤其在被认为诗体正宗的律诗方面，杜甫不仅作品众多（占其全部诗作的一半以上），而且功力浑深，达到了极高的艺术境界。

杜甫在世时，其诗并不为人所重，逝世 40 年后始见重于韩愈、白居易、元稹。宋代诗人王安石、苏轼、黄庭坚、陆游等对其推崇备至。此后各代的现实主义诗人，大多也以杜诗为宗。

杜诗缘何被称作“诗史”

杜甫的诗歌有“诗史”之称，主要在于他的诗歌准确而深刻地反映了现实，表达了包括诗人在内的广大人民的思想感情。

就反映现实而言，杜甫的大部分诗作涉及玄宗、肃宗、代宗三朝现实，举凡政治、军事、经济以及人民生活的重大问题，都有所反映。《兵车行》、《丽人行》、《自京赴奉先咏怀五百字》以及“三吏”、“三别”都是其中的代表作。

杜诗反映社会现实，并非客观叙事，而是在叙事时表现更深刻的现实，是诗人个人生活和内心世界的表述，也是时代和社会的写真。杜甫在这方面把个人命运同国家命运、个人情感同大众情感紧密联系在一起，反映了深刻而广阔的现实。清人浦起龙就此评价道：“少陵之诗，一人之性情，而三朝之事会寄焉者也。”（《读杜心解》）

韦应物及其《韦苏州集》

韦应物（约 737—约 792），中唐诗人。长安（今陕西西安）人。早年任侠使气，狂放不羁。安史之乱后，折节读书，应举登第。历任滁州、江州、苏州等地刺史，世称“韦苏州”“韦江州”。有《韦苏州集》传世。

《韦苏州集》10 卷，分古赋、杂拟、燕集、寄赠、送别等 10 类。集中收有许多山水田园之作，如《滁州西涧》《幽居》《寄全椒山中道士》《观田家》等。也有一些感慨时事、反映民生之作，如《睢阳感怀》《采玉行》等。

韦应物以山水田园诗最为著名，后人往往以“王孟韦柳”或“陶韦”并举。其诗受陶渊明、谢灵运影响，赋物精工，写情细腻，语言凝练，诗风清丽飘逸。各体兼擅，其中以五言诗成就最高。

孟郊及其诗作

孟郊（751—814），中唐诗人。字东野，湖州武康（今浙江德清）人。早年生活贫困，无所遇合，屡试不第。46岁进士及第后曾任小官，但不事职任，作诗为乐，被罚半俸。后又数任微职，转徙途中，暴病而亡。有《孟东野诗集》10卷传世。

孟郊诗传世500多首，以短篇五古为主，没有律诗。由于一生贫困潦倒，其诗多感伤自己坎坷不平的遭遇，倾诉个人穷困孤苦的生活，以《秋怀》较为著名。唯贞元十二年（796）进士及第后，一首将过去的失意与如今的得意相对比，表现诗人愉悦心情的《登科后》，在孟诗中可以说是别具一格。诗中间或也写劳动人民的悲惨命运，对贫富悬殊的社会现象表示愤慨。苏轼称其“诗从肺腑出，出辄愁肺腑”。

在艺术上，孟郊不愿蹈袭陈言，苦心经营，刻意苦吟，形成了一种古朴而又险僻的风格，《苦寒吟》《老恨》《懊恼》等可为代表，时人称为“清奇僻苦主”（唐末张为《诗人主客图》）。与贾岛齐名，世称“郊寒岛瘦”。

韩愈及其《昌黎先生集》

韩愈（768—824），中唐文学家、思想家。字退之，河阳（今河南孟州）人。祖籍昌黎（今辽宁义县），世称“韩昌黎”。晚年任吏部侍郎，又称“韩吏部”。谥号“文”，人称“韩文公”。

韩愈出身于小官僚家庭，三岁丧父，在兄嫂抚养、培育下成人。进士及第后，历任监察御史、国子博士、中书舍人、刑部侍郎等。反对王叔文政治改革，曾上疏请免徭役赋税。因指斥朝政和谏迎佛骨，两度被贬官外任。晚年回朝，历任国子祭酒、吏部侍郎及京兆尹等显职，政治上较有作为。

韩愈主张文以载道，提倡古文、反对骈文，在洛阳任国子祭酒时，领导古文运动。韩愈诗文创作均有成就，为一代宗师，位列“唐宋八大家”之首，影响广远。其文各体兼长，立意创新，戛戛独造。其诗气势雄伟，风格独特，好“以文为诗”，力求奇倔险僻。有《昌黎先生集》传世。

《昌黎先生集》是韩愈学生李汉所编，共40卷；又有《外集》10卷，为宋人所辑。作品包括赋、古诗、联句、律诗、杂著、书、序、祭文、碑志、杂文、行状、表状等各种体裁，约略可以分为四大类：

一、论说文。这在韩愈散文中占有重要地位。其中一类是以明儒道、反佛教为主要内容的长篇和中篇论文，代表作有《原道》《论佛骨表》《师说》等；第二类是嘲讽社会现状的杂文，代表作有《杂说》《进学解》《送穷文》；第三类是论述文学思想和写作经验的，体裁多样，代表作有《答李翊书》《送孟东野序》等。

二、叙事文。这在韩愈散文中也占有很大比重。代表作有《平淮西碑》《张中丞传后叙》《柳子厚墓志铭》等。

三、抒情散文，包括祭文和书信。代表作有《祭十二郎文》《与孟东野书》。

四、出于虚构的散文。这类文具有小说意味，但又与一般传奇小说不同。代表作有《毛颖传》《石鼎联句诗序》。

韩愈散文纵横开阖、汪洋恣肆、文理富赡、气势充沛，“如长江大河，浑浩流转”（苏洵语），一扫六朝柔靡骈俪之风，时人认为与司马迁“相上下”，“过扬雄远甚”（柳宗元语）。韩文善于创造性地使用古代词语，又善于吸收提炼当代口语，扩大了文言文的表达功能；但也有一些诘屈聱牙的文句，虽属“自嬉”，但对后人也有影响。

柳宗元及其《河东先生集》

柳宗元（773—819），唐代文学家、思想家。字子厚，河东解（今山西永济）人，世称“柳河东”。因官终柳州刺史，又称“柳柳州”。与韩愈同为唐代古文运动的倡导者，并称“韩柳”，亦为“唐宋八大家”之一。

柳宗元早年曾随父游历，13岁即有文名。20岁时中进士，五年后又考取博学宏词科，先后任集贤殿正字、蓝田县尉和监察御史里行（即见习御史）。顺宗朝时王叔文等执政改革，柳宗元参与其中，失败后先是被贬为邵州刺史，未到任即加贬为永州司马。元和十年（815）改任柳州刺史，四年后死于任所。

柳宗元主张“文者以明道”，“文之用，辞令褒贬导扬讽谕而已”。他与柳愈一起推动了古文运动，并以丰富卓越的创作实践了自己的主张。他诗文兼擅，文的成就大于诗。清人张鹏翮撰苏姓宗祠联有“千古文章四大家”句，一般认为“四大家”指韩、柳、欧、苏，可见其文的地位。有《河东先生集》（或称《柳河东集》）传世。

《河东先生集》由刘禹锡编集，共45卷，外集2卷，收有600多篇作品，其中大部分是散文。大体包括五类：

一、论说文。包括哲学、政论等文章，以及议论为主的杂文。多阐述唯物主义哲学思想，批判封建专制制度，特点是笔锋犀利、论证精确。代表作有《天说》《天对》《封建论》等。

二、寓言。多用来讽刺、抨击当时社会的丑恶现实，推陈出新，造意奇特，善用各种动物拟人化的艺术形象以寄寓哲理或表达政治见解。代表作有《临江之麋》《黔之驴》《永某氏之鼠》组成的《三戒》。

三、传记文。记人而有所阐发或寓意，工于人物刻画。代表作有

《段太尉逸事状》《童区寄传》《捕蛇者说》等。

四、山水游记。这类散文是柳宗元最为脍炙人口的作品，在文学史上具有独特地位，有“精裁密致，灿若珠贝”之誉。代表作有《始得西山宴游记》《小石潭记》等“永州八记”。

五、骚赋。这是柳文中具有特色的部分，采用屈原《离骚》《九章》的体式，或直接抒情，或借古自伤，或寓言寄讽。代表作有《梦归赋》《吊屈原文》《憎王孙文》等。

总的来说，柳宗元的寓言委婉生动，寓意深刻；山水游记刻画传神，意境高远。这两类散文最具创造性，对后世影响深远。

柳宗元诗歌只存 140 多首，都是贬谪以后所作。其中有不少名篇，如《溪居》《饮酒》《登柳州城楼寄漳汀封连四州》《渔翁》等。

刘禹锡及其诗文成就

刘禹锡（772—842），唐代文学家、思想家。字梦得，洛阳（今属河南）人。自幼好学，熟读儒家经典，遍览诸子百家。贞元九年（793），与柳宗元同榜登进士第，接着又登博学宏词科，授太子校书。后曾任县主簿、监察御史。后屡遭贬斥，长期外任。开成元年（836）回到洛阳任太子宾客，世称“刘宾客”。晚年不甘沉沦，临终前仍在为革新辩护。有《刘宾客集》传世。

刘禹锡遭贬外任，有的是因人获罪，如参加王叔文集团革新失败，被贬为朗州司马，长达十年；有的是因诗获罪，如召还长安后，因游玄都观作《戏赠看花诸君子》，诗涉讥忿，执政不悦，又被贬播州、连州、夔州等。居外 23 年间，刘禹锡关心民瘼，访问疾苦，颇有政绩。尤其是在边州，学习当地民歌作《竹枝词》十余篇，武陵溪洞间悉歌之。

刘禹锡存诗 800 余首，可分三类。一是反映现实问题的政治讽谕诗，如《聚蚊谣》《百舌吟》等；另有一些作品揭露官府对人民的残酷剥削，抨击官商勾结、巧取豪夺的罪恶，如《贾客词》《调瑟词》等。二是咏史诗，借咏怀古迹抒发内心情怀，如《戏赠看花诸君子》《再游玄都观》《咏史二首》《西塞山怀古》《乌衣巷》等。三是描写下层人民生活、表现风土人情的名篇佳作，如《竹枝词》《杨柳枝词》《浪淘沙》《堤上行》《踏歌词》等。

刘禹锡诗以咏史和民歌风格的作品影响最大。这些诗或寓意深刻、凝练含蓄，或意境优美、富有韵律，清人王夫之因此称他为“小诗之圣”。刘禹锡诗在唐代即流传很广，民间传唱不绝。

刘禹锡是唐代古文运动的积极参加者，散文创作也颇有成就。其文主要有两类，一类是涉及哲学、政治、医学、书法等领域的论说文，如《天论》三篇；另一类是因事而发的杂文，如《华佗论》《明赞论》等。这些作品都言之有据，推理缜密，题旨隐微，辞藻美丽。

咏史诗在内容上的特点

咏史诗是吟咏历史、抒发感慨的一种诗歌类型。西晋诗人左思所作的一组题名“咏史”的诗歌，是咏史诗的开山之作。后来凡以历史为题材的诗，亦都称为咏史诗。

咏史诗不仅以“咏史”命题，还有“怀古”“咏怀古迹”“览古”等名称，如《咏怀古迹五首》（杜甫）、《越中览古》（李白）、《西塞山怀古》（刘禹锡）等。有的则以咏史的具体主题而命名，如《赤壁》（杜牧）、《隋宫》（李商隐）、《西施》（罗隐）等。

咏史诗有的歌咏历史人物，有的叙述历史事件、凭吊古迹，其中往往寄寓着诗人对历史的感悟、个人怀抱，以及怀古伤今的忧患意识，诗人也常常借史事抒发胸中的块垒。如李商隐《南朝》，写南朝兴亡变迁的历史教训，痛斥荒淫误国；李白《咏怀古迹五首》第四首咏刘备，同时也寄托了诗人怀才不遇的感慨。

咏史诗在写法上一般叙述与议论相结合，如杜牧《赤壁》、罗隐《西施》；写景与抒情相交融，如刘禹锡《石头城》、韦庄《台城》；又多采用对比手法，如李商隐《贾生》。

白居易及其诗文成就

白居易（772—846），中唐诗人，新乐府运动的倡导者。字乐天，号香山居士、醉吟先生，世称“白香山”“白太傅”等；原籍太原（今属山西），生于下邽（今陕西渭南）。天资聪颖，少有诗名。贞元十六年（800）进士，两年后与元稹同时考中书判拔萃科，从此订交；后来诗亦齐名，并称“元白”。

白居易立志中兴国家，参与王叔文改革，屡次上书言事，但均不见用。后因宰相武元衡遇刺案越职言事，被贬为江州司马，此后壮志逐渐消磨。后改任忠州刺史，两年后回朝，先后任中书舍人等职，但因国事日非、朋党倾轧、言事不用，请求外任，出为杭州刺史，并短期任苏州刺史。在杭时修堤浚井，颇有治迹；离苏时士民泣涕相送。后定居东都洛阳，任太子宾客、太子少傅。晚年闲居，修香山寺，诗酒游玩，“栖心佛老”。73 岁时病终。

白居易历经九朝，了解社会现实，以拯世救民为己任，其诗歌理论与诗歌创作也多基于此。他主张“文章合为时而著，歌诗合为事而作”（《与元九书》），“唯歌生民病”“句句必尽规”（《寄唐生》）。他倡导新乐府运动，促进了唐诗的发展。

白居易生前就对自己的诗文进行过几次编集，初名《白氏长庆集》（长庆为穆宗年号），后改名《白氏文集》，收诗文 3800 余篇，分 15 卷，抄写 5 部，分藏子弟家，后散乱。今存 71 卷，共收诗文 3600 多篇。

《白氏长庆集》所收诗，分讽喻、闲适、感伤、杂律四类，共2800余首。讽喻诗是白氏诗歌中最精华的部分，其中包括《新乐府》50首、《秦中吟》10首等代表作。名篇如《观刈麦》《卖炭翁》《杜陵叟》《轻肥》《重赋》《上阳白发人》等。此类诗作大多直赋其事，有的则托物喻言。闲适诗多用于表现闲情逸致，或描写自然景物和田园风光，代表作有《适意二首》《归田三首》等。感伤诗写一时感触，但往往寄慨深长。长诗《琵琶行》《长恨歌》最为代表。其中也有一些亲朋之间酬赠的篇什，情真意切，但多感伤色彩。杂律诗数量最多，其中有价值的是一些抒情写景小诗，如《赋得古原草送别》《钱塘湖春行》《问刘十九》等，境界生动，脍炙人口。而一部分铺排故实、排比声韵的长篇排律和吟咏风月、纵情杯酒的碎篇短章，虽颇为时人热衷，却颇不足取。

白居易的散文也很有特色，推动了散文的革新。其《策林》75篇纵论天下大事，直追贾谊的《治安策》;《与元九书》借题发挥，夹叙夹议，是唐代文学批评的重要文献。

此外，白居易还写了一些曲子词，如《忆江南》《浪淘沙》《长相思》等，为文人词的发展开拓了道路。

白居易“即无全集，已自不朽”的两首诗

清人赵翼在《瓯北诗话》中指出，白居易“即无全集，而二诗已自不朽”，这里所说的“二诗”，即长篇叙事诗《长恨歌》和《琵琶行》。

《长恨歌》写唐玄宗李隆基与贵妃杨玉环的爱情故事。诗中既写“汉皇重色思倾国”，导致昏聩误国、变乱迭起，寓有明显的讽谏之意；也写“此恨绵绵无绝期”，对李杨爱情的不幸表示同情。《琵琶行》写琵琶女沦落风尘、嫁作商人妇的不幸，与自己被贬之后的遭际联系在一起，唱出了“同是天涯沦落人”的凄苦心声。

《长恨歌》《琵琶行》二诗，虽也反映社会现实，但它们能超越时空而不朽，在于其题材是人类最基本的问题——爱情与命运。这样的题材是人类无论什么时候都会深切关心的，而李杨爱情、琵琶女与江州司马的遭际又是那样典型，就无怪乎其不朽的魅力了。

二诗题材固然为人所重，其不朽则更在于白居易写得好。这两首长诗结构宏伟，组织有致，想象丰富，叙事曲折，写情入微，描摹生动，形象鲜明，语言明快，艺术上达到了很高的成就。

二诗在当时即受到了广泛欢迎，唐宣宗李忱《吊白居易》说："童子解吟长恨曲，胡儿能唱琵琶篇。"后人除吟咏、欣赏二诗外，更有文学名家取其题材，创作出许多传世名作，如白朴、洪昇根据《长恨歌》分别创作《梧桐雨》、《长生殿》，马致远、蒋士铨根据《琵琶行》分别创作《青衫泪》、《四弦秋》。

白居易诗是"平易"还是"鄙俚"

白居易诗歌所取得的艺术成就众所公认，但对其诗作风格，却有人概括为"平易"，给予肯定；有人概括为"鄙俚"，不无訾议。

一般来说，人们肯定白居易平易浅近、明畅通俗的风格，并指出这是一种难能可贵的艺术境界。刘熙载《艺概》说："常语易，奇语难，此诗之初关也；奇语易，常语难，此诗之重关也。香山用常得奇，此境良非易到。"赵翼《瓯北诗话》也说："元白尚坦易，务言人所共欲言"，"坦易者多触景生情，因事起意，眼前景、口头语，自能沁人心脾，耐人咀嚼"，"看是平易，其实精纯"。

但也有人说白居易诗"俗""浅"，近于"鄙俚"。这种评价一方面在于观点不同，一方面也反映了白氏晚期诗作的实情：颓唐的情绪用俚俗的语言表达出来，实在让人不能卒读。此外，白诗的一些篇什也确实意太明、语太露，缺少含蓄蕴藉与抑扬顿挫。

元稹及其诗文成就

元稹（779—831），唐代文学家，新乐府运动的倡导者，与白居易并称“元白”。字微之，一作威明。洛阳（今属河南）人。祖上为北魏鲜卑拓跋部人。八岁丧父，依倚舅族，发愤苦读。贞元九年（793）及第，历任秘书省校书郎、左拾遗、监察御史等职。直言敢谏，得罪宦官权贵，被贬为江曹参军。后转与宦官妥协，得以迁升，官至中书门下平章事（即宰相）。不久，遭排挤，贬为同州刺史，迁越州刺史、浙东观察使。大和三年（829），入为尚书左丞，次年又出为武昌军节度使，以暴疾卒于任所。有《元氏长庆集》传世。

元稹诗题材广泛，包括乐府诗、艳诗、悼亡诗三类。乐府诗比重较大，代表作为《新题乐府》12 首和《乐府古题》19 首，对当时的社会现实有较为深刻、广泛的反映。艳诗描写爱情，细致生动，名作有《春晓》《杂忆五首》等。悼亡诗以《遣悲怀三首》最著名，悼念其亡妻韦丛，十分感人。元稹诗艺术上学杜甫而富有变化，风格清新明快，经常与白居易以长篇排律唱和，人称“元和体”，但稍次于白居易。

元稹散文多是制诰，不用通行的骈体，而别创新体，以古文作制诰，格高辞美，效仿者颇多。元稹所撰传奇《莺莺传》，又名《会真记》，描写张生与崔莺莺的爱情故事，文笔优美，刻画细腻，为后世《董西厢》和《王西厢》的创作奠定了基础。

李贺及其诗歌特色

李贺（790—816），中唐诗人。字长吉，福昌（今河南宜阳）人。唐宗室郑王之后，但至李贺时已没落。祖籍陇西，自称“陇西长吉”；家居福昌昌谷，世称“李昌谷”。自幼聪慧，少有诗名，曾深得韩愈赏识。因父亲名晋肃，“晋”“进”同音，不能举进士，只做过三年奉礼郎。

李贺一生命途奄蹇，郁勃不平，以27岁华年而终。其诗有相当部分以鬼魅为题材，如：“鬼灯如漆点松花”，“鬼雨洒空草”，“秋坟鬼唱鲍家诗”，“百年老鸮成木魅”，幽灵出没，阴森可怖。故后人称其为“鬼才”（宋祁），有人责其“牛鬼蛇神太盛”（张素臣），有的则径称其为“诗鬼”。

李贺是中唐浪漫主义诗人，又是中唐到晚唐诗风转变期的代表。他的诗以大胆、诡异的想象力，构造出波诡云谲、迷离惝恍的艺术境界，独具一格。

李贺诗，内容上，有的讽刺黑暗政治、指斥社会弊端，如《荣华乐》《感讽六首》《老夫采玉歌》等；有的感慨怀才不遇、抒发忧愤之情，如《金铜仙人辞汉歌》《致酒行》《浩歌》等；有的描写神仙鬼魅，如《秋来》《苏小小墓》《神弦曲》等；此外尚有咏物等其他题材，如《昌谷北园新笋四首》《李凭箜篌引》《听颖师弹琴歌》等。

艺术上，李诗上承楚辞和南朝乐府的传统，又继承李白的浪漫主义精神，并直接受韩愈的影响，形成想象丰富、构思奇特、意境迷离、语言瑰丽的浪漫主义风格。李贺擅长短篇，后人称之为“长吉体”，如《天上谣》《湘妃》《梦天》等。但有些诗由于过分追求新奇，因此流于晦涩。

李贺诗作多乐府、歌行，极少近体律诗，尤以乐府见长。清人薛雪《一瓢诗话》认为：“唐人乐府，首推李、杜，而李奉礼（李贺）、温助教（温庭筠），尤宜另炷瓣香。”毛先舒《诗辩坻》说：“大历以后，解乐府遗法者，唯李贺一人。设色秾妙，而词旨多寓篇外。刻于撰语，浑于用意。”

杜牧及其诗文成就

杜牧（803—852），晚唐诗人。字牧之，号樊川居士，京兆万年

（今陕西西安）人。文宗太和二年（828）进士。初为弘文馆校书郎，后为监察御史。历任黄、池、睦诸州刺史，后迁任司勋员外郎、史馆修撰，官终中书舍人。晚年居长安南樊川别墅，故后世称“杜樊川”。

杜牧生活于晚唐多事之秋，目睹了国家的内忧外患，很想有所作为。早年以济世之才自负，所论多切中时弊，又曾注曹操所定《孙子兵法》十三篇，人称有“王佐之才”。但由于秉性耿直，不阿权贵，仕宦不很得意。

文学上，杜牧诗、文、赋俱佳。其中尤以诗的成就最高，与李商隐齐名，人称“小李杜”。

杜牧诗题材广阔，有的表达济世的抱负，如《感怀诗》《郡斋独酌》；有的讽喻时政，如《赤壁》《过华清宫》；有的感时伤事，如《早雁》。此外，杜牧还有一些抒情写景的小诗，如《清明》。其他如《泊秦淮》《山行》《江南春》等，都极为出色。杜牧诗笔力雄健，开阖自如，语言晓畅，刘熙载称“杜樊川诗雄姿英发”（《艺概》）。

杜牧的散文“纵横奥衍，多切经世之务”（《四库提要》）。如《罪言》《燕将录》《送薛处士序》等针砭时弊，多方面地反映了当时的社会现实。其文在晚唐也自成一家，语言犀利，明白晓畅，不与晚唐四六骈文合流。他还将散文的笔法、句式引进赋的创作，写出了《阿房宫赋》等熔叙事、抒情、议论于一炉的“散赋”，对后来赋体的发展有重要影响。

李商隐及其诗文成就

李商隐（约813—约858），晚唐诗人，与杜牧并称“小李杜”。字义山，号玉谿生，又号樊南生。祖籍怀州河内（今河南沁阳），生于河南荥阳（今属河南）。早年丧父，跟从叔父学习，颇显才华，史称“五岁诵经书，七岁弄笔砚”。文宗开成二年（837）进士及第，踏上仕途，曾三入幕府。晚年朦胧地感到唐王朝前途无望，思想逐渐崩溃。

李商隐一生经历宪宗、穆宗、敬宗、文宗、武宗、宣宗六朝，恰与晚唐四十年牛李党争相始终。起初以文才受到牛党人物令狐楚赏识得官，并受学四六骈文；举进士次年，李党人物王茂元爱其才，任为书记，并嫁女与他。这种情形，颇为时人及后人讥评。而牛党主政后，他即受到冷遇、排斥，飘零四方，潦倒终身。

李商隐工诗善文，尤以诗歌成就最高，有《李义山诗集》《李义山文集》行世。

《李义山诗集》共3卷，收诗600余首。李诗内容丰富，政治诗记录唐朝由盛转衰的过程，揭露统治者骄奢昏聩和统治集团内部的矛盾斗争。如《随师东》反映了讨伐叛镇战争所造的“几竭中原”“积骸成莽”的灾难性后果;《龙池》《骊山有感》讽刺了唐玄宗霸占儿媳的丑行。咏史诗借鉴历史经验教训来指陈政事、讥评时政，如《汉宫》《隋宫》等。《无题》诗表现男女之间的爱情和诗人自己的凄苦心绪，别具一格，最受后人重视。

李商隐诗以近体诗和律诗的成就为最高，主要的特色是善于以委婉曲折的手法表达层次复沓的思想内容。李诗还创造性地以骈文入诗，讲究对偶声律、隶事用典。相传李商隐每作诗，定要遍查书籍，摊满屋内，被人比作“獭祭鱼”。清代王士祯谓其“獭祭曾惊博奥殚，一篇锦瑟解人难”(《戏傚元遗山论诗绝句》)。

李商隐文传世约有350余篇：旧本《李义山文集》收文约150篇，骈散皆有；清末学者又从《全唐文》中辑出200余篇，均为骈文。李商隐骈文在当时颇享盛名，属对工整，用典贴切，气韵自然。代表作如《奠相国令狐公文》。散体文留存较少，代表作有《上崔华州书》《容州经略使元结文集后序》等。

李商隐诗歌以深婉见长，有些诗迷离恍惚、晦涩费解，与现代的朦胧诗有一定的类似，故有人认为李诗即是古代的朦胧诗。

李商隐诗歌创作很少直抒胸臆，而是致力于婉曲见意，有时甚至是刻意求深求曲。这主要表现在：借助对环境景物的描绘来渲染气氛、烘托情思，如《日射》；驱遣想象，将实事实情化作虚拟的情境，如《夜雨寄北》；编织绮丽文字、大量运用典故，造成光怪陆离、朦胧隐约的诗歌意象，如《锦瑟》；大量运用比兴寄托手法，托彼言此，如《嫦娥》。而大量的《无题》诗则更是如此，“实可空百代无其匹也”（叶燮《原诗》）。

李商隐的诗，以婉曲见意的表现形式，与“深情绵邈”的内涵相结合，表现出“寄托深而措辞婉”（叶燮语）的“深婉”风格。其诗往往寄兴深微，寓意空灵，索解无端，而又余味无穷。其中部分作品旨意难明，成为千古揭不破的“诗谜”。

温庭筠及其词作成就

温庭筠（约812—约870），晚唐诗人、词人。本名岐，字飞卿。太原祁（今山西祁县）人，宰相温彦博之后。天资聪慧，才思敏捷，精通音律。晚唐考试律赋，八韵一篇，他叉手一吟便成一韵，人称“温八叉”“温八吟”。生性放荡不羁，好讥刺权贵，多触忌讳，屡试不第，一生潦倒。48岁始授隋县尉，后为幕府僚吏，官终国子助教。

温庭筠能诗善词，以词的成就最高，是文人中第一个大量写词的人。有词集《握兰集》3卷、《金荃集》10卷，已散佚。传世词作约70首，《花间集》收66首，《唐五代词》收70首，《全唐诗》附词收59首。

温庭筠词多写青楼歌妓、闺阁思妇之情，如《更漏子》（玉炉香）、《梦江南》（梳洗罢）、《菩萨蛮》（14首）等。温词善于通过富有特征的景物，构成完美的艺术境界，往往景中寓情，多用比兴。词风红香翠软，秾丽绵密，开启花间词风，被称为“花间鼻祖”，与韦庄并称“温韦”。其词极受五代后蜀人推崇，被列为《花间集》之首。宋代词人周邦彦、吴文英等深受其影响。

南唐二主及《二主词》

南唐二主是五代南唐中主李璟、后主李煜的并称。二人均为帝王，又是五代时期的杰出词人。

李璟（916—961），字伯玉，徐州（今属江苏）人，一说湖州（今属浙江）人。南唐昇元七年（943）继位，在位19年。中兴元年（958），割江北土地与周，去帝号，称国主。周亡后又称臣于宋。

李煜（937—978），字重光，初名从嘉。李璟第六子。宋建隆二年（961）继位。降宋后，封为违命侯，不久被宋太宗派人毒死。

二人词作后人辑为《南唐二主词》1卷，收璟词4首，煜词34首。璟词多为触景伤情、感时伤事之作，在绮艳中有深婉之致，以《浣溪沙》二首较为有名。煜词以南唐灭亡为界，可分为前、后期，前期作品多写宫廷享乐生活，风格靡丽；后期作品或抒发亡国之痛，或追忆昔日荣华，感伤情绪浓厚。代表作有《虞美人》（春花秋月何时了）、《浪淘沙》（帘外雨潺潺）等。李煜词突破了晚唐五代词写艳情的旧套路，将词的境界向前拓宽了一步，在五代词人中首屈一指。

词的形成和发展

词是一种格律化了的杂言体诗歌。它的兴起和发展与音乐密切相关：隋唐时期，从西域（还有外国）传入的音乐逐渐和中原的传统音乐融合，产生了与雅乐相对的燕乐，词就是和这种新兴音乐的乐曲相配的歌词。

词作为合乐的诗体，是先有曲调，再按其曲拍调谱来填制歌词。

按乐填词早在南朝就已出现了，如梁武帝萧衍《江南弄》七曲，可以说是词的滥觞。隋文帝《上寿歌辞》、隋炀帝《夜饮朝眠曲》，都已具备词的雏形。

唐初，音乐歌舞有声有词，词所配合的乐曲变化多端，歌词短长错落，严格意义上的词就此出现。

盛唐时，词逐步发展成一种独立的诗歌体裁。唐玄宗有曲子词《好时光》，李白有《菩萨蛮》《忆秦娥》《清平乐》等 10 余首。中唐以后，张志和、白居易、刘禹锡也偶尔为之。

晚唐、五代，以温庭筠、韦庄为代表的花间词派以及南唐二主、冯延巳的词作，已经是词的成熟之作。

入宋，词的创作蔚成大观。北宋晏殊、欧阳修的词作主要在于继承花间词派的余绪；张先则创制慢词，为词体的变革奠定了基础；晏几道在思想内容上为宋词革新开了先例，完成了由唐入宋的过渡。柳永大量创作慢词，扩大了词的体制；而苏轼则为宋词的发展打开了新局面。秦观、贺铸等人的艺术创造，促进宋词出现多种风格竞相发展的繁荣局面。北宋后期，周邦彦兼采众家之长，促进了词体的成熟。

南宋时，词作大家李清照、陆游、辛弃疾、姜夔、吴文英等人，其创作一方面朝着雅化、文人化方向发展，另一方面继续合乐应歌，与民间抒情小调融合，蜕变为曲，为元曲而开先河。

词的令、引、近、慢

令、引、近、慢是词的四种体制。它们之间的区别原本在于音乐节奏的不同，脱离音乐看则可视为长短的不同。此外，小令、中调、长调也都是相同性质的概念。

令即令曲，也叫小令，音乐上每片 4 拍，一般比较短（清人毛先舒《填词名解》说“五十八字以内为小令”），在文人创作中盛行较早。如《如梦令》《浪淘沙令》等。

近、引在音乐上每片6拍，可增辅拍；长短适中，所以又叫“中调”（毛氏说“五十九字至九十字为中调”）。如《阳关引》《祝英台近》等。

慢即慢曲、慢词，音乐上每片8拍，比较舒缓，较长，故也叫“长调”，字数在91字以上，长的可达200余字。长调虽在唐五代时已有，但盛行在北宋中叶以后，如《雨霖铃慢》《木兰花慢》等。

此外，词除了小令外，一般都要分段落，一段叫“一片”。多数词分为两片，即上、下片，也叫上、下阕，或前、后阕。慢词有多至三四片的。分两片的叫双调，不分片的叫单调。

婉约词派和豪放词派

词不仅有令引近慢的体制之分，还有婉约、豪放的风格之别。明人张綖《诗余图谱》云：“词体大略有二：一体婉约，一体豪放。婉约者欲其辞情酝藉，豪放者欲其气象恢弘。盖亦存乎其人，如秦少游（秦观）之作多是婉约，苏子瞻（苏轼）之作多是豪放。大抵词体以婉约为正。”

婉约是婉转含蓄之意，魏晋六朝时用以形容文学修辞。唐末《花间集》开“香软”词风先河，宋朝承其余绪，婉约词风盛行。婉约词的特点主要是内容侧重儿女风情，多写离愁别绪、闺情绮怨，结构深细缜密，重视音律谐婉、语言圆润；但题材比较狭窄，辞藻上有时失于琐细空洞。

豪放作为文学风格，最早见于司空图《二十四诗品》，意为豪迈放纵。北宋苏轼首先用“豪放”评词并从事创作，南宋辛弃疾继之，从而使词由“伶工之词”转变为“士大夫之词”。豪放词的特点主要是创作视野较为广阔，气象恢宏雄放，援诗文写法入词，用典较多，不拘守音律；但有时失于粗疏平直，甚或涉于狂怪叫嚣。

婉约词由唐末五代的温庭筠、南唐二主开先河，入宋后其主要代表有晏殊、欧阳修、柳永、秦观、贺铸、周邦彦、李清照等人。豪放词的代表，苏、辛之外，有张孝祥、张元幹、刘克庄、陈亮、刘过等人。

关于婉约、豪放两词派的风格，南宋俞文豹《吹剑录》所载轶事可为注脚："东坡在玉堂，有幕士善讴，因问：'我词比柳（永）词何如？'对曰：'柳郎中词，只合十七八女孩儿执红牙拍板，唱杨柳岸晓风残月。学士词，须关西大汉，执铁板，唱大江东去。'公为之绝倒。"

由于长期以来词多趋于婉转柔美，有"专主情致"的特点，便形成了以婉约为词家正宗的观念。清人查礼《铜鼓书堂词话》从发生学的角度说明了这一点："情有文不能达，诗不能道者，而独于长短句中可以委婉形容之。"

范仲淹及其诗文成就

范仲淹（989—1052），北宋政治家、文学家。字希文，苏州吴县（今江苏苏州）人。幼年孤贫，刻苦好学。进士及第后，历任朝廷阁员（枢密副使、参知政事等）、州府主管及边地安抚使等职，均有善政，且使西夏不敢南窥。曾提出十项政治改革方案（《答手诏条陈十事》），但为守旧派阻挠，未能实行。以生活简朴、品德高尚著称于世，南宋吕中称："先儒论宋朝人物，以范仲淹为第一。"死于任所，谥"文正"，世称"范文正公"。有《范文正公集》传世。

范仲淹是诗文革新运动的先驱，主张为文"应于风化"。他擅长古文，其政论杂文忧国忧民，文风质朴。代表作《岳阳楼记》熔叙事、描写、议论于一炉，骈散兼用，脍炙人口。词作仅存五首，引入边塞生活，意境开阔，风格豪放。代表作《渔家傲·秋思》，风格苍凉，境界壮阔，在北宋前期词坛上别具一格。

柳永及其词作成就

柳永（约 987—约 1053），北宋词人。原名三变，字耆卿，因行七，亦称柳七，建州崇安（今福建武夷山）人。出身于官宦之家，为人放荡不羁，常出入于秦楼楚馆。曾做过睦州推官、余杭县令等，官至屯田员外郎，后世又称“柳屯田”。一生仕途抑郁不得志，终身潦倒，独以词作著称于世。

柳永作品集名《乐章集》，与一般以表字、别号或官称名集不同，柳集是以其词作能入乐演唱而名的。集中收词 200 余首。

柳永的词大大开拓了词的题材。首先是描绘都市，反映了大都市的民情与风光，如《望海潮》铺写杭州的湖山胜景以及民康物阜，《笛家弄》描写汴京清明时节的繁华。其次是描写妓女，表达了妓女们的悲欢、愿望及男女恋情，如《迷仙引》写妓女对卖笑生涯的厌倦、对自由生活的渴望。再次，自己的失意与愤慨、离情别绪和羁旅行役之愁，也是柳词反映的内容，如《采莲令》《八声甘州》等。此外，柳词也有一些反映劳动者悲苦生活以及咏物、咏史、游仙等的作品。

柳永大量制作慢词，开创了创作慢词的风气，使慢词发展渐趋成熟。《乐章集》中除了少数当时流行的小令外，大多数均为慢词。最长者如《戚氏》多达 212 字，前所未有。他还在许多慢词的调名上注明宫调名称，使其能入乐演唱。在创作手法上，柳词善于层层铺叙，情景兼融，语言浅显自然，不避俚俗。

柳词在柳永身前即广为流传，所谓“凡有井水饮处，即能歌柳词”。柳词对后来的秦观、周邦彦、姜夔等人都有一定的影响。

晏殊及其《珠玉词》

晏殊（991—1055），北宋政治家、词人。字同叔，抚州临川（今江西抚州）人。少时以“神童”召试，14岁赐同进士出身。曾任秘书省正字、集贤殿学士等，官至同中书门下平章事（宰相）。谥号元献，故世称“晏元献”。晏殊政治地位显要，喜好奖掖后进，范仲淹、韩琦、欧阳修等都曾受到他的提拔推荐。有《珠玉词》传世，清人还辑有《晏元献遗文》。

《珠玉词》1卷，存词130余首，大都是令词。所收之词主要抒写贵族士大夫的闲适生活情趣，又多有感伤时序的闲愁以及落寞迟暮的悲哀。如《浣溪沙》（一曲新词酒一杯），主要写作者填词对酒的悠闲生活和对暮春残景的叹惋惆怅，抒发了春光易逝、人生易老、富贵难久的感情。词中“无可奈何花落去，似曾相识燕归来”为千古名句。此外名篇还有《蝶恋花》《踏莎行》《破阵子》《鹊踏枝》等。

晏殊主要写作小令，上承花间词风，但排除了花间词派的秾艳堆砌。其词造语工巧自然，意境清新，情致娴雅。

梅尧臣及其《宛陵先生集》

梅尧臣（1002—1060），北宋诗人。字圣俞，宣州宣城（今属安徽）人。宣城古名宛陵，故世称“宛陵先生”。少时应进士不第，中年后赐进士出身。曾历任桐城县、河南县、河阳县主簿，与当时在西京洛阳任职的欧阳修、钱惟演等人往还，受到推重。后知建德、襄城等县，官至尚书都官员外郎，世称“梅都官”。

梅尧臣是北宋诗文革新运动的重要参加者，与欧阳修、苏舜钦齐名，时称“梅欧”或“苏梅”。他反对浮艳晦涩的诗风、文风，论诗强调《诗》《骚》传统，提出以“平谈”作为诗歌的最高艺术境界。有《宛陵先生集》行世。

《宛陵先生集》共60卷，存诗近3000首。部分作品反映民生疾苦，富于现实精神，如《田家四时》《陶者》《伤桑》等。有些诗作关心国事、揭露时弊，如《故原战》《猛虎行》等。还有大量抒情写景的作品，如《鲁山山行》《东溪》等。梅诗语言质朴、意境幽远，描摹景物清新自然，体现出风格平淡、意境含蓄的艺术特征。后人对梅尧臣有很高的评价，刘克庄称他为宋诗的“开山鼻祖”（《后村诗话》）。龚啸说他“去浮靡之习，超然于昆体极弊之际；存古淡之道，卓然于诸大家未起之先”（《宛陵先生集》附录）。钱锺书称他“主张‘平淡’，在当时有极高的声望，起极大的影响”（《宋诗选注》）。

欧阳修及其诗文成就

欧阳修（1007—1072），北宋政治家、文学家、史学家。字永叔，号醉翁，晚号六一居士。庐陵（今江西吉安）人。四岁丧父，家境贫寒，自幼好学。天圣八年（1030）进士，先后任馆阁校勘、龙图阁直学士。历知滁、扬、颍、应天府诸州，至和元年（1054）任翰林学士，后升任枢密院副使。因厌倦官场倾轧，告老退官，隐居颍州。卒谥“文忠”，世称“欧阳文忠公”。

欧阳修以其在散文方面的卓越成就，被称为“唐宋八大家”的“北宋第一家”。其文按体裁的不同可以概括为五类：一是直陈时事的政论、以古喻今的史论和专门探讨文章得失的文论。政论的重要作品如《原弊》，史论的著名篇章如《五代史伶官传序》，文论多半是与友人或青年后学的书信，如《答吴充秀才书》。二是山水游记和亭园堂院记。通过描绘山水景物以及记述亭园堂院的兴废始末，来褒扬有关人物，寄托自己的理想和爱憎，或抒发个人感受，如《醉翁亭记》《真州东园记》等。三是为别人诗文集所写的序跋，如《梅圣俞诗集序》。四是辞赋，变“律体”为“散体”，对赋的发展具有开拓意义，如《秋声赋》。五是随笔，记录前朝掌故、奇闻逸事或典章名物，内容广泛，开宋代笔记文创作的先声。

欧阳修的散文众体具备，各极其工。这些作品上承韩柳传统，克服“辞涩言苦”的流弊，创造出一种委婉含蓄、平易自然的风格，对宋代散文的发展与繁荣起到了巨大的表率作用。

欧阳修的诗词创作成就虽不及散文，但也颇具特色。他学习韩愈“以文为诗”，表现出议论化、散文化的倾向，但避免了险怪生僻，语言生动流畅。代表作有《戏答元珍》《紫石屏歌》。欧阳修的词内容狭窄，以表现恋情相思、惜春悲秋为主，名篇有《踏莎行》（候馆梅残）、《蝶恋花》（庭院深深深几许）等。

欧阳修是北宋文坛的领袖人物，诗文革新运动的倡导人。为文主张以韩愈为宗，提出“文”“道”并重、“道”先“文”后的观点，反对宋初以来的浮靡文风。他大力提拔和奖掖后进，王安石、曾巩、苏轼、苏辙等都受过他的培养。

欧阳修在诗、词、文各方面都很有建树。后人辑其作品为《欧阳文忠公集》，并单独刊行《六一词》。所著《六一诗话》是中国文学史上第一部诗话。此外，他在经、史、金石学方面也都有成就。尤其是史学，除参与《新唐书》纂修外，又自著《新五代史》，是唐以后唯一的私修正史。所著《集古录》，则是颇有价值的考古资料集。

王安石的散文成就

王安石散文以议论文成就最为突出。此类散文大致可以分四类：一是直接向皇帝陈述政见的奏议，组织严密，析理精微，措辞大胆，代表作为《上仁宗皇帝言事书》《本朝百年无事札子》。二是针砭现实的杂文，短小精悍，巧于用比，代表作有《原过》《使医》等。三是人物论和史评，一反传统之见，“奇美特绝”，代表作有《子贡》《读〈孟尝君传〉》等。四是书序、信札及其他，在学术见解中体现反传统的政治态度，代表作有《诗义序》《答司马谏议书》等。

记叙文在王安石散文中比重较大。人物传记朴实无华，有益人生，《伤仲永》为其中名篇。墓志碑文为数众多，文笔简妙。游记常借记游表达对治学的认识，穷工极妙，《游褒禅山记》为其中名作。但此类散文不重写景状物、铺陈点染，而旨在借题发挥、载道见志，因而有些作品形象性不足。

王安石散文大多是为变法的政治斗争服务的，尤以论说文最为出色。作品旗帜鲜明，结构严谨，说理透彻，说服力强，代表着宋代议论文的杰出成就。

苏洵及其《嘉祐集》

苏洵（1009—1066），宋代散文家，三苏中的“老苏”。字明允，眉州眉山（今属四川）人。青年时期发愤为学，举进士不中后闭门读书，精六经、通百家。嘉祐元年（1056）携子苏轼、苏辙赴京师，谒见欧阳修，颇得欧氏赏识。欧阳修向朝廷推荐其文，于是苏洵声名大振。后晋官为秘书省校书郎，又以文安县主簿参与修纂《太常因革礼》，书成而卒。有《嘉祐集》行世。

《嘉祐集》以宋仁宗年号“嘉祐”名。苏洵专力从事散文写作，尤擅议论文，观点鲜明，文风简劲，语言犀利，时人争相传诵、效仿，有“苏文熟、吃羊肉；苏文生，吃菜羹”之说。代表作有《六国论》及《权书》《衡论》等。苏洵也有一些抒情散文，但为数不多，《张益州画像记》《木假山记》是其中的优秀篇章。苏洵亦能作诗，但佳作不多。

曾巩及其《元丰类稿》

曾巩（1019—1083），宋代散文家。字子固，建昌军南丰（今属江西）人，世称“南丰先生”。20 岁即以文才受欧阳修赏识。嘉祐二年（1057）中进士，任地方官十数年，颇有政绩。后司编校史馆书籍，其间写过一些“叙录”。元丰五年（1082）因史学见称士类，擢拜中书舍人，次年病卒于江宁府。有《元丰类稿》50卷。

曾巩以散文名家。现存散文1000余篇，抒情文极少，多是议论文和记叙文。其议论文纡徐周详，立论精策，说理曲折尽意，颇似欧阳修的风格。如《寄欧阳舍人书》《上蔡学士书》论历代治乱得失，语气和缓，感慨深切;《赠黎安二生序》《王平甫文集序》题材虽小，但纵横开阖，有摇曳之姿。曾巩的记叙文条理分明，俯仰如意，代表作为《越州赵公救灾记》。其中也有写景之作，大多精雕细刻，代表作为《道山亭记》。还有一些论及学术、文艺的文章，纵谈古今，不无卓见，《墨池记》为其中名篇。

曾巩现存诗400余首，大多质朴清健，一如其文。但其诗名为文名所掩，不受重视。

苏轼及其诗文成就

苏轼（1037—1101），北宋文学家、书画家，唐宋古文八大家之一。字子瞻，又字和仲，号东坡居士，眉州眉山（今四川眉山）人。自幼苦学，成年时已“学通经史，属文日数千言”。嘉祐二年（1057）中进士，得到主考官欧阳修的赏识。在任职凤翔判官期间，针对财乏、兵弱、官冗等政治现象写了大量策论，希望能够通过改革得以改变。因与革新派和旧党均有分歧，故仕途数度波折，多次贬官外任；并因作诗讽刺新法酿“乌台诗案”，被捕解京、入御史台狱。

苏轼思想奠基儒学，濡染佛老，为人一方面希望经世济民，一方面又超然物外。他散文、诗词皆有杰出成就，文列“唐宋八大家”，诗与黄庭坚并称“苏黄”，词则是豪放派的开山鼻祖。他还擅长书法、绘画，书法居“宋四家”之首，存世有《答谢民师论文帖》《赤壁赋》

《黄州寒食诗帖》；绘画自成一家，开创了湖州画派，有《竹石图》存世。

苏轼是中国历史上少有的全才型人物，不仅文艺领域成就杰出，事功和儒学也卓然不凡。其著作今传世有诗文集《东坡七集》，另有词集《东坡乐府》。此外还有经学著作《东坡易传》，笔记《东坡志林》《仇池笔记》等。

苏轼散文现存约3800篇，可分三类：一、谈史议政的论文，包括奏议、进策、史论等，与苏轼的政治生活密切相联。这些论文颇具识见，雄辩滔滔，笔势纵横。代表作有《思治论》《进策》《留侯论》。二、叙事记游的散文。这类文在苏文中艺术价值最高，常熔议论、描写和抒情于一炉，文体不拘常格，风格因物赋形。代表作有《方山子传》《喜雨亭记》《石钟山记》《赤壁赋》等，至今仍广为传诵。三、书札、题记、序跋等杂文。书札为苏轼交游的书信，大都随笔挥洒，不事雕饰；题记、序跋多品诗评画、谈论书法，总结创作经验；还有一些记述治学心得的杂文，如《日喻》。惠洪《跋东坡忼池录》称“其文涣然如水之质，漫衍浩荡，则其波亦自然而成文”。

苏轼今存诗2700多首，题材广泛，内容丰富。按其题材，大致可分为政治讽刺诗、写景咏物诗、纪游诗、题书画诗、论诗诗等类型。其中艺术成就最高的是写景咏物诗，善于从自然景物和日常生活中悟出新意妙理，艺术上别开生面，成一代之大观。代表作有《题西林壁》《山村五绝》《六月二十七日望湖楼醉书》等。叶燮《原诗》称：“苏轼之诗，其境界皆开辟古今之所未有，天地万物，嬉笑怒骂，无不鼓舞于笔端。”

苏轼词的特色

苏轼词南宋初即有注本，或1卷、或2卷。近人朱祖谋编《东坡乐府》，共3卷。今人龙榆生有《东坡乐府笺》3卷。东坡词今存近350首，在题材、思想内容和艺术表现上都拓展了宋词的新局面。

在题材上，东坡词突破了写爱情、离别、旅况的传统，扩大到抒写报国壮志、反映农村生活、述说贬居生涯的领域，达到了“无意不可入，无事不可言”（《艺概》）。代表作如《江城子》（老夫聊发少年狂）、《沁园春》（孤馆灯青）、《定风波》（莫听穿林打叶声），以及描写徐州乡间生活的《浣溪沙》5首。

在体制上，东坡词也多所创变。以前词家作词在调名之外极少立题，东坡词不仅不少词作用了标题，有的还系以小序，长者甚至达数百字之多。苏轼还以诗文句法入词，如将陶渊明《归去来兮辞》改写成《哨遍》，把韩愈的《听颖师弹琴》檃栝成《水调歌头》。这些都属苏轼的创制。

在风格上，东坡词突破词必香软的樊篱，创作了一批豪雄劲健的词作，如《江城子·密州出猎》《念奴娇·赤壁怀古》等，开宋词新的格调。南宋词人刘辰翁《辛稼轩词序》说：“词至东坡，倾荡磊落，如诗，如文，如天地奇观。”而东坡还有一些清新隽秀乃至婉媚的词作，人称“如此风调，令十七八女郎歌之，岂在‘晓风残月’之下”。

苏辙及其《栾城集》

苏辙（1039—1112），宋代散文家，“唐宋八大家”之一。字子由，号颍滨遗老。嘉祐二年（1057）与其兄苏轼同科中进士。此后曾任大名府推官等。因反对变法，其官职沉浮不定，新党执政后则被外放贬职，旧党当权则还朝升迁。晚年退居许州颍滨，读书著书，直到去世。有《栾城集》传世。

苏辙曾任官中奉大夫护军栾城县，故其著作名《栾城集》。该集共50卷，此外尚有《栾城后集》24卷、《栾城三集》10卷、《栾城应诏集》

12卷。诸集均为作者自编。

苏辙文成就虽不如其兄，但风格上有其特点，“汪洋澹泊，有一唱三叹之声”，自成一家。如《黄州快哉亭记》《武昌九曲亭记》等，写景、叙事、抒情熔于一炉，笔调流畅。苏辙也擅长作诗，其诗平实、淳朴，但文采不足。

黄庭坚及其诗歌成就

黄庭坚（1045—1105），北宋诗人、书法家，江西诗派代表。字鲁直，号山谷，又号涪翁。洪州分宁（今江西修水）人。英宗治平四年（1067年）进士。曾任地方县官、学官、秘书省校书郎、国史编修、起居舍人等。哲宗时与修《神宗实录》，新党谓其“多诬”，被贬谪为涪州（今四川涪陵）别驾、黔州安置等。徽宗时，因作《承天塔院记》获“幸灾谤国”罪，除名编管宜州（今广西宜山），后死于贬所。

黄庭坚居“苏门四学士”之首，政治态度与苏轼相近，反对王安石变法，但关心国事、同情人民，胸怀抱负，富有识见，讲求操守。他笃信佛教，事亲孝顺，虽居官，却自为亲洗涤便器。

黄庭坚多才多艺，诗与苏轼并称“苏黄”；又工词，与秦观并称；其散文亦著称当世，尤以题跋和尺牍见长，潇洒脱俗，颇能见其才情学识之高。亦工书法，是“宋四家”之一，主要墨迹有《松风阁诗》《诸上座》《李白忆旧游诗》等。身前曾自选诗文，名《山谷精华录》。有《山谷集》行世。

黄庭坚著作集《山谷集》以号名。包括《内集》30卷、《外集》14卷、《别集》20卷，另有《词》1卷、《简尺》2卷、《年谱》3卷，黄氏诗词、文赋大体收录无遗。

黄庭坚的诗作大致可分两类：一类反映民生疾苦、关注时政和国防，如《流民叹》《上大蒙笼》《劳坑入前城》等；另一类是描写景物、抒发情怀、赠答题画、感喟世事等的抒情诗，如《雨中登岳阳楼望君山》《过平舆怀李子先时在并州》《清明》等。

黄庭坚的诗取得了一定的艺术成就，被后人奉为“江西诗派”“三宗”之首。他主张创新，并用力甚多，张耒曾称赞他的诗“不践前人旧行迹，独惊斯世擅风流”。他特别重视谋篇布局和句法结构的出奇变化，创造奇特意象和新颖比譬，并在遣词用字上用功深炼，善于活用典故，好作拗句硬语，使其诗具有一种挺峭瘦硬的骨力和苦涩返甘的韵味，像《登快阁》《寄黄几复》《题竹石牧牛》等，都是脍炙人口的名篇。

黄庭坚词与秦观齐名，结集为《山谷词》，又名《山谷琴趣外篇》。词风流宕豪迈，较接近苏轼；另有不少俚词，不免亵诨。晁补之云:“鲁直间作小词固高妙，然不是当行家语，自是著腔子唱好诗。”

秦观词的婉约风格

秦观（1049—1100），北宋词人。字少游，又字太虚，号淮海居士。扬州高邮（今属江苏）人。少年丧父，侍母家居，借书苦读，研习文辞。36 岁中进士，任蔡州教授、太学博士、国史院编修等职。在新旧党争中，因与苏轼关系密切而屡受新党打击，先后被贬到郴州、雷州等地。后在复职北还途中去世。在“苏门四学士”中，最受苏轼赏识。作品辑为《淮海集》，以号名，共 40 卷，又《后集》6 卷、《长短句》3 卷，收入其诗词文赋。另有《淮海词》《淮海居士长短句》，专收其词。

秦观词主要是写相思离别以及身世之感，题材不广。但善于以清新婉美的语言，创造深远意境，或苍茫迷离，或凄清明丽，借以传达细腻委婉的心情意绪。他的部分词作还擅长把男女间的悲欢离合、离恨别愁同个人身世遭遇的感伤自然巧妙地结合在一起，表达潦倒失意的凄苦心情，所谓“将身世之感打并入艳情”（清周济《宋四家词选》）。但由于题材所限，秦词风格较柔弱，情调也往往显得过于凄凉。

秦观继晏殊、柳永等词人之后，使北宋婉约词发展到了一个新的阶段，当时声誉极高，有“当代词手”之誉（陈师道《后山诗语》）；后人亦把他看作第一流的婉约派词人。

晏几道及其词作成就

晏几道（1038—1110），北宋词人。字叔原，号小山。抚州临川（今江西抚州）人，晏殊之子。曾任开封府判官等，后退职家居，生活贫困。传世有《小山词》1卷。

晏几道词与乃父齐名，时称“二晏”。词作大多为小令，内容多结合自己的身世遭遇抒写男女之间的悲欢离合。其词音调和谐婉转，文字晓畅清丽，感情真挚深沉，还擅长以前人诗句融会入词。其《临江仙》（梦后楼台高锁）、《鹧鸪天》（彩袖殷勤捧玉钟）等，为宋词抒情作品中的上乘之作。

贺铸及其诗歌成就

贺铸（1052—1125），北宋词人。字方回，自号“庆湖遗老”，又因貌丑而人称“贺鬼头”。卫州（今河南卫辉）人。因尚气使酒，一生不得美官，只任过些闲差冷职，抑郁不得志。晚年退居苏州，拥书万卷，校书终老。相继编成《庆湖遗老前集》《后集》。诗、词、文皆工，尤以词著。曾自编《东山乐府》词集。今存《东山词》，亦名《贺方回词》。

贺铸词多描写闺思恋情，如《鹤冲天》（冬冬鼓动）、《绿罗裙》（东风柳陌长）；有的叙述个人经历，抒发身世之慨，如《六州歌头》（少年侠气）、《行路难》（缚虎手）；也有反映社会现实之作，如《捣练子》五首，写征夫相思之痛、兵役之苦。贺词风格多样，既有婉约，又有豪放，时而情思缠绵、组织工丽，时而沉郁挺拔、豪爽峻迈，张耒曾以“盛丽”“妖冶”“幽洁”“悲壮”评之。《踏莎行》《石州慢》等均属婉约佳篇，豪放悲壮之作如《六州歌头》《水调歌头》等，开南宋前期豪放词之先河。在语言上，贺词还善于融化前人诗句入词。“一川烟草，满城风絮，梅子黄时雨”（《青玉案》）为时人所称颂，词人也因此被称为“贺梅子”。

贺铸诗为词名所掩，有诗集《庆湖遗老集》9卷行世。其诗抒写生活经历、旅途行役、登临游赏，以写景咏怀之作为佳，格调往往近于苏轼。如《彭城三咏》《游金陵雨花台》等，慷慨雄放，颇能见其豪迈的性格。亦有清健雅丽和自然平淡之作。后人称其诗“灏落轩豁，有风度，有气骨”（曹庭栋《宋百家诗存》）。

“词家之冠”周邦彦

周邦彦（1056—1121），北宋词人，婉约词派代表。字美成，号清真居士。浙江钱塘（今浙江杭州）人。因献《汴都赋》得官，但官职一直不高。精通音律，能自度曲。晚年受任国家最高音乐机关——大晟府提举官，审定音律，制乐作曲。诗词文赋无所不擅，但为词名所掩，诗文多零落不传。有《清真词》行世。

《清真词》2卷，以号名；又名《片玉集》，是南宋刘肃为周词注本作序时所名。其词有的表现相思恋情，怀古伤今，如《西河·金陵怀古》（佳丽地）、《浪淘沙慢》（晓阴重）等；有的抒写羁旅行役之感，如《琐窗寒·寒食》（暗柳啼鸦）、《木兰花》（江云叠叠遮鸳浦）等。

周邦彦词艺术成就颇高，集婉约派词艺之大成。其词善于以精美的辞藻创造意境，烘托气氛；又善于刻画勾勒、前后映照，言情体物比前人更为精巧、典雅、缜密；还善于运用典故，融化六朝小赋及唐人诗句入词；讲究语言的声调色泽，形成富丽精工、音调谐美的语言风格。

周词影响巨大，甚为流行，“贵人、学士、市儇、妓女，皆知美成词为可爱”（陈郁《藏一话腴》）。同时，周词还下启一代词风，开南宋姜夔、张炎一派。后世评周词有“词家之冠”“词中老杜”之称。

李清照及其词作成就

李清照（1084—约1151），南宋女词人，婉约派代表。自号易安居士，济南章丘（今属山东）人。其父李格非为苏轼门生，进士出身，官至礼部员外郎，藏书甚富，善属文，工于词章；母亲是状元王拱宸孙女，亦知书能文。由于家庭的影响，李清照少年时代便工诗善词。18岁时，与太学生赵明诚结婚，婚后生活幸福，夫妇雅好诗词以及金石图书，相互唱和，共同赏鉴。

金兵南下后，二人南渡淮河。不久赵明诚不幸病逝，李清照只身漂泊在杭州、越州、金华一带，过着类似逃难的生活，境况极其悲惨。绍兴二年（1132）在杭州时，再嫁张汝舟，婚姻并不幸福，数月后便离异。晚年生活缺乏资料记载。时人朱彧《萍洲可谈》说她“流落以死，天独厚其才而啬其遇”。

李清照诗、词、文、赋均有造诣，尤以词名家。其词主于婉约而不乏刚气，诗则多阳刚之气、骏健之风。如《乌江》之锐气凌厉，《题八咏楼》之气象宏敞，《钓台》之思致超拔，《和张文潜》之奇气横溢，充盈“丈夫气”。其文传世无多，但无论书序、札启、辞赋，均有佳构，且长于骈偶隶事，运笔曲伸自如，行文声情并茂，如《金石录序》《词论》《投翰林学士綦崇礼启》等。

李清照工诗能文，尤以词最为擅长。《宋史・艺文志》著录《易安居士文集》7卷、《易安词》6卷，但均佚。后人辑其作品为《漱玉词》，但其中有不少是杂入的他人作品。今有《李清照集校注》。

李清照词作主要以吟唱爱情、人生为主，内容、情感、风格上明显分为两个时期。前期生活稳定、闲适，多以描写少妇生活和闺中浓情为主，如《如梦令》二首写游乐，活泼轻快；《一剪梅》《醉花阴》《凤凰台上忆吹箫》写闺情，婉转温丽。后期生活颠沛流离，词作多表现伤感离乱、凄楚哀苦的心境和悲痛感情，表达关心国家、眷念北方故土的心情，如《菩萨蛮》“故乡何处是？忘了除非醉”，《蝶恋花》“空梦长安，认取长安道”，都表现出对沦落故土的怀念；《声声慢》等则反映了凄苦的生活和精神面貌。

李清照词艺术成就很高，尤以抒情见长。她常常选取生活片段或是室内外景物入词，熔铸意象，极其细腻入微地展示内心世界。词风以婉约为主，抒情极其委婉含蓄，但却不矫揉造作。语言独具特色，优美、精巧，又不乏自然，如“宠柳娇花”“绿肥红瘦”“守着窗儿，独自怎生得黑”，都是脍炙人口的用语。李清照词在当时被称为“易安体”，从南宋起就不断有人学习和效仿，辛弃疾、刘辰翁等人的集子里就都有公开标明“效易安体”之作。

陆游及其诗歌成就

陆游（1125—1210），南宋文学家。字务观，号放翁，越州山阴（今浙江绍兴）人。出身世代仕宦、读书之家。出生次年，金兵攻陷北宋都城汴京，举家避难，辗转流离，后又回到家乡。少时即立志“上马击狂胡，下马草军书”（《观大散关图有感》）。12 岁便能诗文，17 岁便有诗名。19 岁时与表妹唐琬结婚，两情相悦；不多久为母所迫，不得不离散另娶。29 岁应试及第，但因名列秦桧孙子秦埙之前，复试时被除名。秦桧死后三年，才被启用，任福州宁德县主簿。孝宗继位，赐进士出身。

陆游始终坚持充实军备、坚决抗敌，因而受到投降派排挤压制。后因力劝张浚北伐，被罢黜还乡。中年入蜀，任夔州通判；又先后入王炎、范成大幕府，襄理军务。离蜀之后，先后在江西、浙江等地任地方官。后回朝参修实录，官终宝章阁待制。晚年蛰居山阴老家乡间，但矢志不渝，壮心未已，终以85岁高龄赍志而殁。

陆游享年甚高，诗词文赋诸体皆擅，著作丰赡。诗文有《剑南诗稿》《渭南文集》及《放翁逸稿》传世，还著有《南唐书》《老学庵笔记》。

陆游散文著述甚丰，且颇有造诣。其中记铭序跋之类，或叙述生活经历，或抒发思想感情，或论文说诗，最能体现陆游的散文成就。《烟艇记》《书巢记》《居室记》一类散文，写乡居生活，淡雅隽永，风格别具。此外名篇如《静镇堂记》《铜壶阁记》《书渭桥事》等。《入蜀记》《老学庵笔记》，分别是古代游记和笔记散文的代表作。

陆游不仅工诗，也擅词，有《放翁词》。现存陆词有130首。代表作有《钗头凤》（红酥手，黄縢酒）、《卜算子》（驿外断桥边）、《诉衷情》（当年万里觅封侯）等。其词风格多样，明人杨慎谓其“纤丽处似淮海（秦观），雄慨处似东坡”，毛晋则谓其“超爽处更似稼轩”。

陆游亦工书翰，精行草和楷书，有《苦寒帖》《怀成都诗帖》等传世，且有书论《论学二王书》。他还是藏书家，读书处名“老学庵”，藏书处名“书巢”等。

陆游诗渗透着对国家的热爱和前途的忧虑，以及希望恢复故土的抱负和决心，如《夜读兵书》《老马行》《示儿》等。但由于壮志难酬，诗中又表现了难以抑制的悲怆与愤慨，如《书愤》《病起书怀》等。有些诗还无情揭露和谴责了投降派，如《关山月》《感愤》等。此外，有些诗还反映民生疾苦、描写农村风光，如《岁暮感怀》《游山西村》。

陆游的诗各体兼备，古诗、律诗、绝句都有出色之作，其中以七律写得最多最好。抒怀之作雄浑豪迈、凝重激越，写景之作质朴纯净、清新明丽。陆游诗广泛而真实地反映了南宋前期的社会现实，所以有人将他与杜甫媲美，誉其“可称诗史”（刘克庄《后村先生大全集》）。

陆诗也具有浓厚的浪漫主义色彩，因此陆游在当时即有“小太白”的称誉。

范成大及其诗文特色

范成大（1126—1193），南宋诗人。字致能，号石湖居士，吴郡（今江苏苏州）人。出身官宦家庭，自幼受到良好教育。绍兴二十四年（1154）进士，历任吏部员外郎、中书舍人等职，并长期任职地方。曾出使金国，全节而归。晚年隐居苏州石湖。有《石湖集》136卷，已佚。今存《石湖居士诗集》34卷、《石湖词》1卷。

范成大关心国事，同情民生疾苦，诗作充分表现了忧国恤民思想。如《清远店》描写在金人铁蹄下中原遗民的痛苦，《催租行》《后催租行》揭露贪吏巧取豪夺之恶、百姓受难之深，《冬春行》《秋雷叹》等描写下层贫民的悲惨生活。出使金国时所写的72首七绝，集中体现了其爱国思想，或谴责统治者昏庸误国，或表达中原父老收复失地的愿望。范诗还有一些写景诗及反映田园生活的田园诗，晚年所作60首七言绝句组诗《四时田园杂兴》，是其田园诗的代表作。与尤袤、杨万里、陆游齐名，号称“中兴四大诗人”。

范成大不仅工诗，也擅长文、赋、词。其政论文大都篇章短小，语言平实。范成大词今存近百首，有《石湖词》1卷行世。早期作品情长意浓，近似秦观，如《南柯子·七夕》；中、后期作品豪宕激越，近似苏轼，如《水调歌头·又燕山九日作》。

杨万里及其诗文特色

杨万里（1127—1206），南宋诗人。字廷秀，吉州吉水（今属江西）人。自名书室为诚斋，故世称“诚斋先生”。绍兴二十四年（1154）进士，初任地方官，后历任太常博士将作少监、秘书监等。绍熙二年（1192）因议铁钱触怒权贵，辞官还乡，闲居15年之久，孤愤而卒。著有《诚斋集》133卷，其中包括《江湖集》《荆溪集》等10种诗集及其他各体文章。

杨万里诗今存4200多首，诗中内容多关心国家安危，表达爱国之情。如《初入淮河四绝句》，抒发版图分割、南北人民失去往来自由的痛苦。杨诗还有许多反映农民劳动生活的诗，表现了对劳动人民的关切与同情，如《悯农》《悯旱》《农家叹》《插秧歌》等。在艺术上，杨万里诗独立门户，自成一家，时称“诚斋体”。其特色是师法自然，善于巧妙摄取自然景物的特征和动态，幽默诙谐，语言平易浅近、自然活泼。《过宝应县新开湖》《露坐戏嘲星月》《戏笔》《檄风伯》等体现了“诚斋体”的特点。

杨万里也有词、辞赋传世。其词作今存15首，词风与其诗风相近，清新活泼，饶有趣味。辞赋行文流利自然，《浯溪赋》为时人争相传诵。

辛弃疾及其词作成就

辛弃疾（1140—1207），南宋词人，豪放派代表之一。字幼安，号稼轩，历城（今山东济南）人。出生时北方已沦入金人之手，祖父辛赞虽在金任职，却希望伺机恢复中原，并常携辛弃疾“登高望远，指画山河”（《美芹十论》）。绍兴三十一年（1161），辛弃疾率两千民众参加北方抗金义军，次年奉表归南宋。

南归后，辛弃疾历任两湖、赣闽微职，又常赋闲散居。其间不断上书朝廷，主张坚决抗金，希望大军北伐，始终不被采纳，却屡被派去平定内乱。在各地任上，他认真革除积弊，积极整军备战，却因整顿改革而为众人所不容，又累遭投降派掣肘，最终遭弹劾落职。此后过着退隐生活，前后长达18年。嘉泰三年（1203），时年60岁的辛弃疾被起用，又因积极准备伐金，为权相韩侂胄所忌，被言官弹劾而罢职。不久去世，临终大呼“杀贼！杀贼”，“抱恨入地”。后赠少师，谥忠敏。

辛弃疾词在宋代时即有数种刻本，称《稼轩词》，其中 12 卷本又称《稼轩长短句》，收词 400 余首。后人又从《永乐大典》等书中辑出辛词 200 余首。现存辛词 620 余首。今通行本有邓广铭《稼轩词编年笺注》等。

辛弃疾词题材广阔，内容丰富。许多词寄寓了词人恢复中原的雄心壮志和渴望山河统一的愿望。在《破阵子·为陈同甫赋壮词以寄之》中，“醉里挑灯看剑”的壮士，其实就是词人自己的写照。辛词也表达了对投降派的愤慨，对他们偏安一隅、不思恢复的行为进行了揭露和鞭挞，如《永遇乐·京口北固亭怀古》等。辛词还抒发了壮志难酬、报国无门的悲愤，如《水龙吟·登建康赏心亭》、《摸鱼儿》（更能消几番风雨）等。辛词的又一类别，是描绘田园风光、表现宁静朴素的农村生活，名作有《西江月》（明月别枝惊鹊）、《鹧鸪天》（鸡鸭成群晚未收）等。

辛弃疾的词大多写得悲壮激昂，豪迈奔放，“他年要补天西北”“马革裹尸当自誓”这类词句尽显豪爽的英雄本色。在意境构造上，辛词大多场面阔大、形象飞动。在语言运用上，打破了词与诗文的界限，善于融诗文入词；善于用典、用事，所谓“驱使庄骚、经史，无一点斧凿痕”。刘克庄《辛稼轩集序》评价辛词：“大声鞺鞳，小声铿鍧，横绝六合，扫空万古，自有苍生以来所无。其秾纤绵密者，亦不在小晏、秦郎之下。”《四库提要》亦称：“其词慷慨纵横，有不可一世之概，于倚声家为变调，而异军突起，能于剪红刻翠之外，屹然别立一宗，迄今不废。”辛词被称作“稼轩体”，南宋大多数词人都曾受其影响。

辛弃疾的诗、文也有一定成就。现存辛诗约130首，所反映的生活和思想可与词作印证。辛弃疾的文多为“平戎策”，议论时世，鼓动抗敌。如《美芹十论》（即《御戎十论》）、《九议》，都识见不凡，体现了辛弃疾经纶世事的才能。

姜夔及其诗词成就

姜夔（约1155—约1221），南宋词人。字尧章，号白石道人，饶州鄱阳（今属江西）人。一生未仕，转徙江湖。与诗人杨万里、范成大、辛弃疾等人交游甚密。因卜居吴兴武康（今浙江德清）弁山白石洞下，人称“白石道人”。姜夔多才多艺，精通音律，擅书法、工诗，尤工词。

姜夔诗词分别辑入《白石道人诗集》和《白石道人歌曲》。词集所以称“歌曲”，当与词合乐演唱、姜氏精通音律有关。

姜夔现存词约80余首，多数为记游、送别、咏物、怀人和感遇之作。如《念奴娇》（闹红一舸）歌咏荷花，将其拟人化；《琵琶仙》（双桨来时）写湖州春日泛舟，触发怀人之思。有些词也反映国事，但比较少。姜词讲究词法、音律，追求完美蕴藉的情趣，格韵高妙；并能自创新调，上承周邦彦，下开格律一派。前人对姜词评价很高，有“如盛唐之有李杜”“文中之有昌黎”以及“词中之圣”的称誉。

姜夔存世诗约180首，但诗名为词名所掩。他还有《白石道人诗说》，讲述诗的理论和技巧，于一般诗话外独树一帜，颇受后人称许。

吴文英及其《梦窗词》

吴文英（约1200—约1260），南宋词人。字君特，号梦窗，晚年又号觉翁，四明（今浙江宁波）人。本姓翁，出继吴姓。以布衣终生，与时贤和权贵交游甚广，曾是吴潜、贾似道等权臣的幕僚。往来于苏州、杭州、越州（今浙江绍兴）一带，过着清客生活。曾一度入苏州仓台幕供职。晚年为荣王赵与芮幕客，居绍兴。

吴文英的词作辑入《梦窗词》4卷。今存340首，按题目所标注的内容粗分：咏物64首，节令40首，酬唱140首（其中祝寿词19首，分韵与和韵的25首），此外大多数为忆旧怀人之作，还有少数忧时伤世之作。忆旧怀人之作最能体现梦窗词特点，写来大多莺啼燕唼，缠绵悱恻，情深语雅，善长用典，精于炼字，代表作如《渡江云·西湖清明》对杭州亡妾的哀悼，《风入松》写清明怀念情人等。

吴文英能根据不同题材，选用不同的风格和手法来表现特定的内容。他善于化用李贺、温庭筠等人诗句入词，又自度了许多腔调，丰富了词体，创出密丽秾艳一派。《四库提要》称“词家之有文英，如诗家之有李商隐”。但其词作内容贫乏，过于雕琢而晦涩。

文天祥及其诗文特色

文天祥（1236—1283），南宋政治家、诗人。原名云孙，字天祥。以字为名后，改字履善，又字宋瑞，自号文山。庐陵（今江西吉安）人。自幼仰慕欧阳修，立志报效国家。20岁时中状元。德祐元年（1275）元军东下，文天祥组织义军入卫都城。次年元军围临安，以右丞相兼枢密使身份出使元营谈判，因坚决抗争而被扣留。在押解北方途中，逃至温州，拥立端宗，以图恢复，并转战于赣、闽、岭南一带。最后兵败被俘，囚禁三年，始终不屈，壮烈就义。有《文山先生全集》传世。

《文山先生全集》共20卷，包括诗（德祐前作品）2卷，文10卷，《指南录》《指南录后序》《吟啸集》《集杜诗》《纪年录》《拾遗》各1卷，《附录》2卷。

文天祥诗现存800余首，早期作品多应酬之作，咏物感时，价值有限。后期作品为精华所在，主要抒写力图恢复的坚定志向，记录艰苦卓绝的战斗生活，抒发高度的爱国热情以及至死不屈、大义凛然的浩然正气，堪称南宋覆亡前后的“诗史”。名篇如《正气歌》《金陵驿》;《过零丁洋》中的“人生自古谁无死，留取丹心照汗青”，更是千古传诵的名句。

文天祥散文论政谈兵，叙事记游，各具特色。《指南录后序》为千古名篇。文天祥词仅存数首，如《酹江月》等，“风骨甚高，亦有境界”（王国维语）。

文天祥诗文均以慷慨激昂、悲壮苍凉为风格特色，写来直抒胸臆，不事雕饰，具有强烈的感染力。

元好问及其诗文成就

元好问（1190—1257），金代文学家、史学家。字裕之，曾在遗山（今山西定襄东北）读书，故自号遗山山人，世称“元遗山”。忻州秀容（今山西忻州）人。唐代诗人元结后裔。少而能诗，又曾饱览经传百家。蒙古军攻占山西后，先后流亡福昌（今河南宜阳），移家登封。兴定五年（1221）进士及第，历任镇平、南阳等地县令，官至尚书省左司员外郎。金亡，被羁于聊城，后迁居冠县，以修史、著述终身。

元好问诗今存1360余首，内容丰富，题材多样。大量“丧乱诗”，真实记述了金亡前后社会的动荡，百姓的惨遭荼毒，元军的残暴行径，情感悲愤深挚，感染力甚强，具有诗史的意义，是杜甫之后少见的杰作。一些咏物诗，雄浑开阔；写景诗构思新奇，境界宏大。《论诗绝句》三十首，反映了其论诗主张。

元好问词今存377首，内容多样，兼有婉约、豪放诸种风格，题材之广为古代诸词家不及。其词为金代之冠，被誉为“集两宋之大成”

者。代表作有《木兰花慢》(拥都六冠盖)、《水调歌头·赋三门津》。

此外，元好问散曲今存9首，《骤雨打新荷》为传世名作。又有文26卷，众体皆有，继承韩、欧之风，名篇有《杜诗学引》《两山行记》等。

散曲的形成及特点

散曲是兴盛于元代的诗歌形式，又称“清曲”“乐府”“今乐府”。由于这种诗歌样式在元代最为兴盛，故后人常以元曲与汉赋、唐诗、宋词并称。

散曲是在宋、金时代民谣俚曲的音乐基础和发达的说唱艺术的影响下逐渐形成的。宋、金是散曲的萌芽时期，金末散曲已经成熟，元好问开始散曲创作是散曲正式成为诗歌形式的重要标志。至元代，散曲进入繁荣时期。

散曲类似于词，都是长短句形式，但又有自己的特点：可以在正字之外加衬字，多加在句首或句中，更为灵活，更适合使用口语；曲韵与词韵不同，用当时的北方话音韵，全篇通押一韵、不换韵，但四声可通协，韵字可复用；对仗形式更丰富，有三句、四句、隔句、联珠对等方式。

张养浩及其散曲成就

张养浩（1270—1329），元代散曲家。字希孟，号云庄，济南（今属山东）人。自幼好读书，历任翰林学士、礼部尚书、参议中书省事等。后深感仕途险恶，遂弃官归隐，屡召不赴。后因救灾而受职，劳累而死。张养浩在辞官归隐时作了许多散曲，今存小令161首，套数2首，辑入《云庄休居自适小乐府》。

张养浩的散曲可分为四类。一是警世之作，写官场险恶、世态炎凉，描写真切，感情沉痛，但调子有些低沉，如《朱履曲》：“祸来也何处躲？天怒也怎生饶？把旧来时威风不见了。”二是退隐之作，写田园风光，描写归隐后的轻松自如心情，如《中吕·朝天曲》：“挂冠，弃官，偷走下连云栈，湖山佳处屋两间，掩映垂杨岸。”三是吟咏山水，写与欧鹭为友、与云山相对的愉悦。四是同情人民疾苦之作，作于在陕西救灾时。代表作为《山坡羊·潼关怀古》，揭示封建王朝“兴，百姓苦；亡，百姓苦”的事实。

张养浩为元代少数有散曲别集传世的作家之一，其作品在元散曲中独具特色，格调高远，感情真诚纯朴，文字流畅平白。

张可久及其散曲成就

张可久（生卒不详），元代散曲家。字可久，号小山。庆元（今浙江宁波）人。平生足迹遍及湘、赣、闽、皖、苏、浙等地，时官时隐，并不得志。晚年长期居于杭州。一生专力于散曲创作，作品传世最多，辑入《小山乐府》，今存小令855首，套曲9首。

张可久长期为吏，因此作品题材较狭窄，大都为写景、送别、谈禅、咏物、赠答、闲适之作。有些作品较有现实内容，或写穷通无定、世态炎凉，如《庆东原和马致远先辈韵》9首；写百姓疾苦和世道险恶，如《卖花声·怀古》：“伤心秦汉，生民涂炭，读书人一声长叹。”描写山光水色的作品最为突出，绘景如画，境界优美。此外，张可久描写归隐生活的作品也很多，表现了元代士人沉沦下僚的艰辛境况，充满了悲凉之情。

张可久是元散曲清丽派的代表，对元散曲风格由前期白描本色转向后期的典丽工整，起到了重要作用。

明代“前七子”

“前七子”是明代以李梦阳、何景明为中心，包括康海、王九思、边贡、王廷相、徐祯卿在内的文学流派。

明弘治、正德年间，李梦阳、何景明针对当时虚饰、萎弱的文风，鄙弃自西汉以下的所有散文以及自中唐以下的所有诗歌，提倡复古，强调文章学习秦汉，古诗推崇汉魏，近体宗法盛唐。他们的主张被当时许多文人接受，于是形成了影响广泛的复古运动。

“前七子”力倡复古，影响甚巨。当时的唐诗选集，均遵从他们的主张而只收中唐以前的诗歌。作为“后七子”的前导，他们影响明代文坛达百年之久。但由于过分强调复古，他们的作品创造性显得不足，有的甚至沦为“高处是古人影子耳，其下者已落近代之口”，给文坛带来了新的流弊。

李梦阳及其诗歌创作

李梦阳（1473—1530），明代文学家，“前七子”之一。字献吉，号空同子，庆阳（今属甘肃）人。弘治六年（1493）进士。为官刚劲正直，敢于同权宦、皇戚作对，因弹劾宦官刘瑾而数次入狱，终被削职，居家20年。著有《空同子集》66卷。

李梦阳在复古模拟上坚持主张“刻意古节”，句模字拟，逼肖前人；诗重气魄，追求雄奇、豪放的风格。他的创作以乐府和古诗居多，其中有不少富有现实意义的作品，如《朝饮马送陈子出塞》揭露了明朝军队的腐败;《君马黄》刻画了宦官的骄横。但他立论过高，操之过急，一味复古，追求形式，最终走上了剽窃模拟的道路。晚年才知道“真诗乃在民间”，但只能徒叹“然今老矣”。

明代“后七子”

“后七子”是明嘉靖、隆庆年间的文学流派。以李攀龙、王世贞为代表，成员包括谢榛、宗臣、梁有誉、徐中行和吴国伦。因在“前七子”之后，故称“后七子”，又有“嘉靖七子”之称。

“后七子”继承“前七子”的文学主张，同样强调“文必秦汉，诗必盛唐”，以汉魏、盛唐为楷模，称“文自西京、诗自天宝而下，俱无足观”；其创作则“无一语作汉以后，亦无一字不出汉以前”，较“前七子”更为绝对。他们复古拟古，主格调，讲法度，互相标榜，广立门户，声势更浩大，从而把明代文学的复古倾向推向了高潮。“后七子”在文坛上活跃的时间也比“前七子”长。

“后七子”的创作总体上不脱对前人的模仿，但也取得了一定的成就，有些人后来已表现出某种重视独创和性灵的倾向。故清初仍有人接受他们的观点，创作上也受其影响。

王世贞及其诗文成就

王世贞（1526—1590），明代文学家、史学家，“后七子”领袖之一。字元美，号凤洲，又号弇州山人。太仓（今属江苏）人。幼有才华，读书过目不忘。21 岁中进士，初任刑部主事，官终刑部尚书。为官正直，不媚权贵。其父因滦河失事，为严嵩所构论死，他解官奔波告免未成，持丧而归，三年丧满后亦不出仕，后父冤终得平反。任地方官时，数次奏陈屯田、戍守、兵食事宜，都能切中时弊，但因触犯张居正而罢官。张居正殁后，任南京兵部右侍郎等职，以疾辞归，卒于家。

王世贞与李攀龙同为“后七子”领袖，李攀龙去世后，王世贞独主文坛 20 年。他善诗，以声韵为主；好古文，多模拟之作；重史乘，有史著数种；通“小道”，戏曲乃至小说亦曾尝试。才学富赡，文名满天下，在前后七子中最博学多才。《明史》本传称他“才最高，地望最显，声华意气，笼盖海内”。

著作除《弇州山人四部稿》《续稿》，还有《弇山堂别集》100 卷，

《弇州史料》100 卷，以及《嘉靖以来首辅转》8 卷，《觚不觚录》1 卷，《读书后》8 卷，《画苑》10 卷，《王氏书苑》10 卷等。此外，相传《鸣凤记》《金瓶梅》也为其所作。

王世贞的诗歌有不少感时伤世的政治诗，现实感较为强烈。如《钧州变》揭露贵族藩王的荒淫残暴；《袁江流铃山岗当庐江小吏行》铺叙严嵩父子的横行不法，谴责他们“负国”；《正德宫词》讽喻明武宗沉湎酒色。王世贞的某些乐府诗不刻意仿古，颇有才思，律诗和七绝也很有成就。词作内容狭窄，题材单调，成就不如诗歌。

王世贞在戏曲理论和创作上也有一定成就。他的曲论见于《艺苑卮言》附录，认为戏曲成功与否，首先在于是否“动人”。传奇《鸣凤记》，相传为王世贞所作。该剧揭露了严嵩父子专权纳贿、祸国殃民，赞扬了杨继盛等人不畏权奸、视死如归的精神，人物形象刻画鲜明；但结构有些松散，人物纷繁，缺乏性格特征。

归有光及其散文成就

归有光（1507—1571），明代散文家，“唐宋派”领袖。字熙甫，号震川、项脊生。昆山（今属江苏）人。9 岁能文，20 岁时尽通五经、三史和唐宋八大家文。35 岁中举后，20 余年八试不第。后移居嘉定（今属上海）安亭江上，著书讲学，生徒常达数百人，人称“震川先生”。60 岁始中进士，授长兴（今属浙江）县令，因得罪豪门与上司，调任顺德府（治今河北邢台）通判，专管马政。后经大学士高拱荐举，任南京太仆寺丞，参与撰修《世宗实录》，以劳成疾，卒于南京。

归有光反对前后“七子”“文必秦汉”的盲目拟古倾向，提倡唐宋古文，“变秦汉为欧曾”，与王慎之、唐顺之、茅坤被称为“唐宋派”。他以一介穷乡老儒，痛斥当时文坛盟主王世贞之辈为“妄庸巨子”。王世贞虽因主张相异而大憾，亦推重其创作成就。

归有光擅散文，朴素简洁，感情自然动人。王锡爵称其作品“无意于感人，而欢愉惨恻之思，溢于言语之外”（《归公墓志铭》）。姚鼐谓其作品“元明两代除归氏外别无他人”。其作品先由其孙及钱谦益编成40卷，但未能全刻。清康熙时，其曾孙归庄又增益遗文，经人襄助刻成《震川先生全集》40卷，正集30卷，别集10卷；内收散文774篇，诗歌113首。

归有光的散文十之八九为经解、题跋、论议、赠序、寿序、墓志、碑铭、祭文、行状以及制义之作，这类作品内容空洞贫乏，无多可取。此外比例较小的叙事、抒情散文则多出色之作。有的叙述家庭琐事或亲故的生死聚散，朴素简洁、悱恻动人，代表作为《项脊轩志》《寒花葬志》《先妣事略》等；有的写明末吏治腐败、恶霸横行、倭寇骚扰、百姓生活困苦，表达为民请命的心愿，代表作有《备倭事略》《九县告示》《乞休申文》等；有的勾勒普通人的形象，刻绘生动，代表作有《可茶小传》《鹿野翁传》等；有的记载民情世态，具有一定社会意义，代表作有《己未会试杂记》《壬戌纪行》。

归有光的散文即事抒情，注重细节，结构精巧，波折多变，被后人推崇为明代第一散文家。但其许多散文内容空洞，思想陈腐，又多写身边琐事，未能充分反映明代社会矛盾。

公安三袁

“三袁”是明代文学家袁宏道与其兄袁宗道、其弟袁中道的并称。兄弟三人主张相近，并有才名，故三人并称；且因籍贯公安（今属湖北）而被称为“公安派”，为该派代表。

“公安三袁”中，以袁宏道成就最高（生平、履历见下文）。袁宗道（1560—1600），字伯修。万历十四年（1586）会试第一，授编修，官终右庶子。为文推崇白居易、苏轼，因名其斋为“白苏斋”。有《白苏斋集》(一名《白苏斋类稿》)。袁中道(1750—1623),字小修。万历进士,官至南京吏部郎中。有《珂雪斋集》。“三袁”之外的公安派重要成员,还有江盈科、陶望龄、黄辉等人。

公安派反对前、后“七子”的拟古风气,抨击其句拟字模、食古不化的倾向,尖锐批评文坛“剽窃成风,众口一响”的现象。认为文学应该随时代变化而变化,各个时代的文学都应有自己的特色。主张文学“独抒性灵,不拘格套”,“言人之所欲言,言人之所不能言,言人之所不敢言”。公安派推重民歌、小说,提倡通俗文学。他们创作的主要是散文,对古代散文发展有一定贡献。但他们多消极避世,创作题材狭窄。后起仿效者则“不复检点”,“为俚语,为纤巧,为莽荡”。

袁宏道及其《袁中郎全集》

袁宏道(1568—1610),字中郎,号石公。湖广公安(今属湖北)人。万历十六年(1588)中举,四年后进士及第。曾问学李贽,颇受其思想影响。屡官屡辞,醉心山水名胜,曾遍游楚中及江南名胜。后返故里,卜居柳浪湖畔,潜心学问文章。工诗能文,诗文皆辑入《袁中郎全集》。

《袁中郎全集》共40卷,其中文集25卷,诗集15卷;包括《敝箧集》《锦帆集》《解脱集》《广陵集》《瓶花斋集》《潇碧堂集》《破砚斋集》《华嵩游草》诸集。

袁宏道的散文可分为四类:一为尺牍。现存280余通,长短不同,多达千字,少则数十字。大多简凝活脱,风趣诙谐。代表作有《致聂化南》。二为随笔。现存200余篇,题材多样,意趣别具。记述风俗人情的《畜促织》《斗蛛》等篇,为传世名作。三为传记。塑造人物栩栩如生,其中以《徐文长传》《醉叟传》为佳篇。四为游记。现存90余篇,大多刻画细腻,文笔优美,融情入景。名篇较多,如《满井游记》

《虎丘》《晚游六桥待月记》等，真切动人，语言平易，流传较广。袁宏道散文自成一家，打破传统古文格局，促进了文体的解放。

袁宏道诗歌成就不如散文。现有各体诗歌1700余首，大多抒发个人情趣，少量作品对社会现实有所批判，语言浅近通俗。代表作如《猛虎行》《巷门歌》等。

张岱及其《梦忆》《梦寻》

张岱（1597—1679），明末散文家、史学家。字宗子，又字石公，号陶庵，山阴（今浙江绍兴）人。出身官宦家庭，但终身未仕。少年时，游山玩水，读书品茶，流连于戏曲、音乐，放浪不羁；明亡后，披发避居剡溪山，追忆往事，安贫著述。有史著《石匮藏书》，诗文集《琅嬛文集》等。

《琅嬛文集》6卷，包括序、记、碑、传和乐府、琴操、词等。但最能体现张岱文学成就的是两部单行的小品文集《陶庵梦忆》和《西湖梦寻》。

《陶庵梦忆》是对昔日生活琐事的回忆，包括茶楼酒肆、歌馆舞榭、说书演戏、放灯迎神、养鸟斗鸡、打猎阅武、山水风景、文物古迹、工艺书画等方面。其中佳篇有《西湖七月半》《湖心亭看雪》《金山夜戏》《柳敬亭说书》等。

《西湖梦寻》写的是西湖掌故，共72则，是在杭州遭兵燹之后追忆旧游，以西湖北路、西路、南路、中路、外景五门，分记其胜。作者感叹“昔日之弱柳夭桃、歌楼舞榭，如洪水湮没，百不存一”，只存于梦中，故记下梦中之西湖，“以作西湖之影”。

张岱被认为是晚明小品的代表作家，其小品散文描摹世相广泛而细腻，叙述简洁传神，文笔隽永清丽，意境优美，清新活泼，对后世散文尤其是小品文创作影响深远。

吴伟业及其诗词名篇

吴伟业（1609—1672），明末清初诗人。字骏公，号梅村，自署鹿樵生、灌隐主人，太仓（今属江苏）人。崇祯进士，官左庶子等，南明弘光朝任少詹事。入清被迫出仕，为国子监祭酒，三年后借母亡辞官归，隐居故里，再不出仕。著作有《梅村家藏稿》《梅村诗余》，传奇剧《秣陵春》，杂剧《通天台》《临春阁》等。

吴伟业学问渊博，工诗能词。现存诗1000多首，收入《梅村家藏稿》。题材多为哀时伤事，富有时代感。其七言歌行尤为出色，名作有《圆圆曲》《永和宫词》《临江参军行》《松山哀》等。另外，吴伟业还有一些反映民间疾苦的诗，如《直溪吏》《马草行》等。其纪事诗学中唐元稹、白居易，但又别具风格，自成“梅村体”。

吴伟业的词作也有佳篇，如《满江红·蒜山怀古》《贺新郎·病中有感》等，写身世之感，凄凉慷慨，声情悲壮，与辛弃疾神似。词作收入《梅村诗余》。

方苞及其《望溪先生文集》

方苞（1668—1749），清代散文家，桐城派创始人。字凤九，号灵皋，晚号望溪。桐城（今属安徽）人。康熙三十八年（1699），江南乡试第一名。四十五年（1706）进士，以母病归家未出仕。后因戴名世《南山集》案牵连入狱。曾两直南书房，历官武英殿修书总裁、翰林院侍讲学士、内阁学士兼礼部侍郎、经史馆总裁等职，后辞官。终年82岁。著有《周官集注》《望溪先生文集》等。

《望溪先生文集》18卷，《集外文》10卷，《集外文补遗》2卷。集中文章以经说、书序、碑传类居多。其中有经、史、子诸札记，也有传记、游记，如《汉文帝论》《李穆堂文集序》《与李刚主书》《孙征君传》《游潭柘记》等。这些散文写得简练雅洁，没有芜杂支蔓。另外一些作品反映了社会黑暗与民生疾苦，如《送冯文子序》《请备荒政兼修地治劄子》等，较有现实意义。《狱中杂记》和《左忠毅公逸事》是方苞的代表作，最为后人称道。

方苞尊奉程朱理学和唐宋散文，很适合朝廷巩固思想统治及文风的需要，所以其说大行，颇多影响。但感情不够充沛，形象性不强，缺乏宏大的气魄，有“才力薄”（袁枚《仿元遗山论诗》）之讥。

袁枚及其《小仓山房集》

袁枚（1716—1797），清代诗人、诗论家。字子才，号简斋、随园老人，钱塘（今浙江杭州）人。乾隆年间进士，选翰林院庶吉士。后任溧水等地知县。40岁辞官，居江宁，筑园林于小仓山，名为随园，自号仓山居士，世称“随园先生”。诗文辑入《小仓山房集》。此外尚有诗评集《随园诗话》、笔记小说《子不语》等。

袁枚活跃诗坛40年，与赵翼、蒋士铨并称“乾隆三大家”。其诗作存世4000余首，具有独特风格和一定成就。袁枚诗不拘一格，追求直率自然，清新灵巧，体现了其“性灵说”。其中较突出的佳作主要有两类：即景抒情的旅游诗和叹古讽今的咏史诗。前者如《沙沟》写黄河岸边旅途风光和感受，《同金十一沛恩游栖霞寺望桂林诸山》写桂林七星岩观感；后者如《秦中杂感八首》。此外的有些作品流于浅露，格调不高。

袁枚亦能文，骈散皆工。散体如《祭妹文》《峡江寺飞泉亭记》等；骈体如《与蒋苕生书》《重修于忠肃庙碑》等，传为名篇。

姚鼐及其著述

姚鼐（1732—1815），清代文学家。字姬传，一字梦谷，因以“惜抱”为轩名，人称“惜抱先生”。桐城（今属安徽）人。乾隆二十八年（1763）进士，选翰林院庶吉士，散馆授兵部主事，转礼部主事，历任山东、湖南乡试副考官，刑部郎中，四库馆纂修官。中年托病辞官，历主梅花、敬敷、紫阳、钟山等书院讲席，达40年。

姚鼐是桐城派的中坚与集大成者。他继承方苞、刘大櫆等人的古文之学，对桐城派的文学理论有所补充发展。他主张“义理、考据、辞章”三者统一，又以“阳刚”“阴柔”论文章风格。文学成就以散文为最，影响也最大。诗兼采唐宋，尤工近体，清拔淡远，但成就不如散文。

姚鼐著述甚丰，除《惜抱轩全集》外，还有众多著作，一是注解典籍，有《九经说》、《三传补注》(《左传补注》《公羊传补注》《穀梁传补注》)、《国语补注》、《老子章义》、《庄子章义》等；一是题跋，有《法帖题跋》；一是笔记尺牍，有《笔记》《尺牍》；一是诗文选集，有《古文辞类纂》《五七言今体诗钞》。

《惜抱轩全集》共88卷，包括文集16卷、后集10卷及诗集10卷，后集1卷，外集1卷。集中散文包括议论文、书信、传记、游记、序跋五类。议论文的名篇有《伍子胥论》《李斯论》等，结构严谨，语言简洁；书信如《答翁学士书》《复鲁絜非书》等，皆为佳篇；传记雍容畅达，代表作有《朱竹君先生传》《袁随园君墓志铭》等；游记内容丰富，描绘场面壮观，《登泰山记》为此类佼佼者；序跋有《荷塘诗集序》《刘海峰先生八十寿序》等篇。

姚鼐散文推重归有光，上溯唐宋八大家，在桐城派诸家中偏于“阴柔”之美，最富情韵。但较少反映社会现实，且气力、规模亦不够雄健、宏阔。《清史稿》本传谓其“为文高简深古，尤近欧阳修、曾巩，其论文根极于道德，而探原于经训，至其浅深之际，有古人所未尝言，鼐独抉其微，发其蕴，论者以为词近于方（苞），理深于刘（大櫆）”。

另，姚鼐所编《古文辞类纂》75 卷，风行一时，有力扩大了桐城派的影响。

纳兰性德词“北宋以来，一人而已”

纳兰性德（1655—1685），清代词人。原名成德，避讳而改性德，字容若，号楞伽山人。康熙大学士纳兰明珠长子。自幼修文习武，爱好读书。18 岁中举，22 岁赐进士出身，曾任御前侍卫，并受康熙命至黑龙江呼伦考察沙俄侵扰情况。不重名利，工词擅书。首部词集《侧帽集》24 岁时问世，不久另一词集《饮水集》刊行。后其词辑为《纳兰词》6 卷。其诗词文赋由老师徐乾学编为《通志堂集》。

纳兰性德擅长填词，内容多写离愁别恨，情感真挚，词风清新，抒情状物不落窠臼，思想深沉，描写自然。王国维曾评论说：“纳兰容若以自然之眼观物，以自然之舌言情。此由初入中原，未染汉人风气，故能真切如此。北宋以来，一人而已。”为亡妻所作悼亡词，哀婉凄怆、缠绵深挚，尤为著名，如《蝶恋花》（辛苦最怜天上月）、《金缕曲·亡妇忌日有感》。另有描写塞外风光和思乡之情的词，其中《长相思》（山一程，水一程）、《如梦令》（万帐穹庐人醉）较为著名。

龚自珍及其著述

龚自珍（1792—1841），清中叶思想家、文学家。一名巩祚，又名易简，字瑟人，号定庵，仁和（今浙江杭州）人。段玉裁外孙，曾从段氏学《说文》；又曾从刘逢禄学《公羊传》。道光九年（1829）进士，历任内阁中书、礼部主事等职。道光十九年（1839）辞官南归，主讲丹阳云阳书院。两年后病逝。

由于家学渊源，龚自珍 13 岁时即能写诗作文。后来由于目睹朝政腐败、世风衰颓，遂转而从事经世济用之学，为“今文学派”代表人物。提倡“诵史鉴，考掌故，慷慨论天下事”，开一代风气。

龚自珍的诗多为伤时讽世之作，着眼于现实政治、社会形势，抒发感慨，议论纵横，想象奇异，形式多样，风格多姿，语言不拘一格。其中，《咏史》《己亥杂诗》《夜坐》《秋心三首》是名作。《己亥杂诗》共315首绝句，作于辞官南归那一年，其中的“九州生气恃风雷，万马齐喑究可哀。我劝天公重抖擞，不拘一格降人才”一绝，是被人传诵的名篇。

龚自珍文多为有感而发的议论文，对时事、世事予以评论和建议，记录了他的思想发展历程。其他类型作品更多传世之作，如寓言小品《病梅馆记》呼唤个性解放，情真意切，发人深省；记叙文《说居庸关》《己亥六月重过扬州记》借景抒情，内容充实。

龚自珍的词多为消闲之作，成就不如诗。

黄遵宪及其著述

黄遵宪（1848—1905），清末诗人。字公度，别号人境庐主人。广东嘉应州（今广东梅州）人。光绪二年（1876）举人。历任驻日、驻英使馆参赞，驻美国旧金山和新加坡总领事。甲午中日战争爆发，奉调回国，任江宁洋务局总办。其间结识康有为，参加强学会，出资参与创办《时务报》，鼓吹变法。后又协助湖南巡抚陈宝箴推行新政，与梁启超、谭嗣同等创办时务学堂、南学会等。戊戌变法失败，遭到弹劾，解职回乡。主要著作有《人境庐诗草》《日本杂事诗》和《日本国志》等。

黄遵宪论诗主张“我手写吾口”，反对崇古卑今和盲目模仿，要求有个人风格。诗以古体见长，风格多样，形式较多变化，能熔铸新思想于旧风格中，是晚清“诗界革命”的一面旗帜。一生诗作多达千余首，多反映近代重大历史事件，表现出强烈的民族主义和爱国主义精神。长期出使外国，有不少描写海外风物的诗篇，扩大了古典诗歌的表现领域。《山歌》组诗风格别具，描写爱情及离别、相思，具有民间文学气息。

萧统及其《文选》

萧统（501—531），南朝梁文学家。字德施，小字维摩，南兰陵（今江苏常州西北）人。梁武帝萧衍长子。生而聪睿，5岁即遍读五经，“数行并下，过目皆忆”。天监元年（502），被立为皇太子。事亲至孝，16岁时母亲病重，他从东宫搬到母亲住处，朝夕侍疾，衣不解带。后溺水受伤而卒，未及即位，谥“昭明”，世称“昭明太子”。原有《文集》20卷，已散佚，后人辑有《昭明太子集》。

萧统博览典籍，雅好文学，能诗擅文。《南史》本传称“于时东宫有书几三万卷，名才并集，文学之盛，晋宋以来未之有”。当时颇负重名的刘孝绰、王筠、殷芸、陆倕、到洽、刘勰等，都曾做过东宫属官，或为萧统赏接。萧统经常与他们一起“商榷古今，继以文章著述”。

萧统编纂《文选》，乃是鉴于文学作品数量众多，有必要进行品鉴别裁、芟繁剪芜，遂组织门下文士编成的。这部诗文选集原名《文选》，后世称《昭明文选》。此外，史载萧统还编纂有典诰类的《正序》10卷和五言诗精华《英华集》20卷，大略也是出于同样目的，但均已失传。

《文选》是我国现存最早的诗文总集，全书30卷，收录作品130余家，各体作品700多篇，上起子夏（《文选》题为《毛诗序》作者）、屈原，下迄当时，不录生人。编排“凡次文之体，各以汇聚”，先以体裁分类，再按时间先后排序。大致划分为赋、诗、杂文三大类，又分列赋、诗、七、诏、册、令、教等38小类。赋、诗所占比重最大，故又按内容分赋为京都、郊祀、耕籍等15门，分诗为补亡、述德、劝励等 23 门。

《文选》选文标准持重折中，内容要求典雅，形式可以华丽。所选作品以词人才子的名篇为主，后来习称为经、史、子的著作一律不选，但是史传中的赞论序述则有所收录。这显示，艺术形式是入选《文选》的首要标准。但对质木无文的玄言诗、冶荡空虚的艳体诗和咏物诗，则摒而不取。

《文选》以 30 卷的篇幅，大体上包罗了先秦至梁代初叶的重要作品，反映了各种文体发展的轮廓，为后人研究这七八百年的文学史保存了重要的资料。但其中也选录了一些伪作，也有不少误标序文及误标题目的情况，还有割裂前人文字、篇章次序安排失当等不足之处。

作为诗文总集来，《文选》影响极为深广。由于唐宋曾有诗赋取士之制，因而《文选》成为人们学习诗赋的最佳范本，甚至与经传并列。唐代杜甫曾嘱其子“熟精《文选》理”，宋代民间有“《文选》烂，秀才半”之谚（陆游《老学庵笔记》）。尽管自王安石以新经学取士后，《文选》不再是科考读本，但仍然广为文人学子赏读、研习。

《玉台新咏》的文学史价值

《玉台新咏》是古诗总集，南朝陈徐陵选编。全书 10 卷，计有五言诗 8 卷，歌行 1 卷，五言四句诗 1 卷，收录东周至南朝梁代的诗歌，共计 769 首，其中大多为自汉至梁的作品。

该书主要收录男女闺情之作，取语言平易明白者，而弃语言深奥典重者，如所收汉晋时的童谣类便明白如话。书中保存了不少表现真挚爱情和妇女痛苦等较有意义的作品，如《孔雀东南飞》即首见此书；又如《陌上桑》《羽林郎》反映社会现实，歌颂反抗强暴的坚贞女子——这表明《玉台新咏》所录并非全为艳情诗。

《玉台新咏》具有较高的文学史价值。它收录许多南朝时兴起的五言四句的短歌句，推动了唐代五言绝句的发展；它选录梁中叶以后更讲究声律和对仗的作品，展现了近体诗的成熟过程；它收录的曹植《弃妇诗》、庾信《七夕诗》为其本集所无；班婕妤、鲍令晖等女诗人的诗作也依靠该书才得以保存下来。

《全上古三代秦汉三国六朝文》的概况

《全上古三代秦汉三国六朝文》是上古至隋的文学总集，清严可均校辑。嘉庆十三年（1808）开始编纂该书，历时27年编成。严可均（1762—1843），字景文，号铁桥，乌程（今浙江湖州）人。嘉庆年间举人。著有《说文校议》《说文声类》《铁桥漫稿》等。

《全上古三代秦汉三国六朝文》共746卷，收文上起三代、下止于隋，共收作者3500多人，分代编次为15集。全书以朝代先后为序，同一时代中又依据作家的身份，按帝后、贵族、百官、士庶、妇女、释道、阙名等次序排列。每一作家都有小传，其作品则按文体分类编次，并于篇下注明出处。

该书校辑态度严肃，用功甚多，举凡别集、总集、史书、类书乃至小说、金石拓片，都予以广搜博采，钩隐抉微，唐以前所有存世的单篇文章以及残篇孤句都收罗无遗。但由于规模宏大，不免疏于考辨及遗漏、重出、误收等失当之处。

《乐府诗集》的概况

《乐府诗集》是上古至唐五代乐章和歌谣的总集，宋人郭茂倩编。全书共100卷。所收作品以汉魏至隋唐的乐府诗为主，还包括民间歌谣与文人作品以及后人仿作。

《乐府诗集》是成书较早、收集历代各种乐府最为完备的一部重要总集。它的重要贡献是把历代歌曲按曲调收集分类，使许多作品得以汇编入集，这对乐府诗歌的整理和研究提供了很大的方便。另外，《乐府诗集》对于文学史和音乐史的研究也有重要价值。

《乐府诗集》所收作品共分为 12 类：

一、郊庙歌辞。用于祭祀天地、太庙、明堂、籍田、社稷。

二、燕射歌辞。用于宴会。

三、鼓吹曲辞。用短箫、铙鼓演奏的军乐。

四、横吹曲辞。用鼓角在马上吹奏的军乐。

五、相和歌辞。用丝竹相和，都是汉时的街陌讴谣。

六、清商曲辞。源出于相和三调（平调、清调、瑟调）。

七、舞曲歌辞。分雅舞、杂舞，雅舞用于郊庙等，杂舞用于宴会。

八、琴曲歌辞。分五曲、九引、十二操。

九、杂曲歌辞。难以归类的作品，其内容有写心志、抒情思、叙宴游、发怨愤，言征战行役，或缘于佛老，或出于夷虏。

十、近代曲辞。隋唐的杂曲。

十一、杂歌谣辞。徒歌、谣、讖、谚语。

十二、新乐府辞。唐代新歌，辞拟乐府而未曾配乐。

在这 12 类作品中，郊庙歌辞和燕射歌辞思想内容和艺术技巧都较少可取成分；鼓吹曲辞、横吹曲辞、相和歌辞、清商曲辞、杂曲歌辞、杂歌谣辞 6 类堪称乐府诗的精品，所反映的社会生活极为宽广，有对穷兵黩武的揭露，有对征役之苦的描写，有愤怒的反抗，也有对爱情的渴望。

《古文辞类纂》的概况

《古文辞类纂》为古文选集，清代散文家姚鼐编选。

该书共 75 卷，选录历代散文辞赋 700 余篇，上起战国、秦汉，下至清初。全书依文体分为论辨、序跋、奏议、书说、赠序、诏令、传状、碑志、杂记、箴铭、颂赞、辞赋、哀祭等13类。每类冠以小序，概述各类文体的特点、源流正变。所选主要以“唐宋八大家”作品为主，其前选入战国、秦汉的部分作品，其后选入明代归有光，清代方苞、刘大櫆的作品，中间选入少数元结、李翱、张载、晁补之的作品。魏晋六朝之作，只在辞赋类中选晋代张华、刘伶、陶渊明、鲍照赋各1篇，潘岳赋3篇，在颂赞类中选晋袁宏的赞1篇。

《古文辞类纂》选文谨严，审校细致，是体现桐城派文学观点及其所推崇的古文传统的一部古文选本，一度颇为流行。

该书后人有续补：王先谦编有《续古文辞类纂》34卷，黎庶昌编有《续古文辞类纂》28卷。这两部续书选录清中叶以后的散文，对于姚氏选文有所补充。近人蒋瑞藻又有《新古文辞类纂》60卷，收录近现代作家作品。

《历代赋汇》的概况

《历代赋汇》是辑录先秦至明代赋作的总集，清陈元龙编，成书于康熙四十五年（1706）。

陈元龙（1652—1736），清代大臣、学者。字广陵，号乾斋，浙江海宁人。康熙二十四年（1685）进士，官至文渊阁大学士兼礼部尚书。后以老乞休，加太子太傅致仕。乾隆元年卒，赐祭葬，谥文简。

《历代赋汇》共184卷。所录上起周末，下迄明代，收赋4000余篇。正集140卷，为叙事记物之赋，共3042篇，分天象、岁时、地理、都邑、治道、典礼、祯祥、临幸、搜狩、文学、武功、性道、农桑、宫殿、室宇、器用、舟车、音乐、玉帛、服饰、饮食、书画、巧艺、仙释、览古、寓言、草木、花果、鸟兽、鳞虫等30个类目；外集20卷，为抒情言志之赋，共423篇，分言志、怀思、行旅、旷达、美丽、讽喻、情感、人事等8个类目；残文逸句2卷，共117篇；补遗

22 卷，共 369 篇，散附逸句 50 篇。

该书是辑录清以前历代赋体文学作品最完备的总集，《四库全书简明目录》称其“正变兼陈，洪纤毕具，信为赋家之大观”，对后世影响较大。但不少作品没有考出作者姓名，少量篇幅相重，又不注原文出处，是其不足；又因为年代所限，清人作品未能收入。

李兆洛及其《骈体文钞》

《骈体文钞》为战国至隋代骈文总集。清李兆洛编选，成书于嘉庆末年。

李兆洛（1769—1841），清代学者。字申耆，晚号养一老人，阳湖（今江苏常州）人。嘉庆十年（1805）进士，曾任武英殿协修、凤台知县。后主讲江阴暨阳书院达 20 年。精舆地、考据、训诂之学，著述有《皇朝文典》70 卷、《大清一统舆地全图》、《凤台县志》12 卷、《地理韵编》21 卷，以及《骈体文钞》等。

李兆洛认为唐以前并无古文、骈文之分，而秦汉骈文实为唐宋散文之祖；为文主张混合骈、散两体之长，“骈散合一”。李氏针对当时文坛只知唐宋、不知两汉，而欲宗两汉非自骈文入手不可的情况，于是编成《骈体文钞》，以便学者沿流溯源。书中选入一些散体名篇，如司马迁《报任安书》、刘歆《移书让太常博士》、诸葛亮《出师表》等，体现了他的文学主张。

《骈体文钞》共 31 卷，分上中下三编，每编又按文体分类。上编 18 卷，包括铭刻、颂、箴、谥诔、诏书、策命、檄移、弹劾等 18 体，是“庙堂之制，奏进之篇”；中编 8 卷，包括书、论、序、碑记、志状等 8 体，属于“指事述意”之作；下编 5 卷，包括设辞、七第、连珠、笺牍、杂文等 5 体，大多属缘情托兴之作。篇前间有评语，议论文章风格、流派异同等。

《全唐诗》的概况

《全唐诗》是唐诗总集。清彭定求等编纂。

康熙四十四年（1705年）三月，清圣祖第五次南巡至苏州，命江宁织造曹寅主持编纂《全唐诗》，同年五月在扬州开局修书，参加者有赋闲江南的在籍翰林官彭定求、沈三曾、杨中讷、潘从律等10人。次年十月，书成奏上。全书900卷，其中目录12卷，共收诗48900余首，作者2200余人。

《全唐诗》是在明代胡震亨《唐音统签》和清初季振宜《全唐诗》的基础上，旁采残碑断碣、稗史杂书所载，拾遗补缺而成。全书以帝王后妃作品列于首；其次为乐章、乐府；接着是历朝作者，略按时代先后编排，附以作者小传；最后是联句、逸句、名媛、僧、道士、仙、神、鬼、怪、梦、谐谑、判、歌、谶记、语、谚谜、谣、酒令、占辞、蒙求，而以补遗、词缀于末。它不但全部收集了唐代著名诗人的集子，而且广泛搜罗了一般作家及各类人物的作品，全面反映了唐诗的繁荣景象。

由于编纂时条件所限，《全唐诗》漏收、误收、重复现象严重。因此清末迄今，学界对《全唐诗》屡有辑补。但虽然如此，该书仍不失为一部资料丰富和比较完整的唐诗总集，对研究唐代历史、文化和文学极有参考价值。

《全唐文》的概况

《全唐文》为唐五代文总集。清人董诰等编。

嘉庆十二年（1807），清仁宗以内府所藏抄本《全唐文》体例未协，选择不精，命儒臣重加厘定。遂设“全唐文馆”，由曾任《四库全书》副总裁的大学士董诰任总裁，阮元、徐松、胡承珙、法式善等参与，编校者达100多人。嘉庆十九年（1814）成书。嘉庆二十四年（1819）在扬州刻成。

《全唐文》共1000卷，收唐五代作家3042人，文18488篇。体例仿《全唐诗》，改变历来总集以文分类的体制，而是以文从人，各家名下再按照《文苑英华》的文体分类编排。编次按帝王、后妃、宗室诸王、公主、臣工、释道、闺秀排列；十国国主附于五代后；宦官、四裔各文附编卷末。次序按时代先后排列。每人之下皆附有小传，简明扼要。

该书以清内府所藏旧钞本《唐文》160册为底本，并采辑《文苑英华》《唐文粹》《永乐大典》等书编纂而成。搜罗宏富，卷帙浩繁，较为全面地反映了唐五代文的成就，为研究唐五代文学和历史提供了资料，具有重要价值。《全唐文》的编校质量比《全唐诗》要好得多，但也存在误收、漏收及人名误、小传误、校勘误等问题。

《唐宋八大家文钞》的两种版本

《唐宋八大家文钞》是唐宋八大家散文的选本，有两种版本，分别为明代茅坤和清代张伯行编选，其中前者更为通行。

茅坤（1512—1601），散文家。字顺甫，号鹿门，浙江归安（今浙江湖州）人。嘉靖年间进士，官广西按察司佥事、河南副使。后归家隐居50多年而卒。著有《白华楼藏稿》11卷及《续稿》15卷、《玉芝山房稿》22卷以及《史记钞》等，有《茅鹿门集》行世。

茅坤所编《唐宋八大家文钞》选辑八家文章共164卷，计选录韩愈文16卷、柳宗元文12卷、欧阳修文32卷、苏洵文10卷、苏轼文28卷、苏辙文20卷、曾巩文10卷、王安石文16卷，附《五代史钞》20卷。每家均有小引，各篇作品均有评点，其中对欧阳修、苏轼、韩愈特别推崇。由于选文繁简适中，可作为初学者的启蒙读本。该书不但当时广为流传，而且几百年来盛行不衰，“唐宋八大家”的名目也由此传开。不过，该书评述未能跳出八股文的笔法范围，评点注释也多有疏漏、错误之处。

张伯行（1651—1725），字孝先，晚号敬庵，河南仪封人。康熙二十四年（1685）进士。历官20余年，以清廉刚直著称，曾被康熙称为“天下清官第一”。卒谥清恪。

张伯行的《唐宋八大家文钞》选录韩愈文3卷60篇，柳宗元文1卷18篇，欧阳修文2卷38篇，苏洵文1卷2篇，苏轼文1卷26篇，苏辙文2卷27篇，曾巩文7卷128篇，王安石文2卷17篇，合计19卷316篇，篇幅比茅坤选本小得多。对茅坤选本中的相关篇目及评语，能择善而从，去其杂芜，得其精华，篇幅适中，更适宜普通读者赏读。

《全宋词》的概况

《全宋词》是宋词总集，今人唐圭璋编。全书共辑两宋词人1330余家，词作约20000首，残篇530余首。

《全宋词》采录广泛、搜求务尽，举凡宋人文集所附、词选所选、笔记所载，以及类书、方志、金石、题跋、花木谱等书中所载之词，俱一并采录，即使断句零章，也予以摭拾。上继《全唐诗》中的五代词，下迄宋亡。凡唐五代词人入宋者，俱以为唐五代人；凡宋亡时年满20者，俱以为宋人，仅入元仕为高官如赵孟頫等人除外。体例上按词人年代先后排列，不再按帝王、宗室等分类排列。同时，每一作者均附以小传。

《全宋词》收录齐备，考订较为精审，改正了不少前人承谬踵误之处，为研究宋词的重要参考书。但该书仍没有囊括全部宋词。今人孔凡礼从明抄本《诗渊》及其他书中辑录遗佚，编为《全宋词补辑》，收录词人140余人（其中41人已见《全宋词》），词作430余首。

《全元散曲》的概况

《全元散曲》是元代散曲总集，今人隋树森编。

《全元散曲》收入自金代至元末明初散曲家213家，上起元好问，下迄元末明初汤式、谷子敬，此外还包括元代和元末明初的无名氏作品。共收小令3853首，套曲457套，包括元代作者的散曲残句断语等。以作家时代先后为序编排，每一作家都附有小传。所收散曲均于曲尾注明出处，关于作者、异说、题目差异、字句不同等则附有比较详细的校勘记。

该书是迄今最完整的元散曲作品集，比较全面地反映了有元一代散曲创作的状貌，对于研究元代散曲有较大参考价值。

刘勰及其《文心雕龙》

刘勰（约465—约532），南朝齐、梁时期文学批评家。字彦和，祖籍莒县（今属山东），世居京口（今江苏镇江）。早孤，家贫，但“笃志好学”。后入定林寺依靠名僧僧祐十余年，其间深研佛理，同时饱览经史百家之书和历代文学作品。入梁出仕后，兼任昭明太子萧统通事舍人，后世因称“刘舍人”。萧统死后，奉敕整理佛经，事毕在定林寺出家，一年后去世。有《文心雕龙》及两文传世。

刘勰编撰《文心雕龙》，旨在矫正当时文坛的形式主义文风，弥补前代文学批评理论著作的不足。该书编撰开始于“逾立”之后（32岁），历时五六年，大约成书于齐和帝中兴初年（501—502）。

由于刘勰籍籍无名，《文心雕龙》问世后并未得到文坛的重视。后来设法进呈当时名高位显的沈约，沈约读后大为称赏，认为“深得文理”（《南史·刘勰传》）。经沈约揄扬，刘勰声名鹊起，《文心雕龙》

也在士林中传播开来。而时年 38 岁的刘勰，也踏上了仕途。

《文心雕龙》全书 50 篇，共 10 卷。原书分上下部，各 25 篇，大致可分为四部分：

第一部分为总论，从第一篇《原道》到第五篇《辨骚》。这部分是全书的纲领，包含了刘勰对文学的基本看法。其核心是《原道》《征圣》《宗经》3 篇，要求一切要本之于道，以圣人为师，研究圣人的著作即儒家经典。

第二部分为文体论，包括从第六篇《明诗》到第二十五篇《书记》的 20 篇。这部分总分为文（有韵）、笔（无韵）两大类，对各种文体源流及作家、作品逐一进行研究和评价，其中《诸子》《论说》等篇意义较大。

第三部分是创作论和批评论，从第二十六篇《神思》到第四十九篇《程器》共 24 篇。以“剖情析采”为中心，重点研究有关创作过程中各个方面的问题。这部分最有创见和价值，是全书精华所在。

最后一部分为第五十篇《序志》，叙述作者写作此书的动机、态度、原则。

《文心雕龙》是我国古代第一部文学理论专著，体大思精，颇多创见，在文学批评史上具有重要地位。

钟嵘生平与诗歌创作观点

钟嵘（约 468—约 518），南朝梁诗论家、文学家。字仲伟，一作伟长，颍川长社（今河南长葛）人。曾在齐任国子生、司徒行参军，入梁后历任衡阳王及晋安王记室，后世称“钟记室”。不久卒于官。著作有《诗品》。

钟嵘生活的时代，士族社会以写诗为时髦，甚至“才能胜衣，甫就小学”的士族子弟也在忙着写诗，因而造成“庸音杂体，人各为容”的诗坛混乱情况。王公缙绅谈论诗歌，更是“随其嗜欲，商榷不同。淄渑并泛，朱紫相夺。喧议竞起，准的无依”。针对这种情况，钟嵘仿汉代“九品论人，七略裁士”的著作先例，著成《诗品》，以图补偏救弊。

钟嵘的诗歌创作思想主要反映在《诗品序》中。概括来说，有如下方面：批评注重声律、堆砌典故的形式主义诗风，提倡刚健华彩的自然之美；针对六朝玄言诗的“淡乎寡味”，提出“滋味说”，认为有滋味的诗才是好诗；一反重四言轻五言的传统，倡导五言诗，认为五言诗“指事造形，穷情写物，最为详切”；强调诗歌的社会作用，提出“感物说”，论述了客观外物对诗人情感的感发作用。

《诗品》的概况

《诗品》又称《诗评》，共3卷。大约作于南朝齐中兴二年（502）至梁天监十二年（513）前后。

《诗品》专论五言诗，将从汉魏到齐梁有成就的122位诗人，分为上、中、下三品，计上品11人，中品39人，下品72人，按年代编排次序。钟嵘重视历代诗人之间的继承和发展关系，区分了不同艺术流派，不仅列出品第、剖析优劣，对具体作家也有一些精辟的评论。

钟嵘《诗品》是中国文学理论批评史上的第一部论诗专著，也是研究古代诗歌史的重要参考资料。《诗品》对后代的诗歌批评影响很大，不仅开诗话之先河，而且司空图、严羽、王士祯等人论诗都曾受到其具体启发和影响。

后人对《诗品》评价颇高，如章学诚便将《诗品》与《文心雕龙》并提，认为“皆专门名家，勒为成书之初祖也”（《文史通义》）。不过《诗品》品评诗人也不无失误，如将陶渊明诗列为中品。另外，由于钟嵘只着眼于不同作家在某一方面的相似点来划分风格流派，所以多有牵强附会之处。